中国能源体系碳中和路线图

国际能源署　著
（IEA）

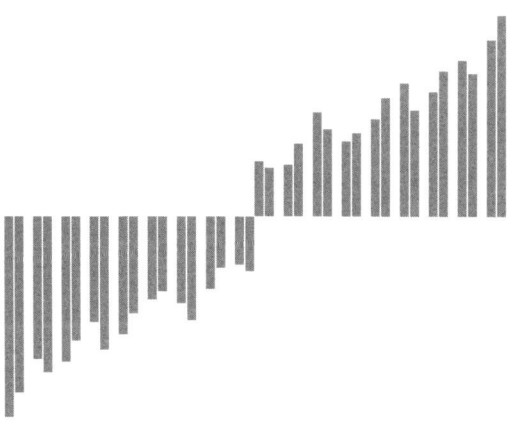

中信出版集团｜北京

图书在版编目（CIP）数据

中国能源体系碳中和路线图 / 国际能源署著 . -- 北京：中信出版社, 2024.4
ISBN 978-7-5217-5497-1

Ⅰ.①中… Ⅱ.①国… Ⅲ.①能源发展－产业发展－研究－中国 Ⅳ.① F426.2

中国国家版本馆 CIP 数据核字（2023）第 046289 号

中国能源体系碳中和路线图
著者： 国际能源署
出版发行：中信出版集团股份有限公司
（北京市朝阳区东三环北路 27 号嘉铭中心　邮编　100020）
承印者： 北京瑞禾彩色印刷有限公司

开本：787mm×1092mm 1/16　印张：24.75　字数：278 千字
版次：2024 年 4 月第 1 版　印次：2024 年 4 月第 1 次印刷
书号：ISBN 978-7-5217-5497-1
定价：79.00 元

版权所有·侵权必究
如有印刷、装订问题，本公司负责调换。
服务热线：400-600-8099
投稿邮箱：author@citicpub.com

目 录

前　言　5

第一章　中国的碳中和愿景

　　经济社会背景　004

　　能源的使用和排放趋势　009

　　能源和气候政策　023

第二章　能源体系的转型

　　能源体系实现碳中和的路径　046

　　二氧化碳排放　049

　　能源需求趋势　056

　　环境效益　065

　　能源投资　072

第三章　能源各部门的转型路径

发电和供热　080

低排放燃料的供给　093

工业　106

交通运输　124

建筑　144

第四章　能源转型的技术需求

电气化　165

碳捕集、利用与封存　181

氢能　199

生物能源　216

第五章　加快能源转型的路径

抓住机遇，加速 2030 年之前的转型　230

加速转型情景　231

加速转型的好处　247

第六章　能源转型的创新路径

中国的清洁能源创新　264

中国的能源创新方法　272

加速创新的机遇　298

第七章　能源转型的政策路径
　　建构全面的政策框架　308
　　政策方法和优先事项　310
　　减少现有资产排放　316
　　发展清洁技术市场　323
　　建设清洁能源基础设施　329
　　促进清洁能源技术创新　335
　　加强清洁能源国际合作　339

致　谢　343

参考资料　349

前　言

如果没有中国的参与，人类可能就无法将全球气温上升幅度限制在1.5℃以内。在第七十五届联合国大会一般性辩论上，习近平主席郑重宣布："中国将提高国家自主贡献力度，采取更加有力的政策和措施，二氧化碳排放力争于2030年前达到峰值，努力争取2060年前实现碳中和。"在中国开始非凡的经济现代化征程40年后，宣布这一关于中国未来的新愿景，恰逢世界主要经济体逐渐达成共识，即有必要在21世纪中叶实现全球净零排放。但是其他任何承诺都不及中国的承诺重要：中国是世界上最大的能源消费国和碳排放国，其二氧化碳排放量占全球总量的1/3。中国未来几十年的减排速度，是世界能否成功将全球升温幅度控制在1.5℃以内的重要因素。

中国近90%的温室气体排放源自能源体系。因此，能源政策必须推动碳中和转型。本书提出的路线图是对中国政府邀请国际能源署在长期战略方面进行合作的回应（本书原报告《中国能源体系碳中和路线图》于2021年9月发布）。其中列出了中国能源体系实现碳中和的路径，同时表明，实现碳中和符合中国更广泛的发展目标，如增进繁荣、提升技术领导力和转向创新驱动型的增长。该路线图中的第一条路径——承诺目标情景——反映了中国在2020年宣布的强化目标，即二氧化碳排放量在2030年达到峰值，到2060年实现净零排放。在加速转型情景中，该路线图还探讨了实现更快转型的机会，以及除了缓解气候变化带来的影响，快速转型能为中国带来其他的社会效益和经济效益。

中国可在目前的清洁能源发展势头上更进一步

中国的能源体系体现了几十年来在追求能源政策目标的同时，为使数亿人脱贫所做的努力。自2005年以来，中国的能源消耗翻了一番，但同期GDP（国内生产总值）能源强度大幅下降。燃煤发电约占中国发电总量的60%，且还在继续建设新的燃煤电厂，但新增太阳能光伏发电装机总量已超过世界上其他国家。中国是全球第二大石油消费国，但也拥有占全球70%的电动汽车电池产能，仅江苏省的产能就占到全国的1/3。中国对低碳技术的贡献，尤其是在太阳能光伏领域，主要由《中华人民共和国国民经济和社会发展五年规划纲要》（以下简称五年规划）所推动。其带来的成本下降，改变了世界对清洁能源未来的看法。如果全世界要实现气候目标，就需在清洁能源领域取得更大规模的进步，就需要几乎所有行业部门的共同努力。例如，中国的钢铁和水泥产量超过世界的一半，2020年仅河北省的钢铁产量就占全球钢铁产量的13%。中国的钢铁、水泥和化工行业的二氧化碳排放量比欧盟及英国的二氧化碳排放总量还要高。

中国的二氧化碳排放量仍在上升，但在 2030 年之前达峰是可行的。排放峰值越早到来，中国按时实现碳中和的机会就越大。排放的主要来源是电力行业（48% 的二氧化碳排放来自能源和工业生产过程）、工业行业（36%）、交通行业（8%）和建筑行业（5%）。在碳减排方面，"十四五"规划具体目标包括：2021—2025 年将二氧化碳排放强度降低 18%，单位 GDP 能耗降低 13.5%；还有一个不具约束力的指标，即到 2025 年将非化石能源占能源消费总量的比重提高至 20%（2020 年约为 16%）。国际能源署（IEA）预估，如果中国实现了这些短期政策目标，其燃料燃烧排放的二氧化碳就将在 21 世纪 20 年代中期达峰并趋于平稳，然后在 2030 年前略有下降。国际能源署也注意到，中国在 2021 年 9 月的联合国大会上承诺"不再新建境外煤电项目"，并加大了对清洁能源的支持。

实现碳中和要求能源体系快速、深度转型

要在 2030 年前实现二氧化碳排放达峰，有赖于三个关键方面的进展：提高能效、发展可再生能源和减少煤炭使用。在承诺目标情景中，到 2030 年中国的一次能源①需求增长速度将远低于整体经济的增长速度。这主要是能效提高和产业转型脱离重工业的结果。能源体系的转型可使空气质量迅速改善。到 2045 年前后，太阳能将成为最主要的一次能源。到 2060 年，煤炭需求

---

① 一次能源是指未经历任何人类工程转换过程的初始形式的能源。一部分能源在发电厂、精炼厂、热力厂和其他转换过程中发生转换。

将下降 80% 以上，石油需求将下降约 60%，天然气需求将下降 45% 以上。到 2060 年，近 1/5 的电力将被用来制氢。

中国为实现目标所需的投资水平完全在其财力范围之内。虽然能源体系投资的绝对值大幅攀升，但其在整个经济活动中的比重却在下降。年投资总额在 2030 年将达到 6 400 亿美元（约 4 万亿元），在 2060 年将达到近 9 000 亿美元（约 6 万亿元）。年度能源投资占 GDP 的比重，2016—2020 年平均为 2.5%，到 2060 年将下降到只有 1.1%。

每个行业部门都有可行的路径来实现深度减排

以可再生能源为主导的电力部门为中国的清洁能源转型奠定了基础。在承诺目标情景中，中国电力部门将在 2055 年前实现二氧化碳净零排放。基于可再生能源（主要是风能和太阳能）的发电量，2020—2060 年将增加 6 倍，届时将占发电总量的约 80%。相比之下，煤电的份额将从 60% 以上下降到仅有 5%，而未采用减排技术的燃煤发电将于 2050 年被淘汰。到 2060 年，所有地区的可再生能源装机容量至少增加 2 倍。其中，中国西北和北方地区的增长幅度最大，因为当地太阳能和陆上风能资源潜力巨大，且有充足的土地可供利用。然而在中国沿海省份，为提高电力系统可靠性和稳定性而进行的低碳灵活性资源的投资是最高的。

提高能效和当今的市场化技术只能使工业部门部分实现净零排放。在承诺目标情景中，到 2060 年，工业二氧化碳排放量将下降近 95%，未采用减排技术的煤炭使用量将降低 90%，剩余的排放量将为电力和燃料转化行业的负排放所抵消。能效提高和电气化在短期内推动了大部分工业减排,而新兴的创新技术,如氢能和碳捕集、利用与封存(CCUS)将在 2030 年后取而代之。

电气化是交通和建筑部门去碳化的关键。城市中对地铁、轻轨和电动公共汽车的新投资,以及对城市之间高速铁路的投资,降低了乘客出行的能源强度。提高燃料效率和使用低碳燃料实现了公路货运、航运和航空业的减排。到 2060 年,通过采用电气化、清洁的区域供热和提高能效等措施,建筑部门的直接二氧化碳排放量将下降 95% 以上。

在 2030 年前加快进程不仅可行而且有益

尽早加大力度采取行动可以减少 2030 年后面临的减排负担。碳达峰的时机和水平,以及达峰后的减排速度,对于中国实现碳中和的长期目标至关重要。在技术能力、经济手段和政策经验的加持下,中国有望比承诺目标情景更快地完成 2030 年的清洁能源转型目标。中国近年来推出的碳排放交易市场和电力市场改革就是两个明显的例子。在加速转型情景中,政策进程加快,带来电力和工业中的煤炭用量更快下降,现有的低碳技术得到更有力的普及和更快的能效提升。到 2030 年,在加速转型情景中,能源体系的二氧化碳排放量比现有水平低了 20 多亿吨,减少了近 20%。投资需求不是一个主要障碍:加速转型情景所需的累计投资与承诺目标情景所需的相似。

在 2030 年之前加快进程所带来的社会效益和经济效益不仅限于应对气候变化,还包括以下方面:为尚未充分受益于中国经济发展的地区带来更大的繁荣，中国在全球清洁能源技术价值链中发挥核心作用，并逐渐成为清洁能源创新的领袖。到 2030 年，加快国内行动将使中国清洁能源供应领域的就业人数增加 360 万，而在化石燃料供应和化石燃料电厂减少的就业岗位为 230 万个。在加速转型情景中，净增长就业岗位比承诺目标情景多出近 100 万个。如果其他国家志向更高远，对清洁能源技术需求更多，而中国能抓住这种机会，还会增加更多就业岗位。

将中国的碳中和目标范围扩大至所有的温室气体，将凸显二氧化碳排放早日达峰的好处。这样的雄心壮志可能要求能源体系在 2060 年前就达到二氧化碳净零排放，以弥补更难消除的非能源部门的排放。这将使得在 2030 年之前加快二氧化碳减排进度变得至关重要。转型带来的长期挑战是深重的，例如，如果要在 2050 年就实现二氧化碳净零排放，那么新增太阳能光伏和风能装机容量将达到约 1.4 万亿瓦，比 2050 年承诺目标情景高约 20%。

处理现有资产有助于有序转型

如果不对化石燃料进行任何新的投资，那么中国能源体系的排放量只会非常缓慢地下降。如果中国现有的排放密集型基础设施继续以近年来相同的方式运作，那么从现在到 2060 年，二氧化碳的排放量将达到 1 750 亿吨。如果要将全球温度上升限制在 1.5℃以内，那么这相当于全球剩余排放预算的 1/3。

如果到时没有更清洁的替代品，那么中国下一轮的重工业投资可能会导致大量的新增排放。在承诺目标情景中，2060 年中国能源体系约 40% 的二氧化碳减排量来自今天仍处于原型或示范阶段的技术。当计划淘汰现有产能时，必须有可用的新低碳工业技术，以避免迎来新一轮排放密集型产能更新。仅此一项，就可以避免中国重工业排放相当于剩余全球碳预算近15%的二氧化碳，这样做有50%的概率将全球平均升温限制在1.5℃以内。

从现在到2030年，更快的清洁能源转型可以使现有资产及其利益相关者更容易适应这一进程。加速转型情景避免了在2060年承诺目标情景中约200亿吨的"锁定"排放。这些排放来自2030年之前的电力和工业部门投建的长寿命资产。这一早期行动意味着，在2030—2060年，达到碳中和所需的年均减排速度比承诺目标情景低大约20%，为市场调整、企业及消费者适应新情况留下更多时间。

创新是成功转型的关键

到2060年实现碳中和，需要大幅加速清洁能源创新。中国正在成为清洁能源创新的世界引领者：自2015年以来，中国用于低碳能源研发的公共开支增加了70%；中国在可再生能源和电动汽车方面的专利份额占全球的近10%；近年来，中国的初创企业吸引了全球超过1/3的早期能源风险投资。

需要妥善利用中国的创新体系，以激励所需的广泛的低碳能源技术进步。"十四五"规划意在将创新重点转向低碳技术，并追求新的政策方法。中国目前的政策激励措施更适合像碳捕集、利用与封存和生物炼制这样的大规模技术，而非网络基础设施和面向消费者的产品，但后者才是中国目前的制造优势。除了直接提供研发资金，我们还可以通过竞争性的利基市场、基础设施投资和其他监管措施来激励创新者，以推动技术部署。

中国是世界能源和气候未来的主要行动者

中国的诸多优势使自己有能力成功实现碳中和转型，同时在技术和制定能源政策方面展示出国际领导力。中国既是世界上最大的碳排放国，也是关键清洁能源技术（如太阳能电池板、风力涡轮机和电动车电池）产品的最大制造商。中国的行动将大大有助于全球为防止气候变化的最坏影响而及时开展的碳减排活动。为使这些活动取得成功，与中国开展合作至关重要。

第一章

中国的碳中和愿景

- 自 1980 年以来,中国一直是世界上增长最快的主要经济体,GDP 现已达到增长初期的 30 倍以上。2020 年,中国按购买力平价调整后的经济规模居世界第一。工业化和城市化一直是中国经济转型的主要动力。如今,按增加值计算,中国占世界工业产出的 1/4,生产的水泥和钢铁占全球总量的一半以上。
- 能源生产和使用的迅速增长既是中国经济发展的驱动力,也是经济发展的结果。2009 年,中国成为世界上最大的能源消费国。近年来,中国一次能源需求的增速已有所放缓,年增长率从 2000—2010 年的 8% 下降到 2015—2020 年的略高于 3%。自 2000 年以来,中国尽管在可再生能源和水电方面取得了长足发展,但仍然严重依赖化石燃料:2020 年,中国一次能源需求总量中约有 85% 由化石燃料提供,仅煤炭就提供了能源需求总量的近 60%,而石油提供的约占 20%。中国是世界上最大的煤炭消费国,也是最大的太阳能、风能和电动车市场,遥遥领先于其他国家。
- 中国是世界上最大的温室气体排放国,排放量约占全球总量的 1/4。2020 年,燃料燃烧和工业过程的二氧化碳排放量超过 11 吉吨,其中前者的二氧化碳排放量占 90%。同年,仅燃煤发电站（包括热电联产厂）就占中国整个能源和消费过程相关排放的 45% 以上，占全球碳排放的 15%。

- 2020 年 9 月，中国宣布了"双碳"目标，即在 2030 年前实现二氧化碳排放达峰，2060 年前实现碳中和。根据"双碳"目标，2005—2030 年，每单位 GDP 的二氧化碳排放量将下降 65% 以上；到 2030 年，非化石燃料在一次能源使用中的占比将达到 25% 左右，而风力和太阳能装机容量将上升到 1 200 吉瓦以上（目前约为 540 吉瓦）。2025 年之前，煤炭用量增长将受到限制，此后将逐步被淘汰。
- 中国的"十四五"规划是关键的政策工具。规划中设定了具有约束力的目标：到 2025 年，能源强度（单位 GDP 能源消耗）降低 13.5%，碳强度（单位 GDP 二氧化碳排放）降低 18%，非化石燃料在一次能源用量中的比例达到 20%。在未来几年，中国将会进一步出台国家或部门级别的相关规划，包括能源消费总量和碳排放总量方面的规划。
- 实现中国的既定目标对于应对气候变化至关重要。这些目标可以使全球平均温度到 21 世纪末降低近 0.2℃。这就要求中国从达峰到净零排放的进度比其他大多数国家更快（这些国家大多已经实现了二氧化碳达峰）。

· · · ·

经济社会背景

20 世纪 70 年代末，中国启动经济转型进程，转型成为更加开放、基于市场的经济制度；从那时至今，中国经济和社会的发展速度令人惊叹（见图1.1）。自1980年以来，中国一直是世界上增长最快的主要经济体，当今中国的GDP已达到1980年的30多倍、2000年的5倍。2020年，中国以名义价值计算的经济规模仅次于美国，是世界第二大经济体；按购买力平价（PPP）调整后的经济规模则为世界第一。2020年，中国人均GDP约为1.7万美元（约11.73万元），是欧盟和日本平均水平的40%、美国的25%以上。在新冠肺炎疫情大流行的影响下，2020年除中国以外的所有主要经济体都经历了GDP收缩，而中国的GDP增速则放缓至2.3%。

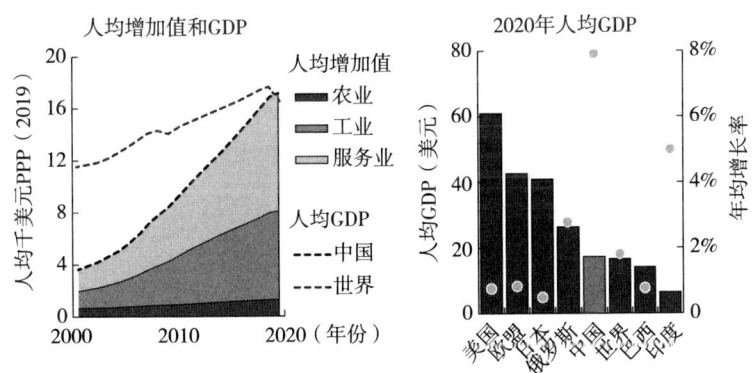

图1.1 中国及部分其他国家的经济和发展指标

注：本书所有图表版权均为国际能源署（2021）。国内生产总值按购买力平价和2019年不变价计算。

资料来源：国际能源署基于UNDESA（2019）的分析；Oxford Economics（2020年）、IMF（2020a，2020b），World Bank（2021）。

> 中国经济和社会的发展速度令人惊叹，人民的生活方式和中国的世界地位都发生了改变。

工业化一直是中国经济转型的主要动力。中国2001年加入世界贸易组织后，制造业产出增长尤为迅速。自 2007 年以来，中国始终是世界上最大的工业品生产国。一系列五年规划设定了宏伟的工业增长目标（OECD，2018）。如今，世界工业总产值的 1/4 由中国贡献，中国是钢铁、水泥、铝、化工产品、电子产品和纺织产品的最主要生产国。中国生产的水泥和钢铁占世界总产量的一半以上。

中国的工业扩张在初期主要受出口推动，但随后逐渐由快速增长的国内市场所支撑。此外，中国经济对外国投资逐步开放，并不断融入全球价值链。按购买力平价计算，工业产值占中国当前 GDP 的 40%，这一比例在全世界处于较高水平。工业化也对交通运输等其他部门的活动产生影响。例如，中国东部主要产业集群发展所需的原材料由西北地区生产提供，这促使货运量从 2000 年的约 4 万亿吨千米，增加到 2010 年的约 14 万亿吨千米，再到 2020 年的 20 万亿吨千米以上。

21 世纪以来，随着中国调整发展方向、转向提供高价值制成品和服务，经济增长略有放缓。早期国内经济高速增长、国际需求强劲时对制造业产能过度投资，以及 2008 年金融危机后的经济刺激，使得一些工业细分部门的产能过剩、利用率低下。这类问题在钢铁、水泥、铝、化工、精炼、玻璃、造船、纸和纸板等行业尤其突出。近年来，中国加大力度解决产能过剩问题，做法包括设定低效工厂关停目标、限制某些细分部门新增产能，以实现产业升级并将投资转向高附加值制造业。2015 年公布的《中国制造 2025》设定的目标之一是，2015—2025 年制造业增加值率提高 4 个百分点（State Council，2015）。根据"十四五"规划提出的目标，下一代信息技术、生物技术、新能源、新材料、高端设备、新能源车辆等战略性新兴产业在 GDP 中的份额将从 2019 年的 12% 左右提高到 2025 年的 17%（State Council，2021）。

如今，尽管向服务型经济的转变仍处于早期阶段，但服务业已是中国经济增长的主要贡献力量。按现行价格计算，服务业在 GDP 中的比重从 2000 年的 40% 上升到 2020 年的 54.5%[①]，略低于"十三五"规划（2016—2020 年）中 56% 的目标。2019 年，中国的服务业从业人口超过 3.67 亿人，占劳动人口总数的 47%（而农业和工业的从业人口比例分别为 25% 和 28%），高于 2000 年的不足 2 亿人。

经济发展伴随着快速的城市化以及深刻的社会和文化变革，人民的生活方式和中国的世界地位都发生了巨变。城镇人口占总人口比重从 2000 年的 36% 跃升至 2020 年的 60% 以上。脱贫工作取得了巨大成功。按 2020 年价格计算，生活在官方贫困线（每人每年收入约 600 美元，约 4 000 元）以下的人口比例在 2020 年减少到 1% 以下，而 20 年前这一比例约为 50%。此外，同期有 4.3 亿人用上了清洁烹饪燃料，例如现代固体生物质、液化石油气、沼气和电力。其中，电力在 2014 年已经实现了普及。

由于经济发展主要集中在沿海地区，因此不同地区的生活水平不平衡，贫困与繁荣同时存在。中国大约 2/3 的人口生活在东部和中部地区，5 个人口大省中有 4 个（广东、河南、江苏和山东）位于该地区。在中国大部分农村地区，大多数人仍以务农为

---

① 如果服务业增加值和 GDP 按 2019 年不变价美元购买力平价计算，则服务业在 GDP 中的比重从 2000 年的 47% 上升到 2020 年的 53%。

生,而上海和北京等大城市已经出现了以现代服务业为基础的经济形态。中国与其他大多数新兴经济体不同的是,在过去20年间,人口增加并不是经济增长的主要动力。自2000年以来,中国人口仅增加了11%,2020年达到略高于14亿。2000—2010年,按购买力平价计算的人均GDP年均增长超过9%;尽管2020年GDP增速放缓,但2010年以来的年增速依然保持在6%以上。中国的部分经济和能源指标见表1.1。

表1.1 中国的部分经济和能源指标

指标	2000年	2010年	2020年	2000—2020年变化
GDP(十亿美元PPP,2019年)	4790	12747	24410	+410%
占世界GDP的份额	7%	13%	19%	+12个百分点
人均GDP(美元PPP,2019年)	3773	9479	17291	+358%
人口(百万)	1269	1345	1412	+11%
一次能源需求总量(艾焦)	49	107	148	+202%
人均一次能源需求(吉焦/人)	39	80	104	+167%
进口依存度	4%	15%	23%*	+19个百分点
能源体系二氧化碳排放量(吉吨二氧化碳)	4	9	11	+175%
能源强度(兆焦/美元PPP)	10.2	8.4	6.0	−41%
碳强度(克二氧化碳/美元PPP)	655	616	412	−37%

注:* 为2019年价格。进口依存度是根据进出口差值相对于一次能源需求总量计算的。

能源的使用和排放趋势

一直以来，能源（特别是国内煤炭）生产和使用的迅速增长既是中国经济发展的驱动力，也是经济发展的结果。中国较大程度依赖能源密集型产业来推动经济发展，因此在 2009 年成为世界上最大的能源消费国，而中国对煤炭的依赖则使其自 2005 年以来都是二氧化碳的最大排放国。经济发展转向能源密集度较低行业、持续提效，以及采用更严格的环境标准等努力已经初见成效，抑制了中国许多终端用能部门对化石燃料的需求，并引导需求转向电力。不过，在发电和供热用煤增长这一主要因素的推动下，碳排放量依然继续攀升。近年来，中国的空气质量有了显著改善，但空气污染仍然是威胁健康的一个问题，特别是在城市集群和产业集群地带。

能源的使用

中国经济结构重心转向轻工业和服务业，以及旨在争取提高能效的更严格法规，是近年来能源需求增速大幅放缓的一个因素。上述法规包括始于 2006 年并在"十三五"规划（2016—2020 年）中得到扩展，旨在推动企业节能举措的"百千万"行动，以及落实最低能源性能标准。2000—2010 年，一次能源需求年均增长超过 8%，2011—2015 年放缓到 3.4%，2015—2020

年则略高于3%。① 由于GDP持续快速增长，GDP的能源强度（按购买力平价计算的每货币单位GDP的能源需求量）在2010—2020年加速下降，下降幅度从2000—2010年的年均2%加大到2010—2020年的年均3%以上。

自2000年以来，尽管中国在可再生能源利用方面取得了长足发展，但仍然严重依赖化石燃料（见图1.2）。2020年，中国一次能源需求总量中约85%由化石燃料提供，仅煤炭就占一次能源需求总量的近60%，而石油则约占20%。中国是世界上最大的煤炭消费国，煤炭消费量远高于其他国家；中国2020年的燃煤量达到了30亿吨煤当量，占世界市场的50%以上（IEA，2020a）。从历史经验来看，中国的煤炭消费量与工业化同步增长，2002—2013年增长最为迅速。这段时期，中国一次能源需求总增量中煤炭占77%。仅水泥、化工和钢铁工厂就贡献了煤炭消费量增长的一半，其中30%（或煤炭需求总增量的15%）间接来自电力使用（主要是燃煤电厂发的电）。在效率提高和政策限制煤炭使用扩张的共同作用下，2013—2018年煤炭用量大致走平，但在2019年、2020年和2021年初，煤炭用量再次走高。

---

① 国际能源署和中国官方的能源统计数字由于方法上的差异而有所不同。国际能源署采用的是物理能源含量方法（PEC法），而中国则采用部分替代方法（PS法）。除非另有说明，本书中的所有能源数据均来自国际能源署。

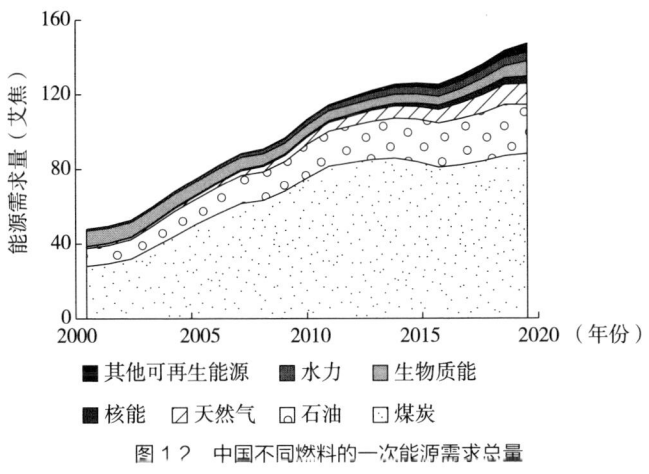

图1.2 中国不同燃料的一次能源需求总量

自2000年以来，中国尽管在可再生能源利用方面取得了长足发展，但仍然严重依赖化石燃料，仅煤炭一项就占一次能源需求总量的近60%。

国内充足的低成本煤炭资源为以煤为基础的经济发展提供了条件。中国是世界上最大的煤炭生产国，煤炭产量约占全球的一半。尽管如此，中国的煤炭消费仍然大于本土的生产能力。因此，中国日益依赖进口煤炭，目前煤炭消费总量的约8%来自进口。煤炭主要用于发电和供热，这两类用途占煤炭使用总量的60%（其余用途的煤炭用量占比为：工业用途33%，建筑用途3%，农业和非能源用途4%）。在电力和热力部门，煤炭作为燃料的重要性仍然远高于其他燃料，煤炭贡献了2020年总产出的3/4。不过，煤炭占能源总量的份额与2007年90%的峰值相比已有所下降。中国目前的煤电装机容量为1 080吉瓦，超过全球煤炭装机容量的一半，另有近250吉瓦尚处于不同开发阶段（CEC，2021年）。在已经正式获批的88吉瓦产能中，2020年批准的产能为37吉瓦，是2019年的3倍多（Reuters，2021）。中国各行业的化石燃料消费量见图1.3。

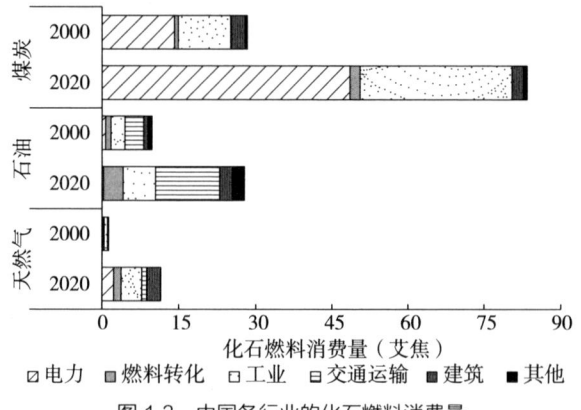

图1.3 中国各行业的化石燃料消费量

注：电力行业包括发电和供电行业。

煤炭仍是发电的主力。不过，近年来随着可再生能源和核电产能的增加，煤炭的相对重要性已明显降低。

中国对石油和天然气的需求自2000年以来也有显著增长。石油用量年均增加5%，用于补充重工业中煤炭的使用，以及满足个人交通运输和货运需求的迅速增长。天然气自2015年起得到有力的政策支持，需求急剧上升，特别是在发电、工业用途以及商住空间和水加热方面。中国虽然在本土生产大量油气，但仍然严重依赖进口：2020年，中国消费的石油和天然气中分别有超过70%和45%来自进口。中国已于2017年超过美国成为最大的石油进口国，并于2018年取代日本成为最大的天然气净进口国。

尽管化石燃料继续占据主导地位，但核电、水电、生物能源、其他可再生能源等现代低碳燃料和技术的使用在过去10年间得到了相当大的发展，这些燃料在一次能源需求总量中的份额从 2011 年的 9% 上升到了 2020 年的 14%。① 可再生能源电力和核电在 2020 年占一次能源需求总量的 9% 以上。水电占 2000 年以来可再生能源总增量的 35%。三峡和溪洛渡这两座水电站贡献了大部分的新增水电装机和产量。

太阳能光伏和风力发电贡献了 2000 年以来可再生能源增量的另外 60%。2020 年，太阳能光伏和风力发电的装机合计约为 540 吉瓦，其中一半以上来自陆上风力涡轮机。目前，公用事业规模的太阳能光伏发电总装机为 180 吉瓦，屋顶电池板和海上风力装机约为 90 吉瓦。这些太阳能光伏板大部分是中国生产的，中国已成为世界上最大的太阳能光伏板生产国，推动了全球范围内成本下降。中国部分清洁能源技术与世界其他地区的情况比较见图 1.4。

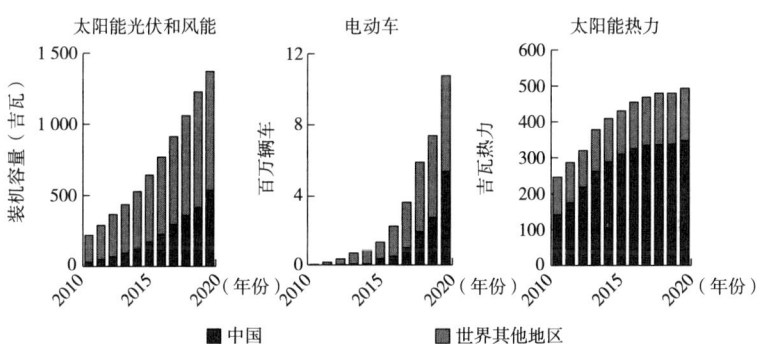

图 1.4 中国部分清洁能源技术与世界其他地区的情况比较

中国在部署清洁能源技术方面发挥主导作用，占世界电动车总量的一半，占太阳能热力装机的 70%。

---

① 根据中国国家能源局的数据，截至 2020 年底，非化石能源占一次能源需求总量的比例达到 15.9%，超过了之前设定的 2020 年达到 15% 的目标。

核电也有明显增加：2000—2020年有48个反应堆投产，将反应堆总数推高到51个，并使核电在一次能源需求中的份额从0.4%上升至2.7%，在发电量中的份额从1.2%提高到5%以上。2020年，包括水电、核电在内的可再生能源贡献了约30%的发电量，而在2000年这一比例只有18%。在可再生能源扩张的推动下，发电的碳强度从2000年的近900克二氧化碳/千瓦时，降低到2015年的650克二氧化碳/千瓦时，并进一步下降至2020年的610克二氧化碳/千瓦时。

工业是最大的终端用能部门。过去10年间，工业能源需求的份额相对稳定，占终端能源消费总量的59%~65%。工业用煤尽管自2014年以来已下降了17%，但煤炭仍然是工业部门的主力燃料。2020年中国工业能源使用总量中有50%来自煤炭，而在世界其他地区这一比例仅为30%左右。钢铁和水泥行业用煤占工业用煤总量的70%以上，其余的煤炭用作化工原料（4%）以及多个行业的锅炉燃料。自2010年以来，电力用量上涨了近70%，天然气用量增加了一倍多，这两种燃料取代煤炭用于低温供热。天然气也越来越多地用于化工生产。

2011—2020年，交通运输行业的能源需求百分比增幅最大，不过该行业能源使用量仍然只占中国终端能源使用总量的15%左右。道路车辆占交通运输能源用量的80%以上，客运车辆（两轮/三轮车辆、轿车和公共汽车）用能量略高于公路货运（卡车、轻型商用车）。国内航空燃料用量的上升速度高于汽车，但低于公路货运。石油产品约占中国交通运输能源需求的85%。电动车近期的飞速发展抑制了道路交通运输领域石油需求的上升。2020年，中国上路行驶的电动汽车超过450万辆，占全球电动汽车总数的45%，其中近80%是电池电动车，其余则是插电式混合动力车。截至2020年底，中国上路行驶的58万辆电动公共汽车和2.4亿辆电动两轮车分别占全球同类车辆总数的98%和78%，取代的石油需求量超过了包括中国在内的全球所有的电动汽车取代的石油需求量（IEA，2021a）。中国是全球最大的电池制造国，遥遥领先于其他国家；2020年底，中国已安装产能占全球的70%左右，2020年电动汽车电池产量占全球的近一半。

近年来，建筑部门在中国终端能源消费中的份额基本稳定在略高于1/5的水平。电力用量上升最快，2020年占建筑用能总量的35%。用于加热的电量比例越来越高，自2015年以来，热泵热水器的销量每年都超过100万台。中国地下水地源热泵的安装量一直快速上升，2020年为近650亿平方米供热总建筑面积中的10亿平方米供热。2020年太阳能集热器的总装机接近350吉瓦，几乎是2010年的2.5倍，这要归功于政府出台政策应对燃煤造成的空气污染，例如涵盖北京、天津和26个其他城市的冬季清洁取暖规划（2017—2021年）。清洁能源建筑技术的部署仍然严重依赖财政激励措施。太阳能热力装机于2013年达到顶峰，之后由于激励措施减少而出现装机量下滑。

能源体系的二氧化碳排放

排放趋势

中国是世界上最大的温室气体排放国，排放量约占全球总量的1/4（见图1.5）。2020年，中国的排放总量约为13吉吨二氧化碳当量，相当于人均9吨二氧化碳，比世界其他地区高出45%。来自燃料燃烧和工业过程的二氧化碳排放（以下称为能源体系二氧化碳排放）在2020年超过11吉吨，占到中国温室气体排放总量的近90%，而这一比例在世界其他地区低于60%，这体现了中国的排放密集型能源结构和重工业部门的较大规模。2020年，中国与能源有关的排放约有70%来自煤炭，12%来自石油，6%来自天然气，约11%来自过程排放。仅燃煤发电和供热厂的排放就占中国排放总量的45%以上，占全球排放总量的15%。据估计，其他温室气体的排放量，包括能源体系的非二氧化碳排放和非能源相关活动的温室气体排放（例如农业排放），为2.4吉吨二氧化碳当量，而来自林业和土地使用变化的净负排放量超过0.7吉吨二氧化碳当量（在大多数其他国家，此类排放的净值为正，或净值为负但规模较小）。

2021年，中国能源体系的二氧化碳排放量很可能会增加超过3亿吨，即3%，原因之一是经济在新冠肺炎疫情的影响过后反弹。尽管发生了新冠肺炎疫情，但中国2020年的能源需求和排放继续上升，2021年的排放量很可能接近4.5亿吨二氧化碳，比2019年高出4%。与2020年相比，2021年所有的化石燃料都将推高中国的二氧化碳排放量，但预计煤炭将是主力推手，占新增排放量的60%，这主要是电力部门的用煤量增加造成的（IEA，2021b）。

尽管二氧化碳排放量在过去20年间大幅增加，但其增速落后于GDP的增速。这主要是由于经济逐步向排放强度较低的部门转型，以及通过政策行动抑制能源需求增长并推广低碳燃料。GDP的碳强度（按购买力平价计算的每单位GDP的排放量）已从2005年的近810克二氧化碳高峰下降到2020年的450克二氧

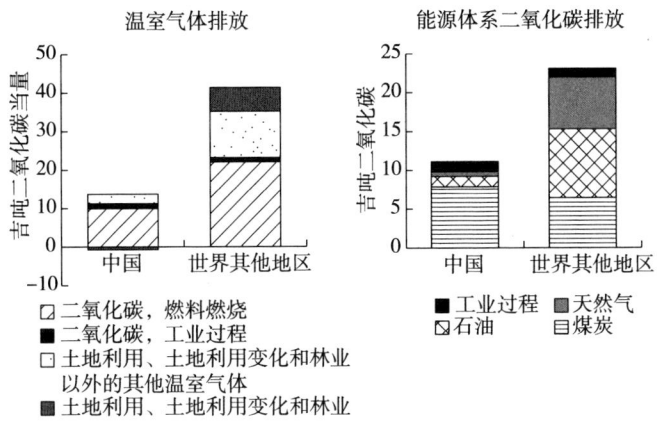

图 1.5 2020 年中国和世界其他地区的温室气体排放量

资料来源：国际能源署关于燃料燃烧和工业过程的二氧化碳排放数据。其他温室气体排放的估计值来自 IEA, FAO（2021）；Saunois, M. et al.（2020）；Friedlingstein, P. et al.（2020）；UNFCCC（2021）；He, J. et al.（2021）。

> 中国是世界上最大的温室气体排放国，排放量约占全球总量的 1/4，其中大部分来自化石燃料燃烧。

化碳。[①] 然而，由于对化石燃料的依赖度较高，中国一次能源使用的碳强度一直保持在高于 2000 年的水平，接近 80 克二氧化碳/兆焦，而世界平均水平则低于 60 克二氧化碳/兆焦。在大多数发达经济体中，随着向碳密集度较低燃料的转型步伐加大，一次能源的碳强度下降较快。例如，美国和欧洲一次能源使用的碳强度已经下降，这主要归功于美国从燃煤发电转向了天然气发电，以及欧洲的发电供热领域可再生能源份额剧增。在一次能源使用的碳强度上升和一次能源需求增加一倍半这两个因素的共同作用下，中国的排放总量在过去 20 年间增加了两倍。如图 1.6

---

① 仅包括来自燃料燃烧的二氧化碳排放。

所示，按人均计算，中国能源体系2020年的二氧化碳排放量为8吨/人，仍低于美国或加拿大等一些发达经济体（人均13~15吨二氧化碳），但高于欧盟等其他国家和地区（人均约5吨二氧化碳）。

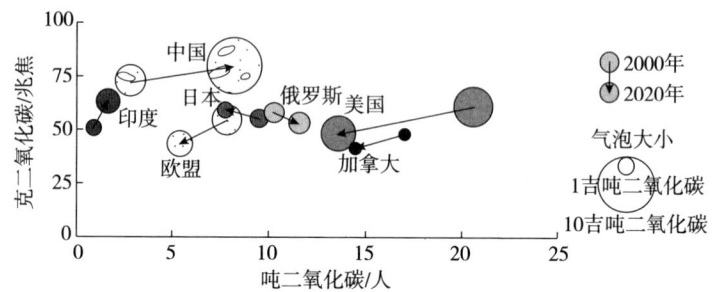

图1.6 2000年和2020年，不同国家/地区一次能源需求的二氧化碳排放强度与人均二氧化碳排放量的关系

注：气泡面积代表能源相关和过程相关的二氧化碳排放总量。

中国虽然人均排放量低于某些发达经济体，但由于严重依赖化石燃料，一次能源使用的碳强度仍然较高。

现有基础设施的排放

对生产、运输和消费能源的多种实物资产做出的既往和当前投资，都将影响中国未来使用的能源体量和类型。加速使用清洁能源技术和实现碳中和的努力是否能够成功，在很大程度上取决于能源相关基础设施（特别是正在建设或最近部署的燃煤电厂、钢铁厂和水泥厂）的发展。近期趋势印证了这一点：在中国，尽管可再生能源和电动车得到快速部署，并且GDP能源强度大幅下降，但近年来能源体系的二氧化碳排放量仍然持续上升。造成这一现象的原因是：在清洁能源技术不断普及的同时，排放密集型基础设施也一直在增加。

现有基础设施的未来能耗和排放取决于三大因素：可以在多大程度上改造资产及其运行方式以降低其能源用量和二氧化碳强度；可以在多大程度上捕集排放（即进行碳捕集、利用与封存改造）；运行寿命的长短。对于能源资产的业主而言，是否继续运行（在现行监管框架允许的情况下）、是否改造运行方式、是否采用低碳替代品等决定，将主要取决于相对成本和政府在相关政策领域的决策。事实上，中国电力和工业大部分排放密集型的基础设施都受到某种形式的政府监督，即对公有基础设施的直接监督和对国有企业基础设施的间接监督。此外，此类资产的私人业主也接受政府监管。

考察特定部门和设备类型在不改造情况下的潜在排放轨迹，可以作为了解未来减排空间的起点。如果不投资于新的化石燃料资产，中国能源系统的排放量就会下降，但历时较长。如图 1.7 所示，如果现有能源基础设施在近年来观察到的典型条件下运营（即典型利用率，且不提前退役或改造），那么这些基础设施将在 2020—2050 年累计排放约 175 吉吨二氧化碳，这相当于中国整个能源体系 2020 年二氧化碳排放量的约 15 倍。现有基础设施的排放量到 2030 年和 2050 年将分别下降 30% 和 95%。

假设不改变现有基础设施的运营方式，则大部分累计排放量将来自电力部门（60%）、炼钢（8%）和水泥生产（10%），这反映了这些行业目前在中国的排放总量中比重较大，而且它们的资产寿命较长。其他工业细分部门所占比重为 9%，交通运输和建筑部门合计占 8%。交通运输和建筑行业目前在中国能源体系排放总量中的比重较小，远低于世界其他地区。在中国以煤为主的电力部门中,约有30%的电力用于建筑,因此建筑间接排放的比重大大高于直接排放的比重。

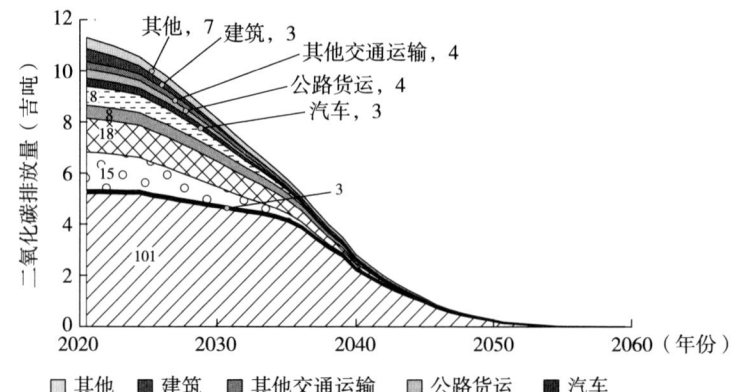

图1.7 中国现有能源相关基础设施在典型寿命假设和运行条件下的二氧化碳排放量

注:图中所示的分析独立于本书中提出的任何情景。排放量是根据典型的运行条件(如容量系数、燃料比重和里程)预测的,以2020年为基准年。图中以数字标出的面积大小代表各细分部门的累计排放量,单位为吉吨二氧化碳。排放量按直接排放计算。此处的分析参考了近年在中国观察到的煤电厂和重工业资产的寿命,即25~35年。

> 到2050年,现有能源基础设施在未加改造的情况下的累计排放量可能达到约175吉吨二氧化碳。

电力部门在现有基础设施的排放总量中占有很大比重,原因是电力部门以燃煤电厂为主。燃煤电厂提供目前发电总量的60%以上,其排放量占电力部门现有电厂到2060年潜在累计排放总量的95%以上。由于40%的煤电厂是在过去10余年间建成的,所以现有煤电厂的排放量到2030年只有小幅下降,到2050年将下降95%。此处的分析不包括未来几年内计划建造的任何燃煤电厂。

中国现有基础设施的潜在二氧化碳排放中，工业是另一大排放源，这是因为工业部门的能源强度较高，化石燃料（尤其是煤炭）在工业用能中的比重较大，而且工厂和重型工业设备的运行寿命较长。在我们的分析中，工业累计排放量约为50吉吨，其中钢铁和水泥行业分别占30%和35%。虽然中国的主要钢铁生产厂商已经设定了2022—2023年排放达峰的目标，但中国冶金工业规划研究院预测，总体产量上升将持续至2025年。中国建筑材料联合会最近提出了2023年水泥行业碳达峰的目标，以推动更广泛的建材行业实现排放达峰。

耗能资本存量的周转率对新能源技术（包括清洁能源技术）的采用有强烈的影响。不同部门和设备类型的周转率存在相当大的差异。许多家用电器以及计算机等办公设备通常每几年就需要更换，汽车、卡车、加热和冷却系统以及工业锅炉的使用寿命一般在10~20年，大多数现有建筑、公路、铁路和机场，以及大量发电厂、炼油厂和管道系统可能几十年后仍在使用。全球范围内，燃煤电厂的运行寿命通常为40~50年，水泥和钢铁厂的运行寿命约为40年。然而，如图1.8所示，在中国，这类排放密集型资产近年来无论是退役还是被更高效产能取代都更加频繁，其寿命大多为25~35年（Cui et al., 2020; Cui et al., 2021; IEA, 2020c）。

中国近年来经济发展迅速，因此排放密集型资产的年龄低于大多数其他国家。中国煤电厂的平均厂龄只有13年，而美国超过40年，欧洲约为35年；不过，近年来中国煤电厂的典型运行寿命大幅降低（为25~35年，而全球为40~50年）。全世界目前燃煤装机有2 100吉瓦正在运行，138吉瓦在建；到2030年，大约有 1 850 吉瓦仍在运行，其中 950 吉瓦在中国。中国厂龄 10 年或以下的煤电厂中，有 40% 位于江苏、山西、山东、新疆和广东五省区。

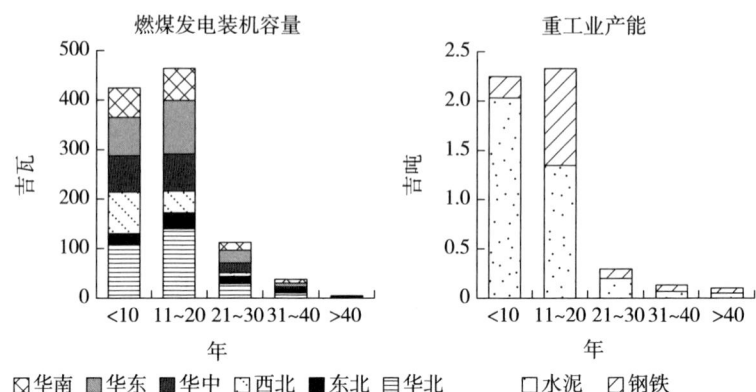

图 1.8　中国主要排放密集型资产的平均年龄

注：图中不显示香港、澳门和台湾地区的数据。
资料来源：Platts（2021）；Tong et al.（2019）；Wang et al.（2019）；Liu et al.（2021）。

中国 40% 的燃煤电厂、55% 的水泥厂和 15% 的钢铁厂的厂龄不足 10 年，而近年来的使用年限为 25~35 年。

重工业方面，中国在全球的主导地位更加明显：以排放较密集的路线（即以煤、焦炭和铁矿石为原料的高炉炼钢，而不是以废料为原料电炉炼钢或天然气直接还原铁炼钢）生产的钢铁中，中国约占 60%，在水泥生产中的份额类似，而在化工行业中，中国生产的氨、甲醇和高价值化工产品占全球总量的 30% 左右。中国重工业各类资产中，大部分产能处于较低年龄段，平均为 10~15 年；近年来中国此类资产的寿命约为 25 年，而全球的典型寿命为 30~40 年。约 80% 的钢铁厂和 90% 的水泥厂的厂龄不足 20 年——这是自世纪之交以来中国钢铁和水泥产量分别增长

6 倍和 7 倍的结果。

相比之下，中国现有的卡车、飞机、汽车、船舶以及建筑物电器和设备的排放强度较低，寿命较短，因此它们在现有基础设施的预计排放总量中占比相对小得多，但也往往处于全球同类资产典型年龄分布范围的较低端。中国约有 2/3 的建筑（按建筑面积计算）是在 2000 年以后建成的，而 3/4 的汽车车龄低于 10 年。在中国运营的商业飞机中，一半以上机龄不足 10 年。

能源和气候政策

碳中和目标

中国设定碳中和目标之举，标志着经济发展的转折点。该目标是气候政策新愿景中不可或缺的组成部分，这一愿景呼吁生产和用能方式发生深刻而长期的转变，涉及经济和日常生活的方方面面，对于避免气候变化对整个世界造成最坏的后果具有重要意义。

在 2020 年 9 月的联合国大会上，中国宣布了"双碳"目标，即在 2030 年前实现二氧化碳排放达峰，2060 年前实现碳中和。这标志着中国在气候方面的决心。此前，中国在 2015 年《巴黎协定》下的国家自主贡献（NDC）目标是二氧化碳排放在 "2030 年左右达峰，并尽力提前达峰"，但没有设定长期目标。

此后，中国宣布了多项增补的气候目标和更有力的行动，以便为支持碳中和新目标而加速能源转型。2020 年 12 月的联合国气候雄心峰会上，中国政府宣布将会：提升 2030 年的国家自主贡献目标，包括单位GDP的二氧化碳排放量比2005年减少65%以上（之前的目标是60%~65%，且2020年宣布减幅已达48%以上）；提高非化石燃料在一次能源消费中的比重，达到25%左右（根据官方数据，目前国家自主贡献中这一比重约为20%，2020年为16%）；增加森林碳储量，达到比2005年高出60亿立方米（之前的目标为45亿立方米，已于2018年实现）。中国还宣布了另一个新目标，即风能和太阳能总装机扩大到1 200吉瓦以上（2020年为535吉瓦）。2021年3月，中央财经委员会第九次会议提出，要建立以太阳能光伏和风能为主要能源的新型电力系统。此外，习近平主席在2021年4月的"领导人气候峰会"上提出，"中国将严控煤电项目，'十四五'时期严控煤炭消费增长、'十五五'时期逐步减少"。

与以前的气候政策相比，中国新的气候政策除了更有雄心，还有其他方面的区别。新政策为中国实现碳中和的道路设定了明确的时间表，关键政策问题从"是否、何时"变成了"如何"。此外，以前的政策侧重于以单位GDP的排放量来衡量碳强度，而新政策在此基础上有所扩大。政府在新政策中说明了碳中和目标的范围。2021年7月，中国气候变化问题特使在一次演讲中指出，中国的达峰目标主要涉及能源活动产生的二氧化碳排放，而碳中和目标的范围更广，涵盖全经济领域温室气体的排放，包括甲烷和氢氟碳化物等非二氧化碳温室气体（NCSC, 2021）。

本书提出的路径涵盖了燃料燃烧、工业过程等整个能源体系的二氧化碳排放，这两类排放目前占中国温室气体排放总量的近90%。本书提出的路线图的核心情景中，还考虑到在2060年前大幅减少能源体系的甲烷排放。

2021年5月,中国政府成立了碳达峰、碳中和工作领导小组,以协调跨部委工作,实现气候目标。小组由国务院常务副总理担任组长,成员包括多个国家关键部委和机构的负责人。该小组正在着手构建碳达峰、碳中和"1+N"政策体系,"1"是指一个顶层设计的文件,"N"是指关键行动领域的政策系列方案(NCSC,2021)。碳达峰、碳中和"1+N"政策体系重点关注10个领域的转型和创新:改变能源结构;推动工业现代化;提高资源利用效率;提升能效;建立低碳交通运输体系;促进清洁能源技术创新;发展绿色金融;出台配套经济政策;完善碳定价机制;实施基于自然的解决方案。

碳中和与中国更广泛经济现代化战略的关系

中国将碳中和目标视为催化剂,它可以推动经济社会发展模式转向更优质、更可持续的经济增长,造福中国乃至全球的环境和人民健康。政府已经确定了到2035年"基本实现社会主义现代化"的目标,该目标包括:大幅提高中国的经济实力、技术实力和创新实力;人均GDP达到中等发达国家水平;实现治理体系现代化;推进文化和卫生事业发展;缩小城乡和地区差距。现代化目标还包括推进生态友好的工作和生活方式,以及在"建设美丽中国"目标下实现生态环境根本好转。政府还确立了2050年目标,即中国成为"富强、民主、文明、和谐、美丽的社会主义现代化强国"(Xi,2017;State Council,2021)。

从能源密集型重工业持续转向高附加值的技术和服务,构成了经济转型的核心内容,也与现代化议程及碳中和目标相一致。

近期的几个五年规划为转型设定了目标，包括：

- 在"十一五"（2006—2010年）、"十二五"（2011—2015年）和"十三五"（2016—2020年）期间提高服务业增加值占GDP的比重，从2005年的41%增加到2020年的54.5%（GDP以现行价格计算[①]）。
- 自"十五"（2001—2005年）以来，通过增加对研发的公共支出，鼓励创新。这方面的支出在2020年达到了3 540亿美元（2.44万亿元），占GDP的比重从2000年的1%增加到了2020年的2.4%。
- 自"十二五"起，提高专利数量，从2010年的每万人不到2项上升到2020年的每万人6项以上，而"十四五"的目标是2025年每万人拥有12项高价值专利。[②]
- "十三五"期间提升科技进步对经济增长的贡献，"十四五"期间提升关键数字经济部门占GDP的比重。

中国政府致力于发挥更广泛经济发展与碳中和目标之间的协同作用。例如《中国制造2025》旨在提升中国制造业，力争加强技术创新和产品质量，并促进侧重于高价值制造业和绿色生产的结构转型。其设定了能效、材料效率和污染控制目标，并重点关注清洁低碳材料、能源、车辆和设备的开发。近年中国提倡

[①] 如果服务业增加值和GDP按2019年不变价美元购买力平价计算，则服务业在GDP中的比重从2005年的49%上升到2020年的53%。
[②] 中国国家知识产权局对高价值专利的5个标准进行了界定：https://www.cnipa.gov.cn/art/2021/4/2/art_55_158182.html。

"新基建",它涵盖了数字化和能源投资,以及特高压输电网、城市和城际轨道网和电动车充电桩等交通运输基础设施。

2012年以来,中国始终追求更加多元化的发展模式,力求在经济增长与环境和公众健康之间取得平衡。2012年11月举行的中国共产党第十八次全国代表大会上提出了"生态文明建设"和"美丽中国"愿景。2016年,中共中央、国务院公布了《"健康中国2030"规划纲要》,其中强调了环保(特别是空气质量和水质量)对提高公众健康水平的重要意义。

清晰的迹象表明,气候变化日益成为中国发展愿景和战略中不可或缺的组成部分。2021年3月,中央财经委员会第九次会议强调了碳达峰、碳中和目标的总体愿景和战略定位。会议强调,实现碳达峰、碳中和是一场广泛而深刻的经济社会系统性变革,要把碳达峰、碳中和纳入生态文明建设整体布局("生态文明"是中国可持续发展和环境目标愿景的支撑,已于2018年写入宪法)。2021—2025年这五年是实现排放达峰的关键时期。

全球背景下的中国碳中和目标

中国确定新的气候目标是一项重大举措,标志着中国将为应对气候变化而采取更有雄心的行动。鉴于中国的经济和地缘政治影响力日益提升,并且中国是世界上最大的二氧化碳排放国,人们希望上述政策变化将引导中国在全球气候治理中发挥积极作用。开展国际合作、分享最佳做法对于在21世纪下半叶实现全球净零排放至关重要(IEA,2020b)。

中国并不是确立了净零目标的唯一国家。截至2021年9

月，52个国家和欧盟已经采纳了某种形式的净零排放目标，这些经济体涵盖了全球GDP的2/3，以及全球能源相关二氧化碳排放量的约2/3。其中，有16个国家已将净零排放目标写入法律，5个国家已将其写入立法提案，其余国家则在官方政策文件中宣布了净零排放目标。到目前为止，在确立了既定目标的国家中，中国的碳足迹最大，占2020年全球能源相关二氧化碳排放的30%左右，约占净零排放目标所涵盖的能源相关排放的一半。

各国实现净零排放的时间框架从2030年到2070年不等，包括美国、欧盟、日本、加拿大、韩国和南非在内的大多数国家将2050年作为目标年。在其他主要新兴经济体中，巴西在国家自主贡献预案中将目标年设定为2060年，并宣布打算将其提前到2050年，而印度尼西亚正在考虑是否有机会在2060年实现净零排放。目标覆盖的排放范围也存在差异，迄今为止，大多数净零排放目标涵盖全经济领域，包括所有温室气体。

专栏1.1 《巴黎协定》与净零排放

《巴黎协定》是最新的一份有关国际气候的重要协议，于2015年12月的《联合国气候变化框架公约》第21届缔约方大会上达成，并于2016年4月正式签署。《巴黎协定》确立的目标是：把全球平均气温升幅控制在工业化前水平以上"低于2℃之内"，并努力将气温升幅限制在工业化前水平以上1.5℃之内。政府间气候变化专门委员会鼓励各国在2050年之前实现碳中和目标，以降低风险，避免严重依赖净负排放来实现到21世纪末将气温升幅限制在1.5℃之内的目标（IPCC，2018）。《巴黎协定》第 4 条确立了为实现上述目标而需要瞄准的靶标，尤其是"尽快"达到温室气体排放的峰值，并在此后迅速减排，以在 21 世纪下半叶实现温室气体源的人为排放与碳汇的清除之间的平衡，即温室气体净零排放。

国家自主贡献（NDC）在《巴黎协定》中居于核心地位，对其成败至关重要。国家自主贡献是各国为减少其排放并适应气候变化影响而做出的承诺。《巴黎协定》第 4 条要求各缔约方在考虑各自国情和能力的前提下，编制、通报并保持本国的连续国家自主贡献，包括国内减排措施。

自《巴黎协定》签署以来，4 次缔约方年度会议的重点都集中在为实施本协定的各个方面而制定规则、指南和程序，并鼓励各国提高各自国家自主贡献的雄心，制定低排放发展长期战略。下一次会议（第 26 次缔约方大会）原定 2020 年于格拉斯哥举行，后推迟到 2021 年 11 月。大会审议实现《巴黎协定》目标的进展情况，寻求加大减排的短期努力，包括敦促各国提交修订或更新的国家自主贡献预案，并鼓励各国为实现净零排放而制定长期规划。

中国在实现全球净零排放方面举足轻重。鉴于中国经济和能源体系的规模，中国既定气候目标的实现将大幅推动《巴黎协定》目标的达成。如果中国依照既定目标实现碳中和，那么到 21 世纪末，中国就可以将全球平均气温降低近 0.2℃。简而言之，如果中国失败，那么世界也不可能成功。

中国碳中和的关键挑战

二氧化碳减排是一项艰巨的任务,成本效益最好、实用性最高的方法因国家而异,影响因素包括经济发展阶段、经济结构,以及现有供能和用能模式。这些差异反映在排放达峰的时间点上:许多发达经济体已经达峰,有些在几十年前就达到了峰值,但中国和大多数其他新兴经济体尚未达峰,这些国家的经济增长一般明显较快,且人均用能往往较低。法国、德国和英国在20世纪70年代率先实现了能源相关二氧化碳排放达峰,而美国、意大利和日本则分别于2000年、2005年和2013年达峰。巴西和韩国分别在2014年和2018年达到排放高峰。因此,与中国碳中和承诺的时间框架相比,这些国家从排放达峰到净零排放的时间框架更长。

经济成熟和繁荣的程度是决定二氧化碳排放达峰的关键因素。历史数据表明,在20世纪70年代达峰的国家,按购买力平价2019年价格计算的人均GDP在2.2万美元(15.2万元)至3万美元(20.7万元),而在后来达峰的国家,如美国、韩国和日本,达峰时的人均GDP在4万美元(27.6万元)以上。2020年,中国的人均GDP接近1.75万美元(12.1万元),已经接近法国、德国和英国排放达峰时的水平。然而,中国的经济仍然增长强劲,尽管受到新冠肺炎疫情影响,但在2016—2020年的GDP平均增长率仍接近6%;而上述三个欧洲国家在20世纪70年代末的经济增长率仅为3%左右,并于20世纪80年代初发生了经济衰退。在经济迅速增长、能源服务需求不断增加的情况下,要实现排放达峰,就必须付出巨大的努力。不过,近年来能源技术取得了长足发展，而且中国具有利用这些技术的潜能，所以中国可能会迎来排放与增长脱钩的新机遇。

此外，由于重工业在中国经济中占据重要地位，中国实现碳中和非常困难。2020年，整个工业部门在能源体系二氧化碳排放总量中的比重为36%。工业过程的能源密集度高，而且在一些关键的细分部门（特别是钢铁和水泥），几乎没有可以替代传统化石燃料技术的商业化可行低碳方案。此外，某些工业产业往往与国际贸易高度融合，碳泄漏（排放密集型产业转移到排放限制较宽松的国家）风险较高。进一步提高服务业的比重、减少高耗能产业的比重，并且支持产业低碳解决方案创新和成本降低，无疑将有利于中国能源系统的去碳化。

交通运输部门占2020年中国能源体系二氧化碳排放总量的8%，需要列入减排措施的重点领域。随着中国汽车保有量和公路货运量的迅猛增长，道路交通运输领域的油气产品用量在过去20年里翻了近两番（年均增速超过7%），国内航空对石油的需求增长更快，同期年均增速达到9%以上。

2020年建筑产生的排放占中国能源体系排放总量的5%。中国建筑物的年龄较低，而且供热严重依赖化石燃料，这些都是有待解决的问题。一直以来，在政策努力下，建筑的平均能源强度降低，但建筑部门的能耗一直都在快速升高。建筑物的平均年龄略高于15年，现有建筑面积中近一半可能到2050年仍在使用，因此，降低用能、转向低碳技术的改造措施尤为重要。建筑物终端能源消费总量的1/3仍然由化石燃料供应，约50%的空间加热使用的是建筑物内部的低效化石燃料设备，这一比例在北方地区高达80%（包括区域供热）。另外，电力终端使用的爆炸性增长也推高了发电行业的排放。例如,在过去20年间,中国的空调拥有量翻了不止一番(IEA,2019)。

在发电和供热方面,中国对化石燃料(尤其是煤炭)的依赖度较高。发电和供热在2020年能源体系二氧化碳排放总量中的比重接近50%,因此在实现排放达峰并在之后迅速下降的工作中,应当将发电和供热置于中心地位。在所有已经实现重大减排的国家,电力部门转型无一例外都是主要的驱动力量之一,涉及增加碳密集度较低的技术在发电燃料结构中的比重。例如,英国和美国从煤炭转向天然气和可再生能源,德国从煤炭转向可再生能源,法国从煤炭和石油转向核能。2020年,燃煤发电和供热占中国能源体系二氧化碳排放总量的45%以上,占世界排放总量的16%,因此,在落实新气候目标的工作中,逐步淘汰无减排措施的燃煤发电和供热必须居于中心地位。中国煤电厂厂龄较低的现实增加了这项任务的难度,政策考虑的关键是处理好清洁能源转型的社会经济影响。

尽管如此,中国完全有能力加快对低碳发电的投资,并避免锁定来自长寿命资产的额外二氧化碳排放。在部署太阳能光伏、风能、水能等可再生能源以及核电方面,中国都处于世界领先地位。2020年,这些清洁能源技术的总投资额达到约1 300亿美元(9 000亿元),大约是化石燃料发电厂投资额的6倍。自2016年以来,风能和太阳能装机的合计净增量每年都超过了化石燃料发电厂的净增量。为了不断提高波动性可再生能源的发电比例,同时确保成本效益和电网安全,必须进行市场和监管改革,促进电力系统消纳更多可再生能源。

专栏1.2 中国企业的净零目标

自政府宣布"双碳"目标以来,以国有企业为主的几家大型企业已经做出了碳中和承诺。行业协会引导了部分承诺的制定,有些协会正在制定排放达峰与碳中和部门路线图。做出碳中和承诺的能源密集型工业企业包括中国石化和中国石油[①](油气和化工)、宝武钢铁、河钢集团、鞍钢集团和包头钢铁(钢铁),其中大多数企业的目标是到2050年实现碳中和。在主要电力企业中,长江三峡集团宣布到2040年实现碳中和目标,而大唐集团的目标是2060年。

更多的企业已经宣布配合达成国家目标的相关承诺或规划,但尚未确定排放的目标年或制订出实现目标的计划。例如,国家电网公司发布了碳达峰与碳中和行动计划,其中包括建设新增输电能力和智能电网、增加本企业配送电力中可再生能源比重等措施。国家能源投资集团、中国华能集团、国家电力投资集团等电力企业已经宣布开展长期净零排放目标战略研究。截至2021年7月,在中国最大的65家用能企业中[②],56家尚未宣布具有明确目标年的净零承诺,53家尚未公布具有明确目标年的排放达峰目标。

许多中国企业的净零排放承诺范围仍有待明确,不过根据目前的报告导则和惯例,现阶段承诺范围很可能涵盖企业运营的直接和部分间接排放(即《温室气体核算体系》中的范围1和2),

---

① 中国石油承诺2050年实现近零排放。
② 主要在化工、水泥、钢铁、铝、车辆制造、航运、航空、建造、发电和采矿部门。

但并不涵盖整个价值链（范围1、2和3）。① 已提出的企业减排战略包括转向低碳技术、注资研发，以及使用碳抵消和绿色债券。一些技术企业主张在政府、卫生系统和教育领域增加数字技术使用，并促进生活方式转变。

2013—2015年，中国政府发布了24个行业的企业温室气体排放核算国家指南，明确了核算范围。中国政府还建立了排放报告的框架，适用于可能纳入国家排放交易系统的企业；该系统已于2021年开始运行（最初覆盖电力部门，之后也将纳入工业部门）。在《国家发展改革委办公厅关于做好2016、2017年度碳排放报告与核查及排放监测计划制定工作的通知》及后续通知中，要求电力、建材、钢铁、有色金属、石油、化工和造纸行业的企业报告其生产产品相关的能源消费情况以及范围1和2的二氧化碳排放。中国还制定了绿色（或碳密集度）分类标准，支持金融机构和企业对有助于清洁能源转型的活动和资产进行分类，以及对气候变化相关的金融风险进行分类（IEA，2021c）。

现行政策

为实现碳达峰和碳中和目标，中国已经启动进程，在现有能源和环境政策的基础上制定相关规划。政府宣布"十四五"将是

---

① 范围1涵盖企业或组织活动的所有直接排放，包括企业或组织厂内的燃料燃烧和企业或组织本身的交通运输。范围2包括企业购买和使用的电力、蒸汽、热力和制冷的间接排放。范围3包括企业活动产生的所有其他间接排放，这些排放来源非企业所有，也不由其控制，如商务旅行、采购、废弃物和水。

关键时期，并确定了一系列关键领域，包括：限制化石燃料消费；提高能效；促进可再生能源并改革电力系统；促进绿色制造；提高施工能效标准；促进低碳交通运输；鼓励低碳技术创新；加强能源（能源消费强度和总量）"双控"制度；改革税收、价格、土地、金融和采购政策；加快碳排放交易；发展绿色金融；促进对环境更加负责的行为；增加碳汇；加强气候变化国际合作并建设绿色"丝绸之路"。

体制安排

在中央政府的指导下，国家和地方（例如省、市）级别的多个机构共同负责能源和气候政策的制定与实施（见图1.9）。多个国家级部委参与能源和气候政策的制定和实施，并非由单一部委全面负责能源和气候领域的政策。在中国，国家能源委员会和国家应对气候变化及节能减排工作领导小组共同负责协调国家政策的制定，这两个机构都由国务院总理牵头，并向国务院报告。2021年5月，中国成立了一个新的"领导小组"指导国家的碳达峰和碳中和工作。

国家各部委在国务院的指导下负责制定相关政策。参与能源和气候政策制定的主要部委有：国家发展和改革委员会（发展改革委，NDRC），负责制定和指导实施社会经济发展战略和政策；国家能源局（NEA），由国家发展改革委管理，负责设计和实施能源相关政策；生态环境部（MEE），负责监督环境相关政策，包括气候变化政策。其他参与能源和气候政策制定的部委包括财政部（MOF）、科学技术部（MOST）、工业和信息化部（MIIT）、自然资源部（MNR）和外交部（MFA）。此外，国务院国有资产监督管理委员会（SASAC）负责监督和管理国有企业，包括大型电力、石油和天然气企业，以及中国电力企业联合会等行业协会。

全国人民代表大会及其常务委员会				
国务院总理领导/跨部委				
国务院	国家能源委员会	应对气候变化及节能减排工作领导小组		碳达峰碳中和工作领导小组
主要部委				**部级智库**
国家发展和改革委员会	生态环境部	科学技术部	工业和信息化部	自然资源部	国务院发展研究中心	中国科学院
国家能源局	外交部	财政部	国务院国有资产监督管理委员会		中国社会科学院	中国工程院
主要司局		**其他政府智库**		
资源节约和环境保护司	应对气候变化司	中国21世纪议程管理中心	能源研究所	国家应对气候变化战略研究和国际合作中心
省级政府				
省发展和改革委员会	省能源局	财政厅	生态环境厅	自然资源厅

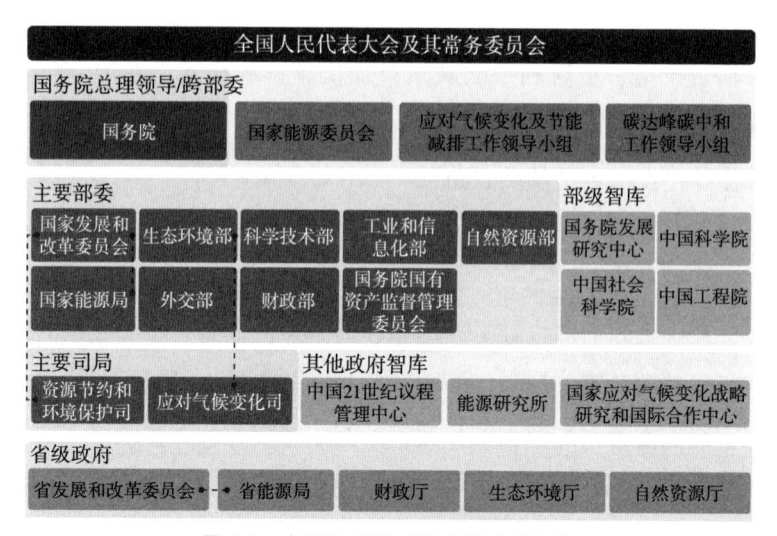

图 1.9　中国的主要气候和能源政策机构

注：图中并没有列出全部参与中国气候和能源政策程序的机构。

若干国家和地方机构共同负责能源和气候政策的制定与实施。

省政府负责执行国家政策，并在省一级确立政策和举措。省政府也参与国家政策制定过程。例如，中央政府在2030年前排放达峰行动计划的制定过程中向各省征求意见，并鼓励各省采取措施尽快实现排放达峰。上海和海南已经表示将争取在2025年达到排放峰值。海南还设定了2050年实现碳中和的目标。江苏和广东则计划早于国家目标年实现排放达峰。北京由于采取了措施应对空气污染、提高能效，并在市内试点排放交易系统（ETS），已经实现排放达峰，正在积极制订碳中和计划。行业协会和国有企业也在实行减排举措。

五年规划是指导经济和社会发展的关键政策制定程序。五年规划纲要设定最高层面的社会经济指导和目标，并配有一系列部门和技术专项规划作为补充，例如能源发展五年规划、电力发展五年规划和生态环境保护五年规划。各部门的五年规划通常由相关部委在五年规划纲要出台后一年内发布，提出更为详细的目标和行动计划，并且包括某些省一级的目标。省级五年规划由地方政府在国家和部门五年规划纲要发布后的一两年内制定，旨在结合当地情况落实国家五年规划。

在五年规划这一定期程序之外，还会在较为灵活的时间框架下，制定针对特定部门或交叉主题的法律、国家战略和行动计划。当前持续的战略优先事项往往会纳入下一个五年规划中。例如，《能源生产和消费革命战略（2016—2030）》是一项重要的长期战略，指导中国能源体系的六个方面：能源消费、供给、技术、体制、国际合作和能源安全。该战略强调，使能源消费更清洁、更高效并鼓励技术创新十分重要。其中的行动计划侧重于能源、环境或气候变化领域的具体方面，如空气质量。

能源和气候政策的演进

中国首个气候变化国家方案于2007年发布，设定了2010年的多项目标和配套措施。"十二五"纳入了新目标，例如碳强度（每单位GDP的二氧化碳排放量）减少17%，并配有温室气体限排工作计划。2014年，中国发布了《国家应对气候变化规划（2014—2020年）》，为《巴黎协定》的谈判和随后中国首份国家自主贡献预案的制定提供了依据，该预案已于2015年6月提交。

"十三五"纳入了国家自主贡献中设定的目标。

中国部分能源和气候政策的演进和关键优先事项见图1.10。

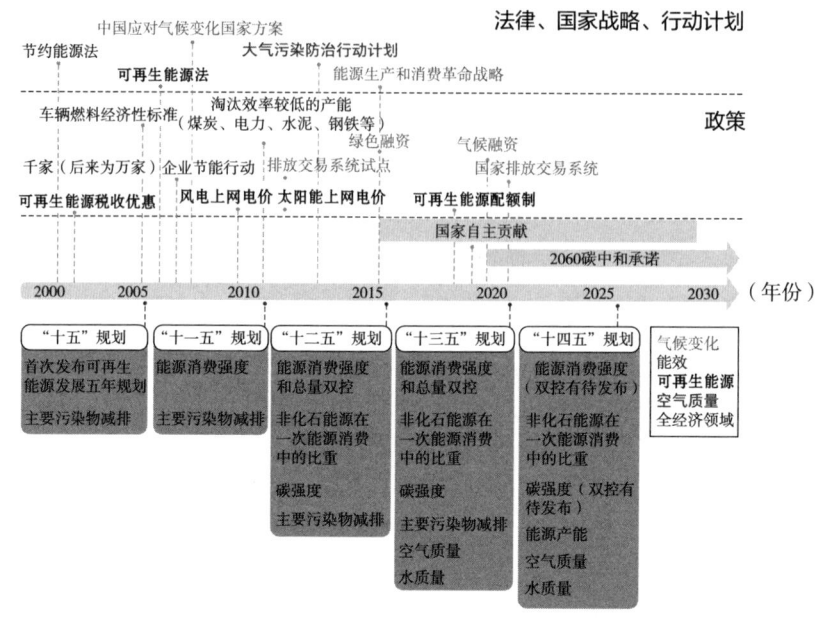

图1.10 中国部分能源和气候政策的演进和关键优先事项

资料来源：IEA policy database；Gallagher et al.（2019）。

> 在能源安全、经济效益和空气质量、气候等因素的推动下，能效和可再生能源一直是中国能源政策的核心支柱。

"十一五"规划以来，在能源安全、经济效益和空气质量、气候等因素的推动下，能效和可再生能源始终是中国能源政策的核心支柱（见表1.2）。

"十一五"规划首次提出了降低能源强度的目标（计划期间降低20%），2007年相应出台了配套的《节能减排综合性工作方案》。从那时起，能效始终是五年规划的优先事项，"十二五"规

表1.2 近期的五年规划目标和实现情况

目标指标	2006—2010年 "十一五"规划	2006—2010年 实际实现	2011—2015年 "十二五"规划	2011—2015年 实际实现	2016—2020年 "十三五"规划	2016—2020年 实际实现	2021—2025年 "十四五"规划
单位GDP二氧化碳强度	—	—	-17%	-20%	-18%	-18.8%	-18%
单位GDP能源强度	约-20%	-19%	-16%	-18.2%	-15%	-14%	-13.5%
一次能源需求总量（十亿吨煤当量）*	约2.7	3.3	<4.0	4.3	<5.0	4.98	待定
非化石燃料占一次能源需求总量的比重**	—	—	11.4%	12%	15%	15.9%	约20%
太阳能光伏装机（吉瓦）	0.3	0.86	21	43	110	253	待定
风力装机（吉瓦）	10	31	100	131	210	282	待定

注：*表示一次能源需求总量的上限目"十二五"以来一直是指示性目标之一。**表示中国一次能源数据使用部分替代方法衡量。
资料来源：中国的多个五年规划；MEE（2021），*Report on the State of the Ecology and Environment in China 2020*；NBS（2021），Statistical Communique on the 2020 National Economic and Social Development；SCIO（2021），SCIO briefing on China's renewable energy development。

划规定了能源消费总量的上限，以及将能源强度降低16%的目标。"十三五"规划对煤炭消费设定了新的上限，并将能源强度目标确定为15%。对能效做出规定是管理工业能耗的一个关键政策工具。2014年，工业和信息化部发布了全面、跨部门的《全国工业能效指南》，提供了工业能源消费总量数据、能效标准和基准值。

2005年的《可再生能源法》是第一部鼓励可再生能源的重要法律：该法要求电网企业向注册的可再生能源发电企业购电，并且提供经济激励措施，包括可再生能源发电优惠电价、贴息贷款和税收优惠。该法还设立了国家可再生能源发展专项资金。可再生能源的上网电价于2006年出台，并在2009—2011年得到强化。事实证明，这种做法成功地提高了可再生能源装机容量，特别是风能和太阳能光伏，并促进了国内涡轮机和光伏板制造产业的发展，进而推动了成本下降。"十三五"期间出台的煤炭用量上限为向可再生能源和其他清洁能源转型提供了有力的指导和较高的确定性。

市场机制发挥着日益显著的作用，通过提高资源分配效率，以成本效益更高的方式实现能源和气候政策目标。2015年启动的电力市场改革旨在放开电力定价机制，降低电价，提高产业生产力，促进经济增长。改革仍在落实中。主要的碳定价机制包括2021年开始运行的国家排放交易系统，以及已经运行了若干年的省级方案。

改善空气质量是近年来能源政策的主要目标之一。中国出台了《大气污染防治行动计划》（2013—2017年）和随后的《打赢蓝天保卫战三年行动计划》（2018—2020年），以大城市为重点，着手解决颗粒物、氮氧化物和其他污染物排放量上升对公众健康的不良影响。目前正在着手制订第三期行动计划，以在"十四五"期间继续采取措施改善空气质量。这些计划针对主要大气污染物设定了减排目标，并确定了行动重点，包括促进清洁生产过程，提高用能的清洁度和效率，发展更加绿色的交通运输系统，以及促进污染防控区域协调。上述计划不仅非常有效地缓解了污染，还促进了用能效率的改善，并鼓励向清洁能源转型，有助于实现经济、能源安全和气候目标。

"十四五"规划是碳中和道路上的关键里程碑。规划于2021年3月出台，即2030年和2060年气候新目标公布约5个月之后。它延续了过往规划的做法，设定了有约束力的目标，包括将能源强度和碳强度分别降低13.5%和18%。碳强度目标与上一个五年规划相同（上一个五年期间略超目标）。"十四五"规划将2021年GDP增长目标设定为6%以上，但与以往规划不同的是，它并没有为五年期设定明确的GDP增长目标。国际货币基金组织曾预测，中国GDP在2021—2025年的平均增速为6%左右，2021年增速略高于8%（IMF，2021a；IMF，2021b）。

"十四五"规划指出，能源消费总量和排放总量也将有上限，但没有给出量化目标。最新的五年规划中之所以没有设定用能和排放目标，一个原因可能是中国正在制订2030年前二氧化碳排放达峰行动计划，同时也在制订若干部门的五年规划，以便为能源发展和气候行动提供进一步指导。例如，据报道，钢铁行业的初步目标包括在2025年前排放达峰，并且到2030年减排30%（约为0.42吉吨二氧化碳）（Xinhua News，2021）。另一个原因可能是新冠肺炎疫情后全球经济复苏形势不甚明朗，从而可能对中国国内经济及其能源需求产生不确定的影响。

  "十四五"规划将新能源和新汽车技术确定为战略性新兴产业。规划强调要加大力度改革能源市场，推进低碳能源投资，确保能源安全。规划还列出了五年期间将完成和启动的重大能源基础设施开发项目。就电力系统而言，重大基础设施开发项目包括增加水电装机、部署智能电网技术、加强输电系统和储电能力以提升波动性可再生能源消纳水平，以及建设连接边远地区的电网。其他能源基础设施开发项目包括油气勘探和生产、能源储存和交通运输。

第二章

能源体系的转型

- 承诺目标情景展现了中国能源体系实现碳中和的途径：二氧化碳排放在 2030 年前达峰，到 2060 年降至净零，与中国的既定目标一致。余下的 6.1 亿吨排放主要来自重工业和长途交通运输（公路货运、航运和航空），将完全由负排放抵消，负排放的来源包括生物能源，碳捕集、利用与封存，以及直接空气捕捉二氧化碳并封存。

- 到 2030 年，中国的一次能源需求将继续上升 18%；此后，尽管经济活动总量将会至少翻一番，但一次能源需求到 2060 年将下降 26%。2020—2060 年，由于能源和材料效率大幅提高，以及重工业向低能耗经济活动转型，一次能源强度（一元 GDP 的能耗）将降低 75%，即平均每年下降 3%。

- 太阳能、风能、水力、生物能源、其他可再生能源和核能等低碳能源占一次能源需求的比重将从现在的 15% 跃升至 2060 年的 74%。发电和供热用太阳能到 2045 年前后将成为最主要的一次能源，到 2060 年将占届时需求的约 1/4。预测期内化石燃料用量迅速下滑，到 2060 年仍在使用的化石燃料中，大部分将配备碳捕集、利用与封存。煤炭、石油和天然气需求将分别骤减 80% 以上、60% 左右和近 45%。
- 在中国，实现碳中和还会带来其他重要的环境效益，特别是空气质量的重大改善。尽管空气质量已有明显提高，但由于中国汽车保有量迅速增长，以及重工业和发电领域使用煤炭，目前的空气污染仍然堪忧。PM2.5（细颗粒物）到 2030 年将下降至当前的 40% 左右，2060 年下降至仅有 9%。到 2030 年，氮氧化物和二氧化硫排放量将分别减少大约 35% 和 30%；到 2060 年，氮氧化物减少 90%，二氧化硫减少 80%。
- 要完成通向碳中和的清洁能源转型，就需要大幅增加能源相关投资。投资总额将在 2030 年达到约 6 400 亿美元（约 4 万亿元），比过去 5 年的平均水平高出 10% 以上，2060 年达到近 9 000 亿美元（约 6 万亿元），比近期水平增加近 60%。新增投资大部分投向电力和交通运输部门。

• • •

能源体系实现碳中和的路径

要实现中国 2030 年前二氧化碳排放达峰和 2060 年前碳中和的目标，能源体系排放方面的路径并非唯一。① 能够实现这两个

---

① 在本书中，除非另有说明，否则能源行业的二氧化碳历史排放量和预测排放量包括来自化石燃料燃烧以及与能源使用密切相关的工业过程的排放量。根据《2006 年 IPCC 国家温室气体清单指南》（IPCC 即联合国政府间气候变化专门委员会），生物能源的燃烧是碳中性的，生物能源原料生产或生物燃料转化过程中与能源有关的二氧化碳排放计入农业和其他能源转换部门。

目标的路径有很多，涉及不同的变化速度和能源系统转型的不同方面，不过所有这些路径都面临大量的不确定因素。其中两个因素的不确定性尤其高：创新以及新技术进入市场和普及的速度，而它们正是长期清洁能源转型的关键底层驱动力和本书提出的路线图的关注重点。能源体系需要什么样的排放轨迹，还取决于能源体系以外的排放情况，以及其他含碳温室气体（GHG）和空气污染物的排放情况。[①] 能源体系二氧化碳净零排放意味着，在技术上难以减排或减排成本非常高的部门的任何剩余排放，都需要通过碳移除技术产生的负排放才能完全抵消。

　　本书提出的路线图用承诺目标情景来描述中国能源体系实现碳中和的一条合理路径。下文探讨了能源体系需要发生怎样的广泛演进，以及需要经历怎样的底层技术转型，才能在2030年前达到排放峰值，并在2060年前实现能源体系二氧化碳净零排放。承诺目标情景的依据是中国2020年宣布的《巴黎协定》国家自主贡献强化目标以及碳中和目标。宣布强化目标之后，中国政府表示2060年的碳中和目标可能涵盖所有的温室气体排放，而不仅是能源体系的二氧化碳排放。我们假定这也是能源体系二氧化碳排放的目标年，主要理由是能源体系排放占中国温室气体排放总量的绝大部分（近90%）。

　　承诺目标情景旨在评估需要怎样做才能以现实且成本效益高的方式来实现这些目标。它是中国实现碳中和的多种途径之一，

[①] 二氧化碳以外的含碳温室气体的排放主要来自非能源部门，特别是农业和废弃物处理，此类含碳温室气体包括甲烷（CH_4）以及气雾剂中使用的多种化合物。对这些部门的不同预测，影响到能源体系需要以多快的速度转型。

但并不是唯一的途径。要实现碳中和，除了政策行动的力度，很大程度上还取决于中国和其他国家新兴技术的创新速度、中国公民对未来生活方式的选择、有多少可用的可持续生物能源，以及国际合作的范围和有效性。本路线图还探讨了中国在2030年之前超越目前官方目标要求、加快能源转型的机遇（涉及21世纪20年代后期排放加速下降），以及这样做对中国和世界其他地区的广泛长期影响。

我们还将描绘既定政策情景（STEPS）下的结果，以便为承诺目标情景中的预测提供一个基准。既定政策情景中，我们假定中国政府能源和环境方面已经采纳的政策和措施（包括国家自主贡献承诺）得到落实，并在这一假设前提下评估中国能源系统的演进。本情景假设现有政策和措施在未来不会有任何改变，但也考虑到现有政策对清洁能源技术长期演进的影响。既定政策情景不考虑2060年碳中和目标，因为实现这一目标所需的政策尚未得到采纳。既定政策情景下关于经济增长和人口的基本假设与承诺目标情景相同。

在承诺目标情景和既定政策情景下，同样的广泛假设也适用于其他国家。也就是说，承诺目标情景假定所有已宣布的国家净零排放承诺都将全面按时实现，无论这些承诺目前是否有具体政策支持；而既定政策情景只考虑已经到位或政府已经宣布的具体政策。二者都建立在以下原则的基础上：所有可用技术和减排方案的采用情况都取决于成本、技术成熟度、政策和社会偏好、市场条件和国情。此外，还假设能源转型有序进行，从而确保燃料和电力供应安全，尽可能减少资产搁浅，并力求避免能源市场波动。

承诺目标情景和既定政策情景都不应被视为预测，而是评估；评估的是不同政策方法对技术选择的影响，以及技术选择对能源和排放趋势的影响。它们提供了一个量化框架，旨在支持能源体系的决策和政策制定，并帮助人们更好地理解能源供应和能源使用中对技术创新的需求。

> **专栏 2.1　建模方法**
>
> 承诺目标情景和既定政策情景下的预测是由混合建模方法做出的，这种方法结合了国际能源署的能源技术展望（ETP）模型和世界能源模型（WEM）各自的优势。ETP 模型是一个大规模的部分优化模型，包含对能源转换、工业、交通运输和建筑部门的 800 多项单项技术的详细描述，以及对各项技术成熟度的详细评估。世界能源模型是一个大规模的模拟模型，用于复制竞争性能源市场的运作方式，并深入研究政策对每个部门和地区的影响。这两个模型都有多年的开发历史并使用了最新的能源需求和供给、成本和价格数据。这两个模型的结合，使我们能够以独到的视角洞察能源市场、投资、技术，以及实现清洁能源转型所需的政策。

二氧化碳排放

既定政策情景与承诺目标情景相比，能源体系二氧化碳排放量存在巨大的差距（见图 2.1），尤其是在 2030 年之后。这表明，在加速部署清洁能源技术以实现碳中和方面，中国面临相当大的挑战。在既定政策情景下，由于新冠肺炎疫情对宏观经济造成的影响，排放增速于 2020 年放缓，但之后将继续上升，并于2026—2030年进入平台期，即2030年前达峰，然后开始平缓下降，直至2060年。2060年排放量为6吉吨，比2020年降低35%以上。在承诺目标情景中，排放量在2030年之前的路径与以上类似，但此后的下降速度快得多，将于2060年实现净零排放。2021—2060年，既定政策情景下的累计排放量约为400吉吨，比承诺目标情景高出大约80%。

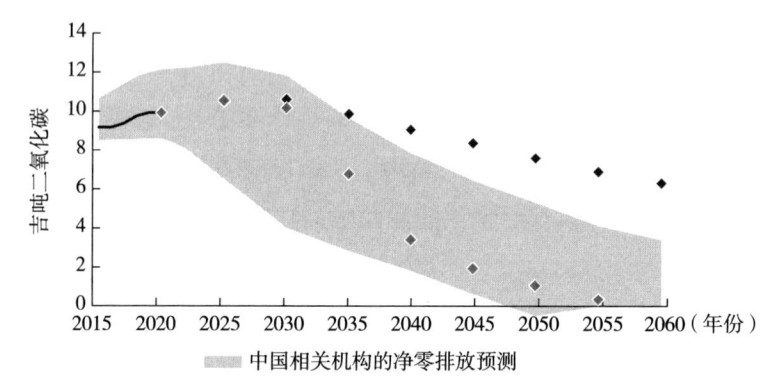

图2.1 不同情景下，中国能源相关二氧化碳排放情况

注：中国相关机构预期的多个2060年净零排放情景下的排放轨迹使用了不同的基准年。图中显示的范围仅包括能源相关二氧化碳排放，不包括工业过程排放。

资料来源：中国相关机构预测的排放轨迹来自 Energy Foundation China（2020）以及 Khanna, N. et al.（2021）提出的情景。

> 承诺目标情景与中国相关国家机构预测的清洁能源转型情景和路径大致相符。

在承诺目标情景下，到2060年仅化石燃料燃烧产生的二氧化碳排放量就有约4.5亿吨。这部分排放将完全由配备碳捕集和封存的生物能源（BECCS）所产生的负排放所抵消。承诺目标情景与中国相关国家机构预测的清洁能源转型情景和路径大致相符。在这一情景下，中国排放达峰时的经济发展水平和人均排放水平低于大多数已达峰国家达峰时的相应水平。

> **专栏 2.2　中国预期排放达峰与其他国家的比较**
>
> 如果中国在 2030 年之前排放达峰，那么很可能意味着中国是在经济发展水平和人均排放水平都低于其他大多数已达峰国家的相应水平的情况下实现这一成就的。从大多数其他经济体的情况来看，排放达峰时按购买力平价和 2010 年价格计算的人均 GDP 在 2 万美元（约 14 万元）和 5 万美元（约 34 万元）之间。在承诺目标情景中，中国的排放将在 2030 年前达峰，届时的人均 GDP 将略高于 2 万美元（约 14 万元）。中国达峰时的人均排放量为 7~8 吨二氧化碳，而大多数其他国家达峰时的人均排放量为 7~15 吨二氧化碳，见图 2.2。
>
> 图 2.2　中国和部分其他国家达峰时的人均年度能源相关二氧化碳排放量和人均 GDP
>
> 注：图中的其他经济体包括澳大利亚、加拿大、丹麦、芬兰、法国、德国、希腊、以色列、意大利、日本、韩国、荷兰、新西兰、挪威、波兰、葡萄牙、西班牙、瑞典、英国和美国。

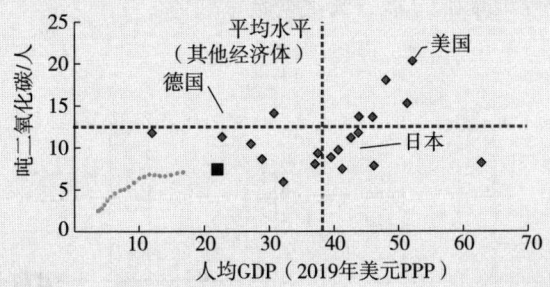

2060年剩余的能源体系排放总量约为6.1亿吨，大部分来自减排困难的部门，主要是重工业和长途交通运输（公路货运、航运和航空）。到2060年，由于未采用减排措施的燃煤电厂和基于煤的工业过程基本已经淘汰，届时煤炭燃烧相关排放的比重将比2020年降低约50%。2021—2060年，过程排放（工业过程中化学反应产生的固有排放）将下降90%左右，占排放总量的比重将几乎翻一番，这是因为事实上在某些重工业领域（特别是水泥和钢铁行业）消除过程排放的难度极大。2060年能源体系的剩余排放量将完全由生物能源碳捕集与封存和直接空气捕集（DAC）与封存产生的负排放所抵消（见图2.3，关于这些碳移除技术的详细讨论见第四章）。2060年，仅生物能源碳捕集与封存就将贡献负排放总量的80%以上。在中国力争于2060年前实现全经济领域温室气体中和的进程中，也可以利用碳移除技术来抵消一部分较难减排的非二氧化碳温室气体。

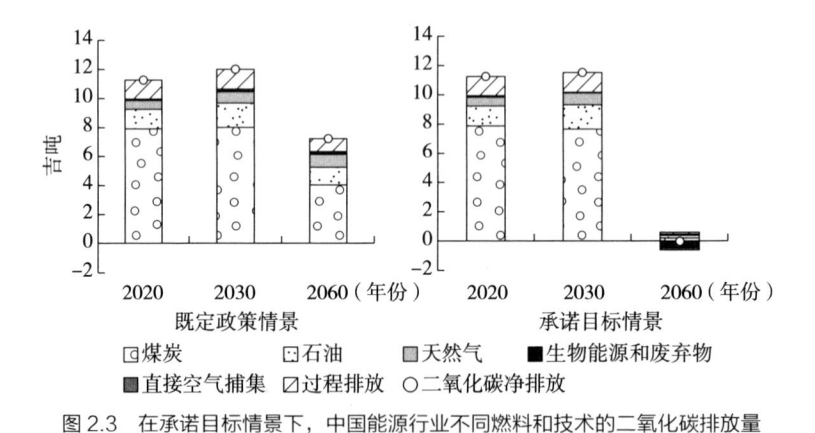

图2.3 在承诺目标情景下，中国能源行业不同燃料和技术的二氧化碳排放量

2060年，化石燃料燃烧和工业过程的排放量仅为0.6吉吨，将完全由碳移除技术产生的负排放所抵消。

对世界任何一国而言，都不可能只靠一种技术来实现本国净零排放所需的减排量，中国也不例外。实现整个能源体系去碳化，需要根据能源体系各组成部分的需求以及中国的国情，部署一系列广泛的技术。从现在到 2030 年的清洁能源转型可以建立在多项可用技术和有效政策的基础上，承诺目标情景中初期最大的减排量将来自能效的提高，特别是在工业过程、空间采暖/制冷以及道路车辆方面。在承诺目标情景下，仅能效一项就将贡献 2030 年二氧化碳减排量的 1/4 左右（见图 2.4）。长期来看，一旦最佳可用技术占据了市场主导地位，能效的贡献比重将会下降，但在 2060 年仍将占减排总量的 12% 左右。可再生电力（主要是风能和太阳能光伏）将贡献 2030 年减排总量的 1/3。可再生能源的贡献份额将在 2060 年上升到近 40%，届时这类能源将是发电的主力。

对于 2060 年实现碳中和的长期转型而言，承诺目标情景的预测范围内有 4 个额外机遇将在转型期间出现：

- 终端用能部门电气化：2021—2060 年，电力占各部门用能总量的比重上升，在二氧化碳累计减排量中的贡献份额为 13%。
- 碳捕集、利用与封存：预测期内，碳捕集、利用与封存的作用将发生变化。初期，它主要用于碳捕集设备改造，以减少电力和重工业领域低龄现有资产的排放。之后，将会从大气中移除二氧化碳，抵消减排困难部门的排放。从现在到 2060 年的累计减排总量中，碳捕集、利用与封存将贡献 8%。
- 低碳氢和氢衍生燃料：随着时间的推移，不同部门的氢、氨以及由氢衍生的合成碳氢化合物的用量将增加，到 2060 年对累计减排量的贡献份额将超过 3%。

- 可持续生物能源：生物质及其衍生燃料（包括气态和液体生物燃料）的减排作用大，特别是在近期，以及在道路及航空交通运输领域，它将贡献从现在到 2060 年累计减排量的近 7%。

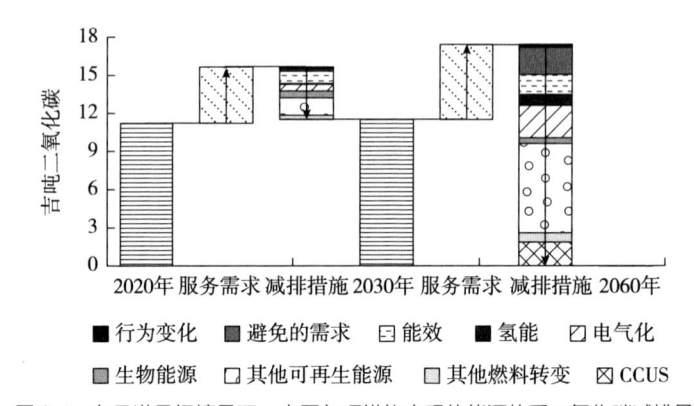

图 2.4　在承诺目标情景下，中国各项措施实现的能源体系二氧化碳减排量

注：其他可再生能源主要包括太阳能光伏和风能。能效是指技术性能的提高。避免的需求是指通过技术优化（如智能恒温器、材料效率、生态驾驶等）降低能源服务需求而减少的排放。氢能包括低碳氢，以及氨、合成碳氢化合物等氢衍生燃料。各减排措施的定义见 ETP 模型文档（www.iea.org/reports/energy-technology-perspectives-2020/etp-model）。

在承诺目标情景下，2030 年，能效、太阳能光伏和风能将贡献近 60% 的减排量；而 2060 年，电气化，碳捕集、利用与封存，氢能，行为改变和生物能源将发挥更大的作用。

以上四个技术领域与可再生能源、核能和提高化石燃料能效的技术相比，普遍处于较早的开发和部署阶段。它们对减排的贡献将取决于创新和商业化的加速。在没有相关政策支持的情况下，这些技术的加速创新和商业化是不可能实现的。最后，行为改变（如节能、改用能耗较低的交通运输方式等）以及通过提高材料使用效率来避免需求，也是中国重要的减排杠杆，合计将贡献从现在到 2060 年减排总量的 12%。

在承诺目标情景中，各部门之所以实现净零排放的进度不同（见图 2.5），是因为技术成熟度有差异。许多清洁发电技术目前已经在市场上出现并得到迅速部署，所以中国的电力部门在 2055 年前就会完全脱碳。在其他部门，大多数低碳技术方案仍处于开发阶段，部署较晚，从而减缓了减排的实现。到 2060 年，乘用车和建筑物将几乎完全脱碳，排放量不到目前水平的 5%。相比之下，2060 年长途交通运输方式（重型公路货运、航空和海运等）的二氧化碳排放量将比现在下降 60%，重工业（主要是化工、钢铁和水泥行业）的排放量将减少 94%，但这两个领域各自的排放量仍然较高。目前，世界上任何地方都还没有不需要化石燃料的商业化钢铁炼制技术，不过此类技术预计在 10 年内会进入示范阶段。

在承诺目标情景中，对各部门去碳化速度的预测不同还有另一个原因，那就是现有能源相关资产的年龄结构差异。在中国，许多严重依赖化石能源的发电厂和工厂是近期才建成的。其中大多数的设计使用年限长达数十年，所以提前关停这些设施的代价昂贵。从原则上讲，凡是有条件进行二氧化碳封存的地方，将来都可以对厂房进行碳捕集、利用与封存改造，不过这种做法对经济竞争力的影响因具体情况而有所不同。船舶和飞机也是寿命较长的昂贵资产。长远来看，要想以新的低碳技术或燃料取代现有技术或燃料，需要通过创新来实现。

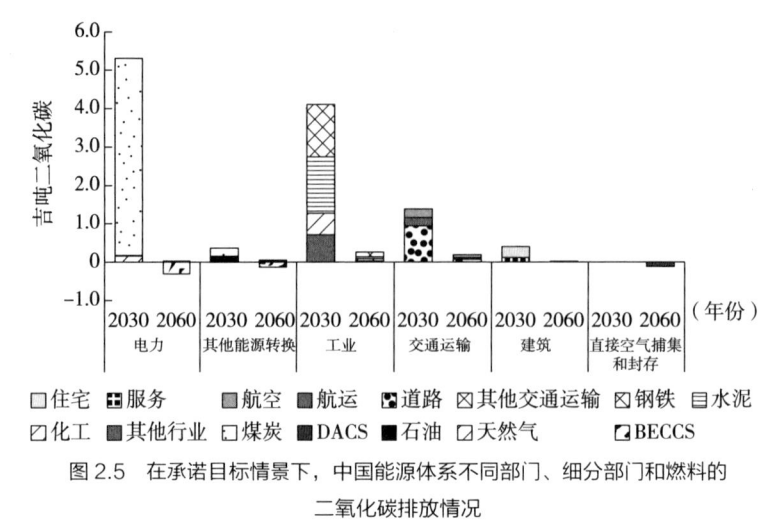

图 2.5 在承诺目标情景下，中国能源体系不同部门、细分部门和燃料的二氧化碳排放情况

注：DACS 为直接空气捕集和封存。其他能源转换包括煤炭开采、油气开采、石油精炼、煤炭和天然气转化与液化、氢和氢基燃料生产，以及配备或不配备碳捕集和封存的生物燃料生产。氢基燃料是指用作燃料的氢气、由氢气和二氧化碳生产的合成碳氢化合物燃料（合成燃料）以及氨，也包括工业部门厂内生产的氢气。

2060 年剩余的排放量集中在难以减排的部门，主要是重工业和长途交通运输部门。

能源需求趋势

一次能源需求

在承诺目标情景下，中国的一次能源需求将在 2020—2030 年增加约 18%，随后到 2060 年下降约 26%，即 2060 年比 2020 年低约 12%（见表 2.1）。相比之下，在既定政策情景中，2020—2060 年的增幅约为 10%。虽然人口将减少约 7%，但经济活动将增加不止两倍。承诺目标情景中经济增长与能源需求脱钩，与以往趋势相比是重大突破。2020—2060 年，一次能源强度（即每一元国内生产总值所消耗的能源量）将下降 75%，年均降幅达 3%。

表 2.1 在承诺目标情景下，中国不同燃料的一次能源需求（艾焦）

年份	2020	2030	2060
煤炭	87	86	16
石油	26	32	11
天然气	12	15	7
核能	4	7	19
可再生能源	18	32	76
水力	5	5	7
现代生物能源和废弃物	4	11	16
生物质的传统使用	3	0	0
太阳能	3	10	33
风能	2	4	16
其他可再生能源	1	1	3
总计	147	173	129
非化石燃料的比重 *	15%	23%	74%
非化石燃料的比重 **（部分替代法）	16%	26%	80%
能源体系净排放（吉吨二氧化碳）	11	11	0

注：* 表示使用国际能源署的方法基于物理能源含量法计算。** 表示使用中国国家统计局的方法按部分替代法（PS）计算。能源体系的二氧化碳排放量包括来自化石燃料燃烧以及工业过程的排放量。

在承诺目标情景下，能源需求降低的主要原因包括能效和材料效率大幅提高，以及从重工业向低能耗经济活动转型。到

2030年，能效的提高将使能源需求增长放缓到18%，重工业生产在此期间达峰；之后，能源需求将开始下降。终端用能电气化将助推上述趋势，因为与传统化石技术相比，电力能够以更高效的方式提供多种能源服务。例如，目前电动汽车的能效是同等内燃机（ICE）汽车的2~4倍，而电热泵与传统燃气锅炉相比，加热相同空间的节能幅度可高达75%。

在承诺目标情景中，非化石燃料在一次能源需求总量中的比重与2030年的官方目标基本一致。[①] 到2060年，这一比重将飞跃至75%左右，几乎是既定政策情景中的2倍。可再生能源的比重将从2020年的12%跃升到2060年的60%（见图2.6），接近既定政策情景中的2倍。用于发电（太阳能光伏）以及建筑物和工业供热（太阳能热力）的太阳能到2045年前后将成为最主要的一次能源，到2060年将占到总需求的约1/4。2060年可持续生物能源的比重相比2020年将翻一番以上，原因之一是可持续生物能源用途多样，既能为建筑物和工业提供电力和热力，也能转作气体或液体燃料用于加热或交通运输。核能扩张的速度也很快，2020—2060年将增长近4倍。核能在一次能源需求中的比重目前为3%，在2060年将达到15%左右，而在既定政策情景下这一比重为9%。

在承诺目标情景中，可再生能源（主要是太阳能光伏、风能和生物能）用量将在目前的基础上加快势头。基于中国的长期目标，我们认为中国将会加大政策力度来应对气候变化、加强能源

---

① 在2020年12月的联合国气候雄心峰会上，中国政府宣布将提高2030年国家自主贡献目标，包括到2030年将一次能源消费中非化石燃料的比重提高到25%左右（采用中国国家统计局基于部分替代法的方法计算）。

安全并改善空气质量，这将助推可再生能源用量的增长。在政策的刺激下，技术改进和成本降低的步伐加快，从而推动技术快速部署，形成良性循环。随着波动性可再生能源在电力结构中的消纳比重提高，需要更多地使用具有系统灵活性的新方法（如电池和氢能储存）来确保电力安全。加大终端用能电气化可以增加需求响应（DR）的潜力，从而促进波动性可再生能源的消纳，例如电动车（EV）灵活充电。

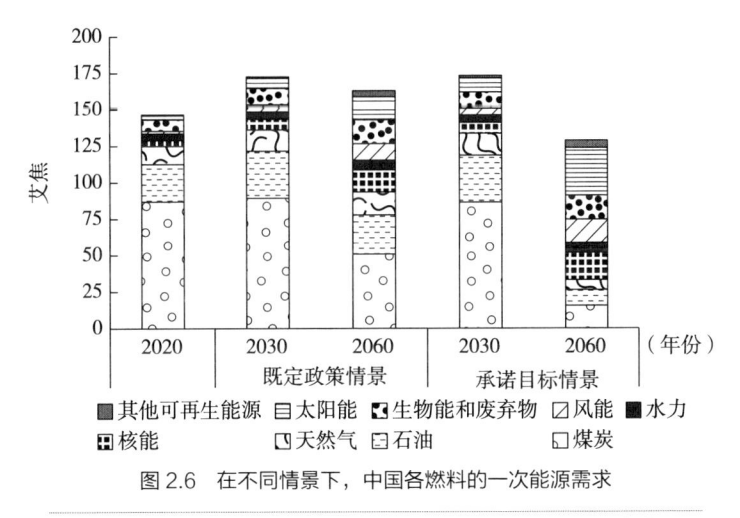

图2.6　在不同情景下，中国各燃料的一次能源需求

在承诺目标情景下，随着化石燃料用量迅速降低，可再生能源在能源需求总量中的比重将从2020年的12%上升到2060年的60%，太阳能将成为最主要的能源。

在预测期内，化石燃料用量迅速下降，并且由于碳捕集、利用与封存在新建和现有的工厂、发电厂以及其他燃料转化设施中得到广泛部署，2060年仍在使用的大多数化石燃料将不会产生排放。煤炭消费量将骤减80%以上，2060年剩余的煤炭用量中约有60%是在配备碳捕集设施的发电厂中使用的。在既定政策情景下，煤炭用量将下降约40%。到2060年，石油需求量将比现在下降60%左右（既定政策情景中则比现在高5%），达到约480万桶/天，其中近55%用作非排放原料，其余大部分用于航空、航运和公路货运。天然气需求将在2035年前后达峰，到2060年将比现在减少近45%（在既定政策情景中将上升25%）。届时，天然气将主要用作提供电力系统灵活性的发电燃料、水泥生产中煤炭的替代燃料，以及制氢的燃料和原料，在大多数情况下配合碳捕集、利用与封存使用。

终端能源需求

在承诺目标情景下，中国的终端能源消费总量在21世纪20年代初适度增加，然后随着能源和材料效率的提高（特别是在2030年之前）与经济结构的变化而稳步下降，一直到2060年（见图2.7）。到2060年，终端能源消费总量将比2020年低15%左右，比既定政策情景低1/4左右。在承诺目标情景中，电力消费的体量增加最多，到2060年几乎翻一番；其次是氢，在21世纪20年代开始作为燃料使用，主要用于交通运输部门，同时也用于工业和电力部门。液体合成碳氢化合物燃料（由低碳电力制氢和二氧化碳合成）将在21世纪30年代早期开始用于飞机，并在2060年达到约35万桶/天，满足中国航空燃料需求总量的26%。

在承诺目标情景下，煤炭需求的降幅无论是从体量还是百分比来看都是最大的（见图2.8），2020—2060年将下降近85%。这主要是由工业转型驱动的，而工业目前是主要的终端用煤部门。工业转型除了从煤炭密集型重工业转向能耗较低的工业，还包括取代作为燃料和重工业还原剂的煤炭。用于水泥生产的煤炭将在很大程度上被生物能源、废弃物等低碳燃料所取代。炼钢用煤将逐渐被基于氢气的直接还原铁路线和基于废料的钢铁生产所取代，后两者主要以电力为燃料。建筑物用煤在 2020 年占终端煤炭消费总量的 7%，但到 2060 年将随着空间采暖广泛电气化而不再使用。终端石油需求将下降近 60%，2060 年仍在使用的大部分石油将用作石化生产的原料。天然气方面，2020—2060 年更高效的技术将降低工业生产过程中的热能需求，电热泵和能效更高的建筑围护结构将减少建筑的空间采暖需求，因此天然气用量将下降 60% 以上。

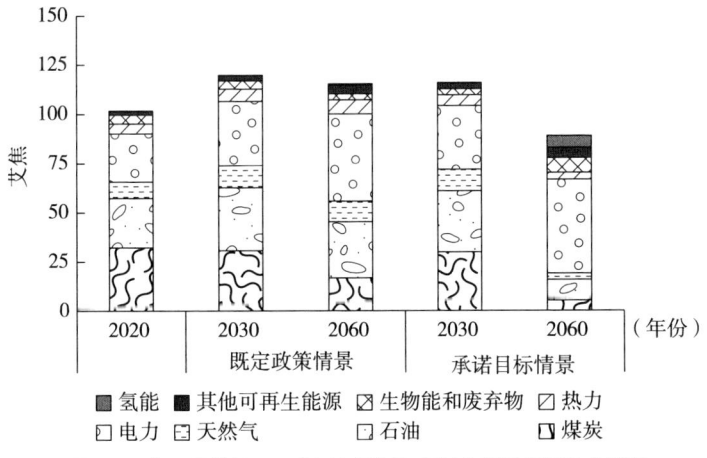

图 2.7　在不同情景下，中国各燃料和部门的终端能源需求情况

注：氢能包括低碳氢，以及氨、合成碳氢化合物等氢衍生燃料。

在承诺目标情景下，终端能源用量将在 21 世纪 20 年代初适度增加，然后随着能源和材料效率的提高和经济结构的变化而稳步下降，直到 2060 年。

在承诺目标情景中，化石燃料用量在工业部门的降幅最为明显（目前该部门的能源需求主要由煤炭满足），但在交通运输和建筑部门也将大幅下降。电力将成为这三个部门的主导能源。在交通运输部门 2060 年的能源需求总量中，氢、氨以及合成碳氢化合物燃料的比重将接近 25%，电力的比重约为 55%。

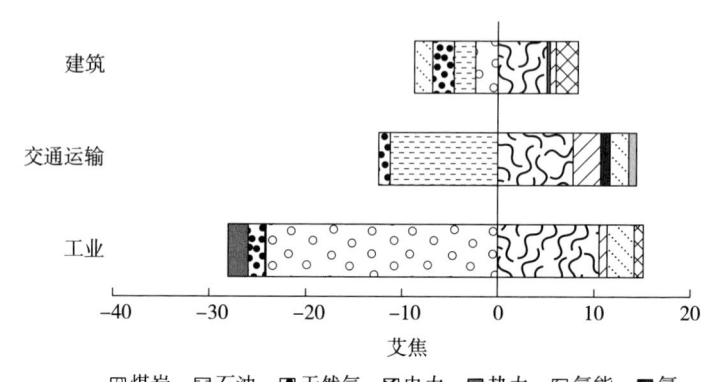

图 2.8 在承诺目标情景下，2020—2060 年中国各种燃料和部门的终端能源需求变化

注：终端消费是指扣除转换和配送过程的损失后，最终终端用能部门对能源和原料的使用。

中国在碳中和的情况下，电力、生物能源、氢和氢基燃料将取代用于终端消费的大部分化石燃料。

关注能效

提高能效对中国能源转型至关重要。近年来，能效在减缓二氧化碳排放增速方面发挥了重要作用，并有潜力在未来发挥主导作用，特别是在短期内。2011—2020 年，一次能源强度年均下降 3%。在承诺目标情景中，年均下降速度从现在到 2040 年将有所加快；2040—2060 年，随着在用设备的平均能效趋近现有最高效技术，一次能源强度的降速将再放缓到年均 2%。

在承诺目标情景下，中国所有终端用能部门的能源强度都将大幅改善（见图 2.9）。在工业领域，在整修或更换现有设备时将普及最先进的技术以提升能效，因此全国熟料（水泥的主要成分）生产的平均热能强度将在 2020—2060 年下降 15%。有些碳减排措施需要额外的能源，例如安装碳捕集设备或对替代燃料或原材料（如生物质、废弃物或煅烧黏土）进行预处理，所以上述改善的一部分将被抵消。2020—2060 年，在钢铁厂副产物和余热优化利用等工艺集成措施的驱动下，炼钢的平均能源强度将下降 40%，到 2045 年达到全球最佳实践的平均水平。到 2030 年，电动发动机等性能最优的工业设备将成为所有新装置的标配。

在交通运输领域，承诺目标情景下，各种交通运输方式在 2020—2060 年的效率提高都将为能源强度做出巨大贡献。轻型车辆的燃料经济性（以每千米的能耗衡量）在 2020—2030 年将年均下降约 4.0%，2030—2060 年将放缓至约 1.8%。这是因为汽车、轻型商用车和小型公共汽车逐渐转用电动发动机（这类发动机本身就比内燃机的能效高），同时内燃机和动力系统的效率有所提高，车辆设计和材料也有所改善。卡车的燃料经济性从现在到 2030 年将年均提高 2.3%，主要得益于传统发动机卡车的能效提升；此后年均提高 0.5%，主要是由于电动车和氢能动力燃料电池电动车的市场占有率稳步增加。

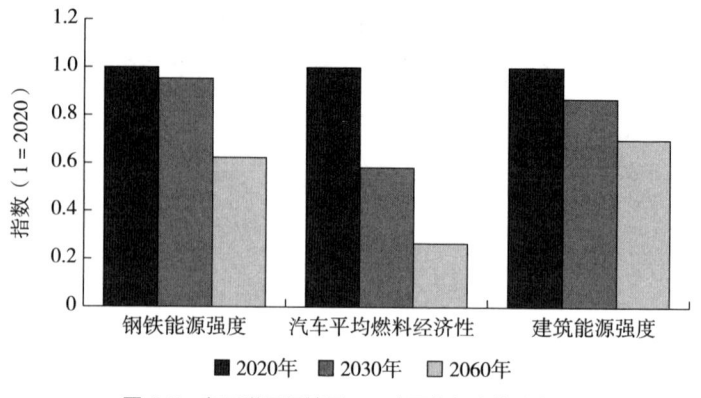

图 2.9　在承诺目标情景下，中国的部分能效指标

注：钢铁能源强度以生产每吨钢（从铁矿石制备到粗钢生产）的能耗衡量，汽车平均燃料经济性以每千米的能耗衡量，建筑能源强度以每平方米建筑面积的能耗衡量。

在承诺目标情景下，中国所有终端用能部门的能效都将得到极大的提升，未来 10 年乘用车的能效提升尤为明显。

在建筑领域，承诺目标情景下，单位建筑面积的能耗在 2020—2030 年年均下降约 1.4%，此后到 2060 年年均下降 0.7%。这主要归功于建筑围护结构的热效率提高导致采暖/制冷的能源需求减少，以及采暖/制冷设备、照明设备（包括继续转向更高效的发光二极管灯泡）和电器的能效提高。电气化是承诺目标情景中建筑部门转型的关键支柱，将推动采暖和烹饪方面的能效改善。特别值得一提的是，由于电热泵的部署，2030 年安装的空间采暖设备的平均能效将提高 40%，2060 年将至少翻一番。

在承诺目标情景中，要想扩大能效改善的规模，就需要尽早采取政策行动来刺激普及现有的最高效技术，以避免长期锁定低效用能。虽然加速部署清洁高效的能源技术对减少交通运输、建筑和工业领域的排放至关重要，但消费者也可以通过改变行为和生活方式做出重要贡献，特别是在减排技术方案有限的部门。在承诺目标情景下，中国公民和企业的行为改变反映在以上讨论的能源消费模式和趋势的变化上，主要是由政府的政策和投资促成的。抗击新冠肺炎疫情的经验表明，如果人们认识到有必要改变行为，他们就能够为了共同的利益而改变。政府应做出令人信服的解释，说明需要怎样的改变及其原因，并提供明确的指导。

环境效益

在中国，实现碳中和不仅有助于避免气候变化的最坏后果，还会带来其他重要的环境效益，特别是空气质量的改善。近年来，中国的空气质量有了显著改善，但室内外空气污染仍然是严重的健康问题，特别是在城市集群和产业集群地带。永久解决这个问题的重要步骤之一是能源系统全面去碳化。

过去 10 年间，中国政府已经采取了坚定的措施来解决大气污染问题。《国家环境空气质量标准》于 1982 年首次发布，修订版于 2012 年出台并于 2016 年全面实施。该标准要求各城市在 2030 年前达到 PM2.5 国家标准（35 微克/立方米），相当于世界卫生组织的临时目标 1。① 中国已开始发布空气质量指数，实时测量 360 多个城市的 PM2.5。国务院 2013 年 9 月发布的《大气污染防治行动计划》设定了到 2017 年全国空气质量改善的目标，同时对北京、上海和广州周边的三大工业区规定了更加严格的空

---

① 世界卫生组织的空气质量准则规定 PM2.5 的最大浓度为 10 微克/立方米。世界卫生组织提出了一系列比较宽松的临时目标，作为可实现的里程碑，指引各国最终实现更高的空气质量目标。

气污染治理准则。行动计划对多个事项做出了规定，其中一项是承诺严格控制煤炭消费。2018年，为期三年的空气污染治理行动计划启动。

目前，中国正在制订2021—2025年"十四五"规划期间的新行动计划，以进一步改善空气质量。之前的"十三五"目标是在2020年达到国家空气质量标准的天数比例超过80%，而实际达标的天数在2019年为82%，2020年为87%（根据新冠肺炎疫情的影响进行调整后为84.8%）。"十四五"规划将2025年的目标提高到87.5%。另一个目标是PM2.5浓度在2025年前降低10%，并在上述城市消除重污染。对于京津冀及周边、长江三角洲和汾渭平原等重点地区，还有一个目标是氮氧化物排放量减少10%。

进展显而易见。官方数据显示，2019年337个城市中有157个达到了国家空气质量标准，是2016年的两倍多。我们估计，过去五年间中国全国的二氧化硫排放量下降了近40%，主要得益于电力部门的污染控制，而PM2.5排放量减少了近35%，主要是因为家庭逐渐停止使用传统生物质，以及工业领域采取控制措施。然而，空气污染问题仍然需要重视。

在承诺目标情景中，化石燃料燃烧大幅减少，同时污染控制工作持续展开（包括严格的排放标准），将推动中国的空气质量迅速改善。改善的主因是PM2.5排放量骤减（见图2.10）：2030年PM2.5排放量将下降到当前水平的40%左右，而2060年仅为目前的9%。2030年氮氧化物和二氧化硫的排放量将分别减少约35%和30%，2060年二者的降幅将分别达到近90%和80%。

工业和能源转换部门（电力和热力除外）是当今中国空气污

染物的最大排放源。二者合计占全国二氧化硫排放量的55%，占氮氧化物排放量的1/3，并且是仅次于建筑部门的第二大PM2.5排放源。减排设备虽然得到广泛使用，但设备采用的往往是低效技术。例如，目前2/3以上的煤炭相关PM2.5排放是由基本、廉价的静电除尘器（ESP）进行减排处理的。在使用煤炭的行业中，约有一半使用炉内注入石灰石技术来减少二氧化硫排放，而这种技术只能消除约一半的排放。在承诺目标情景下，更高效的技术将大量部署：效率更高的技术（如先进的静电除尘器和布袋除尘器）得到引进，能够更有效地控制PM2.5，同时湿法烟气脱硫装置（采用湿法洗涤或硫酸工艺等）逐渐普及，可以去除约85%的细颗粒物。为了减少氮氧化物的排放，低氮氧化物燃烧器将得到广泛采用。在这些努力的推动下，二氧化硫排放量到2030年将下降约20%，到2060年下降超过75%，而PM2.5和氮氧化物排放量到2030年将减少30%~35%，到2060年将减少85%~88%。

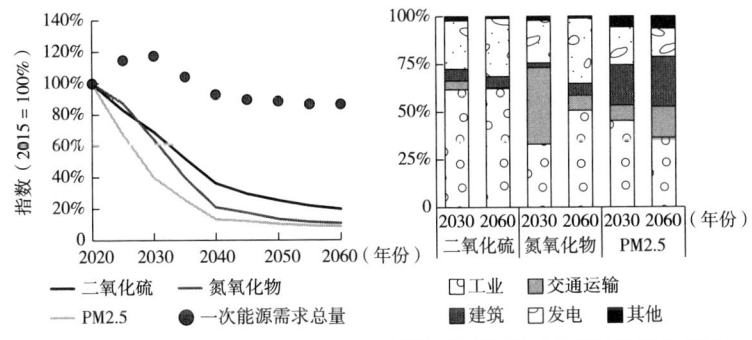

图2.10 在承诺目标情景下，中国不同类型和部门的空气污染物排放情况

注：包括能源转换部门（电力和热力除外）。空气污染物排放包括来自家庭烹饪和采暖的室内污染物。

随着化石能源被逐步淘汰以及严格的空气污染标准生效，各种主要污染物的排放量都急剧下降。

近年来，解决空气质量恶化问题的政策重点一直是燃煤电厂，因为它们是主要的污染源，而且通常位于中国沿海省份人口稠密的城市附近。一套更严格的发电厂排放标准于 2012 年出台，与欧盟和美国的标准相当：PM2.5 的标准为 30 毫克/立方米，二氧化硫为 100 毫克/立方米（新工厂）和 200 毫克/立方米（现有工厂；在一些省份可能更高），氮氧化物为 100~200 毫克/立方米。在承诺目标情景中，电力部门的二氧化硫排放量到 2030 年和 2060 年将分别下降约 25% 和 75%，氮氧化物分别下降约 30% 和 80%，PM2.5 分别下降约 50% 和 90%。

在交通运输部门，政策决策者一直在努力以足够快的步伐出台反污染措施，以便跟上中国车辆数目的增速。现在中国对各类车辆的排放限制都是世界上最严格的。在承诺目标情景下，通过空气污染标准的执行和车辆的电气化，交通运输部门各种污染物的排放量都会大幅减少。氮氧化物排放量到 2030 年将下降 35% 以上，2060 年将下降 95% 以上，而 PM2.5 排放量将在 2030 年和 2060 年分别下降近 45% 和 75%。在努力加强燃料质量标准、逐步淘汰传统内燃机车辆的作用下，二氧化硫排放量到 2030 年将减少 20%，到 2060 年将减少 95% 以上。

中国大约有 1/3 的人口还依赖固体燃料烹饪和取暖，这些人主要生活在农村地区。这是家庭空气污染的重要来源，严重影响身体健康。[①] 在承诺目标情景下，传统生物质和煤炭将不再用于烹饪和取暖，这将使建筑部门的 PM2.5 和二氧化硫直接排放在

---

① 中国有家庭室内空气质量标准，标准规定颗粒物的浓度限值为 150 微克/立方米，但大多数家庭超过了这个限值。

2060年前减少约95%，同期氮氧化物直接排放减少约80%。在承诺目标情景中，与家庭空气污染有关的过早死亡人数到2030年将低于16万人，减少近80%。

在不同地区，经济结构和化石能源的使用模式也不相同，所以减少PM2.5污染的工作量有很大差异。如图2.11所示，如果中国实现碳中和目标，那么除了京津冀及周边地区的所有地区都将在2060年达到世卫组织关于PM2.5的指导值（Cheng et al., 2021）。目前，京津冀及周边地区严重空气污染的主要成因包括重工业和住宅部门的大量排放，以及不利的地形和气象条件。

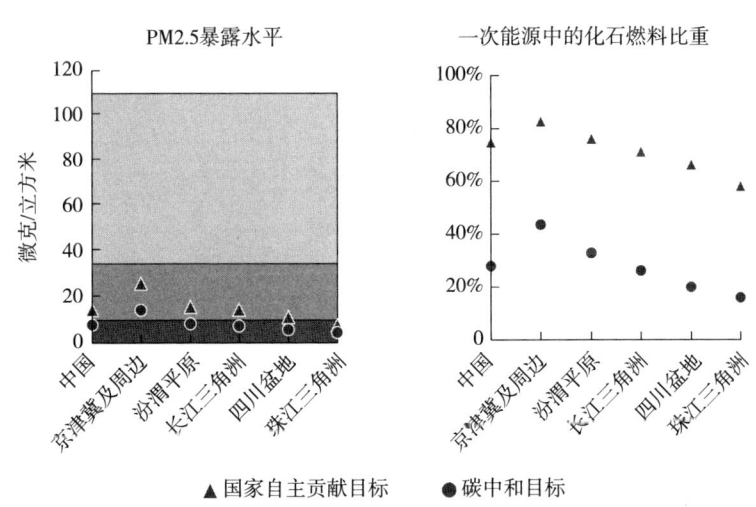

图2.11 2060年碳中和条件下，中国部分地区人口加权平均PM2.5浓度和化石燃料在一次能源需求中的比重

注：图中显示的五个地区是污染最严重、人口最稠密的地区。
来源：转自Cheng et al., 2021。

> 在碳中和以及严格清洁空气政策的共同作用下，除了污染最严重、人口最稠密的地区，其他地区都将达到世卫组织PM2.5的指导值。

专栏 2.3　降低中国的化石燃料甲烷排放量

甲烷排放是全球变暖的第二大原因。虽然甲烷比二氧化碳受到的关注少,但甲烷减排对于避免气候变化的最坏影响至关重要。与二氧化碳相比,甲烷在大气中的寿命较短,但吸收的能量多得多。从化石燃料作业过程中排放的甲烷量来看,中国是世界上最大的排放国(见图 2.12)。这类甲烷排放量在 2020 年达到近 2 600 万吨(7.7 亿吨二氧化碳当量),占全球化石甲烷排放量的 20% 以上,相当于中国道路交通运输部门的二氧化碳排放总量。

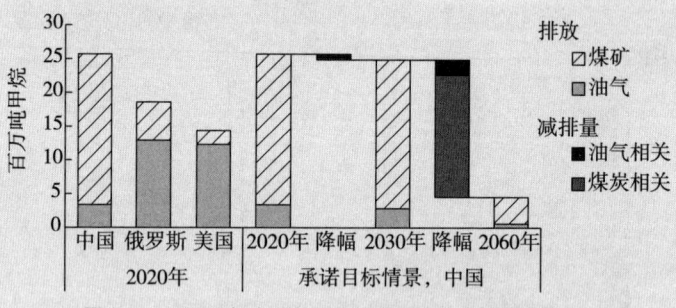

图 2.12　2020 年全球前三大排放国的化石甲烷排放量,以及在承诺目标情景下中国的减排量

在承诺目标情景下,中国将做出协同努力,在化石燃料供应中全面部署各种可用减排措施,化石燃料消费也将发生变化,因此到 2060 年甲烷排放量将下降 80% 以上。这一降幅将主要源于煤矿甲烷排放量的减少,而要想减少煤矿甲烷排放,则需要克服经济和体制的阻力。避免煤矿甲烷排放的技术解决方案较少,特别是在煤矿开始运营后,但在承诺目标情景中,所有解决方案都将得到部署。废弃煤矿也会有甲烷排放。在国内煤

炭产量开始下降的背景下，尤其需要处理好此类排放。在石油和天然气部门，有多种可用且成本效益高的减排技术（例如能够减少排气或火炬燃烧需要的蒸汽回收装置，以及频繁的泄漏检测和维修计划），并且产量走低，这两个因素将导致甲烷排放量到2060年下降近75%。

中国的决策者已经认识到解决甲烷问题对实现气候中和的重要性。"十四五"规划将甲烷列为重点减排对象，中国将制定国家甲烷行动计划。一些相关法规条例已经出台。2020年，一份关于煤炭资源开发环境影响评价管理的通知要求提高煤矿甲烷的利用率，规定在甲烷浓度高于8%时应综合利用，浓度低于该水平时鼓励利用。2021年的一份政策文件呼吁在石油、天然气和煤炭开发活动中试行甲烷监测。政府还表示打算提升甲烷排放的标准，促进对甲烷减排措施的投资，并支持从事甲烷减排策略的机构。中国作为石油和天然气的消费大国，也可以采用性能标准或类似的政策手段来减少管道和储存设施的甲烷排放。

部分国有企业已经开始着手解决甲烷排放问题。2021年，7家中国企业组建了中国油气企业甲烷控排联盟，目标是在2025年前将天然气生产的平均甲烷强度（甲烷排放量与天然气产量之比）降至0.25%以下。目前，联盟在中国石油天然气集团有限公司的领导下，计划于2025年前在2019年的基础上将甲烷强度降低50%，并落实甲烷管理的国际最佳实践。

注：根据IPCC（2021），甲烷的100年全球变暖潜能值为30。

能源投资

如果要实现承诺目标情景所设想的清洁能源转型，则需要大幅增加能源相关投资，包括能源供给侧和需求侧设备及基础设施，此类投资完全在中国财力可及的范围之内。如图 2.13 所示，能源投资总额将在 2030 年达到约 6 400 亿美元（约 4 万亿元），比过去五年的平均水平高出 10% 以上，2060 年达到近 9 000 亿美元（约 6 万亿元），比近期水平增加近 60%。中国能源投资在 GDP 中的比重在 2016—2020 年平均为 2.5%，但是到 2030 年将下降至 1.6%，2060 年仅为 1.1%。

在承诺目标情景下，预计 2021—2060 年能源供给增速放缓，但总体供给侧投资将会增加。不过，这一时期内供给侧投资在能源总投资中的比重与 2016—2020 年的平均水平相比将有所下降。供给侧投资增长的大部分将投向发电领域。尽管可再生能源的单位成本下降，但对可再生能源以及核能、氢能和其他低排放燃料的投资将会增加，抵消化石能源生产和化石供热及发电方面投资的快速下滑。在能源体系投资总额中，投向化石燃料供给的百分比将从 2016—2020 年的年均 15% 以上降至 2060 年的 1% 以下。

在预测期内，终端用能部门的投资总额将大幅提高。交通运输部门的增幅最大，从 2016—2020 年的年均近 1 200 亿美元（约 8 200 亿元）增加到 2060 年的约 2 100 亿美元（约 1.4 万亿元）。这背后的原因包括出行需求的增加，即对汽车、卡车、飞机和船舶以及相关交通运输基础设施的需求增加，还有电动车相对于传统车辆和其他交通运输方式而言资本投入成本较高（尽管预计电池成本会下降）。从长远来看，减少出行（例如通过远程办公）和增加公交使用的政策将会导致对道路车辆的投资走低。从现在到 2060 年，交通运输基础设施的投资额将迅猛增长，达到 2016—2020 年平均水平的 30 倍以上。

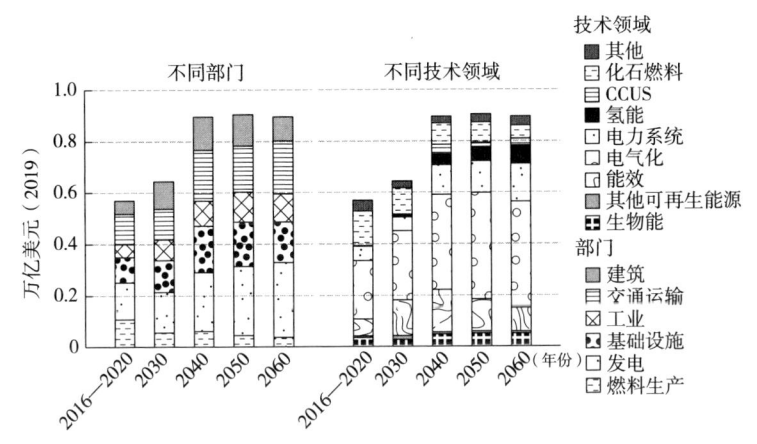

图 2.13　在承诺目标情景下，中国不同部门和技术领域的年度能源投资情况

注：2016—2020 年的数据为年度平均值。左图：基础设施包括电网、公共电动车充电设施、二氧化碳管道和封存设施、直接空气捕集和封存设施、加氢站、进出口站和液化站、储存设施以及氢能管道系统、化石燃料管道和接收站。右图：终端用能效率投资是指相对于传统设计而言提高设备能源性能的增量成本。电力系统包括发电、储电和配电，以及公共电动车充电设施。电气化投资包括在车辆电池、热泵和基于电力的材料生产路线的工业设备等方面的支出。

> 到 2030 年，能源投资将增加 10% 以上，到 2060 年增加近 60%，主要由发电、网络和终端用能设备驱动，不过能源投资在 GDP 中的比重将逐步下降。

对建筑物的投资将从 2016—2020 年的每年约 500 亿美元（约 3 500 亿元）增加到 2040 年的近 1 300 亿美元（约 8 900 亿元），主要由建筑围护结构改造和更高效电器和供热设备的支出推动，2060 年将回落至约 950 亿美元（近 6 500 亿元）。建筑围护结构的改良将延长建筑物的使用寿命，从而减少日后的建筑投资需求，进而降低对建筑材料的总体需求。工业投资将从2016—2020年的每年500亿美元（约3 500亿元）增加到2060年的近1 100亿美元（约7 500亿元），主要原因是钢铁、水泥和化工生产将改用更昂贵的低碳技术。

在承诺目标情景下，从投资的技术领域来看，电气化居于主导地位。发电转型、电网扩张和现代化、终端用途电器和设备（包括电动车电池、热泵和工业发动机），都需要更多资本。投资额将从2016—2020年的年均约2 800亿美元（近2万亿元）增加到2060年的年均约5 600亿美元（3.9万亿元），几乎翻一番。随着制氢设施不断扩大，对氢能的投资（包括生产设施、加氢站和终端用途设备）将在2030年小幅增加到约70亿美元（460亿元）；此后随着交通运输领域的氢能燃料用量上升，投资将加速增长，在2060年将达到700亿美元（约4 950亿元）以上。2060年，对碳捕集、利用与封存的投资将超过250亿美元（1 800亿元），对能效的投资将达到900多亿美元（约6 300亿元），主要用于工业和建筑部门的深度建筑改造和高能效电器。

实现碳中和所需的大量新增投资无疑将需要在更大程度上依赖私人资金。私人资金的投入将取决于公共政策为鼓励私人投资于清洁能源技术而提供的激励措施，如能源税改革和适当的监管框架。政府的直接投资将需要重点支持开发新的基础设施和加速目前处于示范或原型期的技术创新，以及软贷款，以确保不断有可预见的项目具备融资能力且能够吸引私人投资。部分新增资本投资将由较低的运营支出补偿，而运营成本在上游燃料供应项目和化石燃料发电项目的总成本中占很大比重。

中国要在2060年前实现碳中和，就需要投入大量资金用于开发和大规模部署目前尚未商业化的技术,如水泥的碳捕集、氢能炼钢、氨燃料船,以及直接空气捕集。在承诺目标情景下,此类技术在 21 世纪 30 年代占投资总额的近 25%,在 50 年代上升到约 40%。在对此类技术的投资中,21 世纪 50 年代将有 75% 投向目前正在开发的重工业和长途交通运输相关技术,这部分投资增幅尤其显著(见图 2.14)。

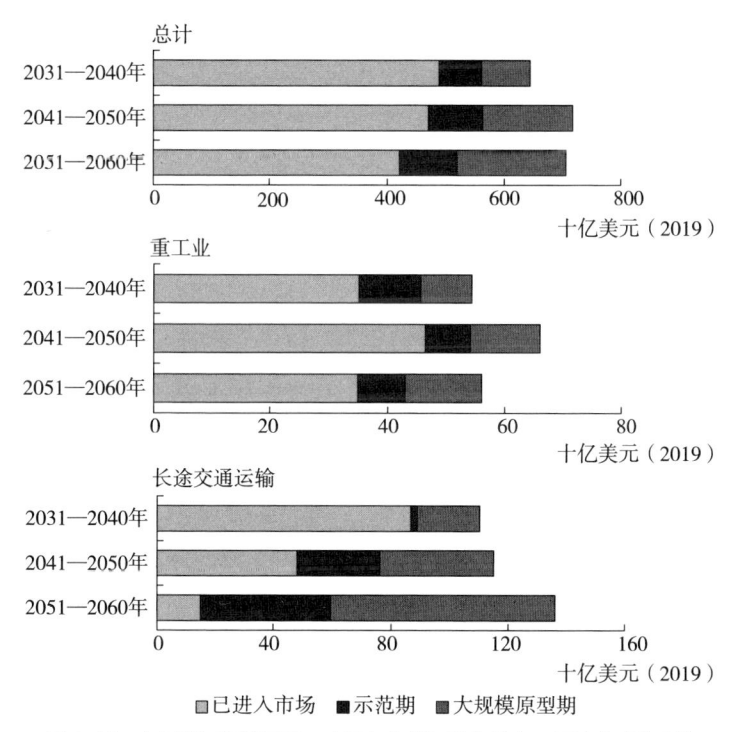

图 2.14 在承诺目标情景下,中国年均能源投资流向不同技术成熟度的新兴技术的情况

注:"已进入市场"包括成熟和早期应用期的技术。图中技术的三大类成熟度指的是各类技术目前的成熟度。

> 从现在到 2060 年增长最快的投资领域,是对目前处于示范或原型期的技术的投资,特别是在难以减排的工业和交通运输部门。

第二章 能源体系的转型

第三章

能源各部门的转型路径

- 在承诺目标情景中，中国的电力部门将于 2055 年前实现二氧化碳净零排放。到 2060 年，发电量将增长 130%，在终端能源需求总量中的比重增加超过一倍，达到 50% 以上。可再生能源发电（主要是风能和太阳能光伏发电）在 2020—2060 年将增加 6 倍，届时占发电总量的比重约为 80%，而煤炭的比重将从 60% 以上缩水到只有 6%。为了保障系统安全，未来仍然会有一些无减排措施的煤电产能，但此类煤电在 2060 年将占发电总量的不到 0.1%。
- 电解制氢的产量将从现在的数千吨增加到 2060 年的 7 000 万吨以上，为此将需要 750 吉瓦的电解装置，即全球产能的近 40%。氢气主要直接用于重工业（约 40%）和燃料电池车（约 25%），也作为原料用于制造航运用氨和航空用合成煤油。中国仍是世界上的沼气和生物甲烷生产大国，2060 年将贡献全球产量的 35% 左右。
- 在承诺目标情景下，工业二氧化碳排放量从现在到 2060 年将下降近 95%，剩余的排放量将由电力和燃料转化部门的负排放所抵消。能效提高和电气化是短期内减排的主要推动力，而新兴的创新近零排放技术，特别是水泥、钢铁和化工领域的氢能以及碳捕集、利用与封存，将长期发挥主导作用。

- 公路交通运输方面，约60%的累计减排量将来自电气化，4%来自低碳氢。持续投资于中国的城市地铁、轻轨和电动公共汽车，以及城际高铁等能够取代航空出行的交通方式，将降低乘客出行的能源强度。车辆、船舶和飞机燃料效率的提高以及向低碳燃料的转变，将推动公路货运、航运和航空领域的减排，为此需要对加注站和充电桩进行大规模投资。

- 在电气化、区域清洁采暖和能效提高的推动下，建筑部门从目前到2060年的直接二氧化碳排放量将减少95%以上。现场发电（以屋顶太阳能光伏板为主）将迅速增长。到2060年，中国总建筑面积近100%可以实现零碳排放。

· · ·

发电和供热

电力供给的快速脱碳以及各部门终端用能的广泛电气化将是中国实现碳中和战略不可或缺的重要支柱。这一方面要求大规模扩大可再生能源发电能力，另一方面需要有灵活的低碳资源以保障电力系统安全。

电力供给脱碳

2020年，中国发电部门排放的二氧化碳约为54亿吨，占全国能源体系总排放量的47%左右。这一年虽然发生了新冠肺炎疫情,但电力部门的排放量仍增加了约2%;2021年,初步数据表明排放量将继续增加。如图3.1所示,在承诺目标情景下,电力部门排放量将在2025年前后达到峰值56亿吨,2055年之前下降到零,2060年将达到数额较小的负值,帮助抵消减排困难的剩余部分,特别是在重工业和长途交通运输领域。电力碳强度(每千瓦时发电的二氧化碳排放量)将在21世纪20年代以年均3%的速度下降,而过去10年间的下降速度为1%。在这种情景下,依靠目前普遍比较先进的减排技术,发电部门在2030—2050年的二氧化碳排放量将年均减少2.6亿吨,并将率先实现净零排放。电力部门也是中国经济脱碳的主力,占2020—2060年累计减排量的55%以上。

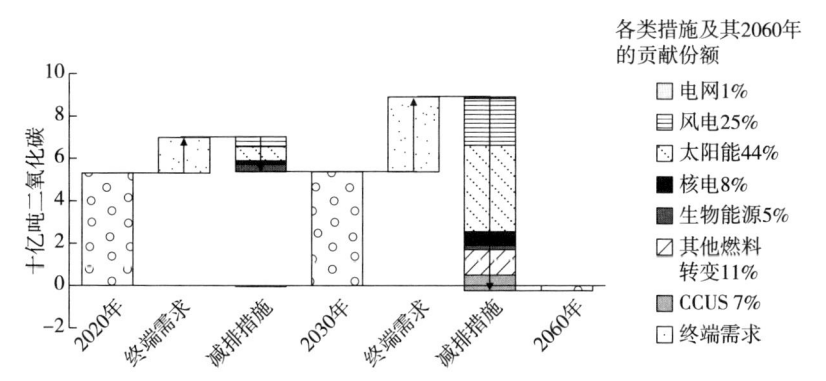

图 3.1 在承诺目标情景下,中国发电部门不同驱动因素贡献的二氧化碳减排量

在电力部门,尽管发电量将增加130%,但由于转用可再生能源和淘汰无减排措施的煤电,该部门在2055年之前将会实现净零排放。

在承诺目标情景下,2020—2060年在发电部门快速脱碳的同时,发电量将增加130%;这 发展的驱动力包括经济增长，终端用能电气化程度提高，以及 2030 年后制氢用电量增加。2060 年，电力在中国终端能源消费总量中的比重将超过 50%，而现在只有 25%。如图 3.2 所示，到 2060 年，新增的发电量大约将有 25% 用于工业，20% 用于交通运输（主要由电动车推动），近 15% 用于建筑物。推动发电量增长的最大单一个因素是电解制氢，2060 年它将占电力需求的近 20%，即 3 300 太瓦时，用电量相当于印度目前发电量的 2 倍。

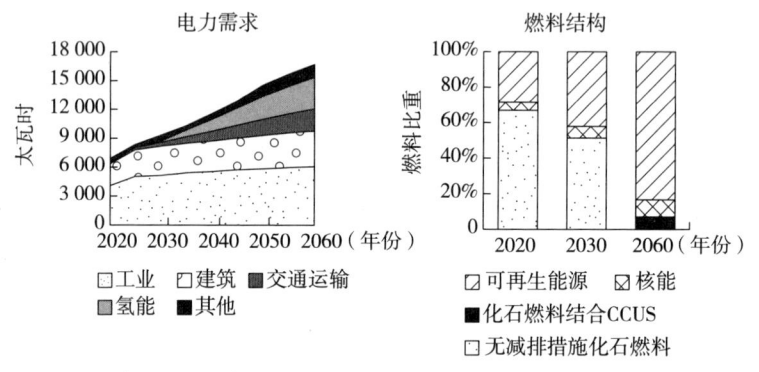

图 3.2 在承诺目标情景下，中国不同部门的电力需求和不同燃料的发电量

在工业、电动车以及（后来的）制氢的推动下，电力需求增长迅猛，同时可再生能源将在发电领域取代化石燃料。

可再生能源（主要是太阳能光伏和风能）迅速增长，将满足大部分新增需求，并将取代很大一部分现有的化石发电。到 2060 年，可再生能源的电力输出将增加近 6 倍，在发电总量中的比重将从 2020 年的约 25% 分别上升到 2030 年的 40% 和 2060 年的 80%。2060 年的发电结构中，仅太阳能光伏发电的比重就将接近 45%，而 2020 年这一比重仅为 4%。

大多数情况下，可再生能源发电能力的大幅增长将得益于其在技术领域的成本优势,以及电力市场、碳价格信号等相关政策支持。在许多地区,太阳能光伏和陆上风电的竞争力现在已经与新建燃煤电厂相当。中国启动的可再生能源拍卖,预计将进一步推低价格并改善相关设施的选址、设计和运营。这将使得太阳能和陆上风电的发电成本在2025—2030年低于许多现有煤电厂,推动21世纪30年代加速淘汰效率最低的煤电厂。海上风电的成本将进一步下降,21世纪30年代,海上风电技术将与无减排措施的化石燃料发电厂竞争大宗发电业务。2030—2060年,太阳能光伏和风电装机的年均增量将分别为220吉瓦和57吉瓦,这些新增装机将大多建在土地充足、资源丰富的华北和西北地区。然而,中国各地区在区域利益的驱动下,都希望本地区能够建造发电设施、创造就业机会并提高地区GDP,也希望省政府的土地可以利用起来,所以各地区的发电能力都会提升。土地较少的华东和南方等地区将会更多地发展海上发电能力。

另外,在承诺目标情景中,核电和水电这两种主要低碳发电技术的电力输出也将大幅增长(见图3.3)。核能在发电结构中的比重将从2020年的5%跃升至2060年的10%,相当于平均每年增加4个1吉瓦的核反应堆。核电建设重点是沿海地区。2030年后,中国核反应堆的总规模将成为世界第一。2020—2060年,水力发电量将增长45%。水电产能主要集中在华中以及南方的云南省。支持碳捕集、利用与封存的政策将推动相关试点项目,从而促使成本大幅下降,使其在21世纪30年代具有较好的竞争力。在中国的排放交易系统中,不断上涨的碳价格将有助于提升低碳技术的竞争力,但直到2040年以后碳价才会在淘汰化石燃料方面产生巨大影响,届时电力系统将加速淘汰剩余的无减排措施发电厂。

随着低碳技术迅速扩张,煤炭在发电燃料结构中的比重将急剧下降,从目前的60%以上分别降至2030年的45%和2060年的5%,届时几乎所有的煤电都是来自配备了碳捕集设施的发电厂。在我们预测期的前半部分,许多煤电厂将仍然在线,但运行的容量系数要比现在低得多(2040年平均为16%,而现在约为55%),这些电厂将提供灵活服务,而不是作为基荷电厂运行。到2045年,无减排措施的燃煤发电量将下降至接近零,剩余的无减排措施的电厂将作为备用机组,仅在没有波动性可再生能源可用时使用。到2060年,中国现有的煤电产能将减少约65%,从现在的近1 030吉瓦下降到不足360吉瓦(其中190吉瓦已完成碳捕集、利用与封存改造,170吉瓦作为备用产能)。绝大多数退役的电厂在退役时将至少已经运行了35年,超过了其设计寿命。

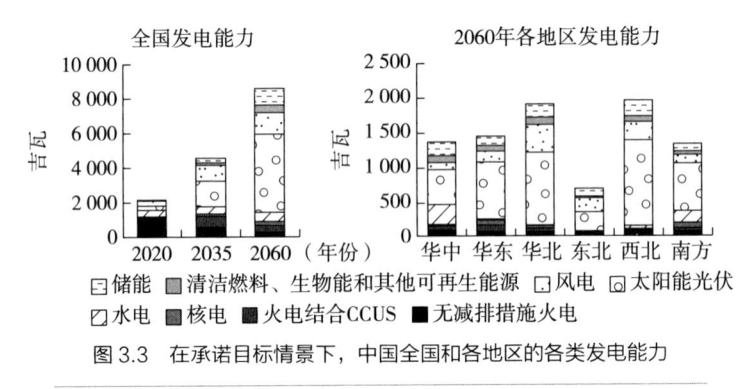

图 3.3 在承诺目标情景下,中国全国和各地区的各类发电能力

随着化石燃料电厂被淘汰或完成碳捕集、利用与封存改造(考虑到热力需求和电力可靠性),可再生能源装机容量将在所有地区迅速提升。

要做好煤电厂和其他化石燃料发电厂的淘汰工作,就必须考虑多项因素,包括运营成本、电厂是否为工业或建筑供热、转向燃料清洁燃烧或共燃的潜力、电厂在确保电力系统安全方面的作用，以及电厂与潜在的二氧化碳封存地点或二氧化碳使用方的距离（这关系到碳捕集设备改造的经济性）。另一项需要考虑的重要因素是对当地社区的影响。

基于成本方面的考量，以及满足中国各主要地区的供热需求和电力负荷平衡的技术可行性，我们评估了电厂关闭和改造的最优安排。2060 年，火电厂将主要集中在工业和建筑用热需求最大的地区，即华北、华东和华中地区（见图 3.4）。这些地区在 2060 年将占剩余火电产能的 60%。2060 年，许多热电联产厂（CIIP）将仍然在线，服务于区域供热和工业，但这些厂都有减排措施，或是燃烧更清洁的燃料，或是进行碳捕集改造。虽然目前化石燃料热电联产的输出主要用于区域供热，但随着高能效建筑和清洁供热选择（包括区域级热泵）的出现，2060 年大部分配备减排装置的化石燃料热电联产产能将为工业服务。碳捕集、利用与封存将优先配备给以下几类工厂：位于需要高温热能的工业设施附近的、过程排放水平较高的，或者有邻近产业可以经济利用二氧化碳和联产热力的。到 2060 年，电力部门每年捕集和封存的二氧化碳将为 13 亿吨（占所有部门二氧化碳封存总量的 30%），其中近 65% 来自燃煤热电联产厂。这些二氧化碳中的大部分将被封存于地下，主要在沿海和西北地区。

中国已经启动的电力市场改革在引导可再生能源增长、淘汰化石燃料电厂方面发挥了关键作用，也为承诺目标情景中电力系统的更高效运行奠定了基础。如果在所有地区实施最小边际成本调度，则可以减少弃电，优化煤电厂运行，并增加现有资产的

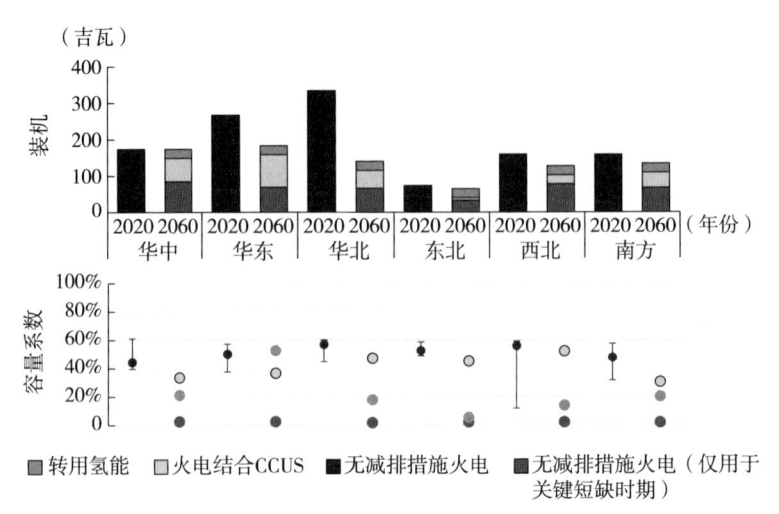

图 3.4　在承诺目标情景下，中国各地区的化石燃料装机和发电量

资料来源：2020 年容量系数基于 CEC（2020）、CEC（2021）以及 IN-EN（2021a）。

> 化石燃料厂将被取代或完成碳捕集、利用与封存改造，或转用清洁燃料。为保障系统安全，仍然会有一些无减排措施的火电厂，但这类电厂 2060 年的发电量仅占发电总量的不足 0.5%。

灵活性；与现有调度安排相比，最小边际成本调度到 2035 年将能够减少电力部门 31% 的二氧化碳排放和 14% 的运行成本。如果同时发展跨省电力市场，则电力部门的二氧化碳排放和运行成本到 2035 年将比现有调度安排分别降低 45% 和 26%，在促进储备发电能力共享的同时，减少对新增灵活容量的需求。若不改变市场安排，那么所有发电厂的收入都将缩水，而且价格信号将与中国 2060 年的目标背道而驰。可见，市场改革对于低成本实现 2060 年愿景至关重要。

电力系统的灵活性

要想大幅增加波动性可再生能源在发电结构中的比重，将需要采取新的方法确保电力系统的灵活性，包括设法让现有发电资产更加灵活，使输配电系统更加稳健，增强储电能力，并充分利用潜在的需求灵活性。在以化石燃料发电为主的传统电力系统中，电力输出可以根据负载的小时、昼夜、星期和季节性波动进行调整。而太阳能和风能在任何给定时间是否可用，则取决于天气条件，因此这两类能源的性质是不灵活的。在零排放的电力系统中，灵活性资源需要更加多样化，因为当今的化石燃料电厂实际上提供了一系列的灵活服务。如果要以成本效益较高的方式替代化石燃料电厂，则需要多种不同的灵活性资源，其中每种资源都具备各自的特征，能够满足一系列服务要求。

> **专栏 3.1 电力系统的灵活性要求**
>
> 无论发电燃料结构如何，所有的电力系统都需要不同形式的灵活性，才能确保不间断供电。目前，化石燃料发电厂在不要求另行补偿的情况下，提供了多项灵活性服务。其中主要几项服务如下：
>
> - 高峰能力（充足性），即确保有足够的能力满足一年中最高的预期需求。随着需求增加、需求来源改变（导致负荷曲线变化），以及波动性可再生能源的比重增加，充足性问题日益凸显，影响每天、每月和每年的可用容量。例如，冬季的供热需求最高，夏季的制冷需求最高；风能容量往往在冬季更高，太阳能和水电的容量分别在夏季和春季比较充

沛。在承诺目标情景中，高峰能力由一系列资源提供，各资源在可用和调度方面的性质都不同，但电池、抽水蓄能和需求响应具有灵活性，所以比较适合提供高峰能力，到 2060 年，这三类资源将占所有高峰能力储备的 40%。

- 爬坡灵活性，即在短时间（数小时到数分钟）内快速改变电力输出以保持供需平衡的能力，到 2060 年，随着波动性可再生能源的增加，对爬坡灵活性的需求也会激增。2060 年，可用于提供爬坡灵活性的容量将是 2020 年的 15 倍。需求响应占这部分容量的 50% 以上，通常适用于小规模的瞬间的爬坡需求，而可调度电厂和储能技术，特别是水力，则会满足大多数持续时间较长的爬坡需求。

- 稳定性，即当系统频率因突然失去输出或需求激增而出现较大偏差时，迅速减少需求或增加供给的能力。在这方面，储能技术的优势明显，特别是电池，因为它有能力在短时间内快速响应、改变输出。到 2060 年，储能技术将满足稳定性需求的 40%，可调度的可再生能源和氢能将满足另外的 50%。一般而言，配备减排装置的化石发电厂对稳定性的贡献较小，因为碳捕集、利用与封存通常会阻碍机组做出快速响应。

- 惯性，即系统克服供给或需求的瞬间扰动而不引起电网连带故障的能力。当今电网中的惯性主要由旋转惯性（储存在大型旋转发动机中的能量）提供。如图 3.5 所示，到 2060 年，核电、生物能源、水电和使用高动量涡轮机的化石燃料工厂（配备或不配备碳捕集、利用与封存）将提供大部分的稳定性服务。目前也在探索电网构造逆变器技术等其他非旋转惯性源，以弥补系统中旋转惯性的缺失。

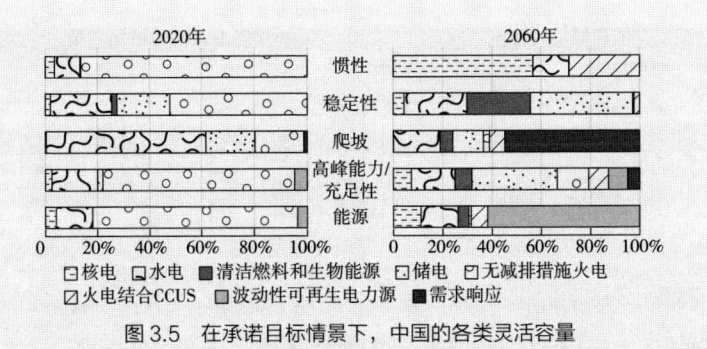

图 3.5 在承诺目标情景下，中国的各类灵活容量

图例：核电、水电、清洁燃料和生物能源、储能、无减排措施火电、火电结合CCUS、波动性可再生电力源、需求响应

纵轴类别：惯性、稳定性、爬坡、高峰能力/充足性、能源

要想确保以最经济有效的方式（包括利用现有资产）提供灵活性，设计完善的批发和零售市场至关重要。需要为某些终端用途做出价格安排，如制氢厂商直接准入批发市场，以及对居民电动车充电实行分时收费。市场收入足以吸引新的投资，还是仅够支持对现有运营方式进行优化？这是全世界（包括中国）都在探讨的一个话题。为了刺激对灵活性进行充分、及时的投资，可能需要建立明确的采购机制或举行拍卖。

在承诺目标情景下，2021—2060 年中国电力系统的灵活性来源将发生根本性变化。目前几乎所有用于满足高峰负荷的灵活性都来自化石燃料和水力发电站，包括抽水蓄能。如图 3.6 所示，到 2060 年，储能技术将提供 35% 的灵活容量，水电等可调度的可再生能源提供 24%，需求响应（通过价格信号鼓励或要求电力消费方在高峰期实时减少其消费的措施，电力消费方包括制氢厂商）提供 5%。

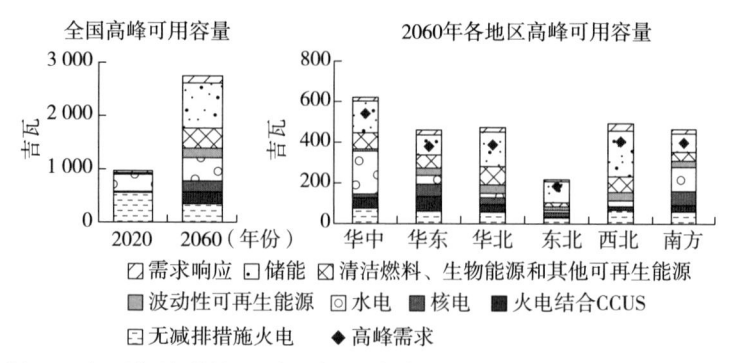

图3.6 在承诺目标情景下，中国全国和各地区用于确保系统充足性的灵活容量

注：可用来满足高峰负荷的容量是指在100个需求最高的小时和100个净需求最高的小时内都可用。"清洁燃料、生物能源和其他可再生能源"包括氢能发电厂、生物能、合成燃料、太阳能光热和地热。

> 从现在到2060年，灵活容量总量将大幅增长，并以低碳灵活性资源为主。灵活容量将在各地区都有所分布，以确保充足性。随着化石燃料发电容量的退役，在需求响应和电池的带动下，将出现大量新型低碳灵活性资源。

满足高峰负荷的灵活性资源将随时间演变（见图3.7）。在承诺目标情景下，2030年之前的灵活性要求将主要由现有电厂来满足。在这段时期内，对小时级爬坡的需求将增加，而季节充足性和系统稳定性只是电力系统的局部问题。中国正在进行的电力市场改革，力求挖掘现有火电厂的额外跨小时爬坡能力。这将最大限度地减少建设专用灵活性资源的需求，并为低成本使用电池储电、需求响应等新型灵活性资源奠定基础。其他改革将允许分布式能源资源（包括电池、电动车和需求响应）参与电力市场，或是通过聚合商直接参与批发市场，或是通过动态的分时零售价格参与市场。

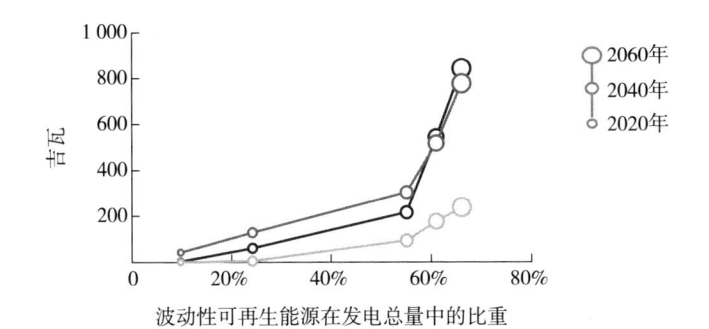

图 3.7 在承诺目标情景下，在中国发电部门用于确保系统充足性的灵活容量中，波动性可再生能源的类型和比重

2030 年后，低碳灵活容量迅速增长，替代无减排措施的化石燃料并与之互补，促进波动性太阳能和风能发电加速发展。

2030 年后，随着可再生能源比重加速提高，可调度化石电厂数量减少，中国对非化石灵活性资源的需求将迅速增加。电池和需求响应将主要用于提供短期灵活性，而配备碳捕集、利用与封存的化石电厂和氢能则更多用于季节性平衡。到 2060 年，电池和蓄水储能可以为高峰充足性贡献 960 吉瓦的容量。随着对季节性稳定的需求增加，化石燃料结合碳捕集、利用与封存的发电量将适度增长，到 2060 年达到近 275 吉瓦。

目前中国的需求响应有限，但随着电动车、空调和氢能电解等可能更灵活的电力新用途不断增加，需求响应将会迅速扩大。需求响应将成为灵活爬坡容量的最大单一来源，响应负载能够在短时间内提供近 300 吉瓦的灵活性。在高峰时段，上述需求响应中约有 130 吉瓦可用于紧急调峰。我们的假设是响应式需求响应每年限制在 100 个小时（目前客户的可接受小时数），但随着数据分析和智能控制的改进，原则上需求响应可以每天部署。例如，智能电动车可以根据消费者的车辆使用规律和实时价格信号来管理充电的时间。这样就可以确保电动车主在有需要时充电，并且充电时间与可再生能源的可用时段和低需求时段吻合。净零就绪的建筑规范能够创造机会，提升需求响应，推动中国的需求响应市场尽早启动。

对电网的影响

为实现净零排放，中国需要对发电能力进行扩大并脱碳，包括继续快速扩大电网。在承诺目标情景下，2021—2060年电力流的最大增量将产生于从西北和南方到中国其他地区的输电通道，因此华中地区的电网作为电力交换枢纽的地位将会更加重要。太阳能方面，由于电力流在日间产生，以华北和西北为主的区域电网将通常在白天向外输送电力流，而有时在夜间接收电力流，特别是在寒冷时节。加强各区域电网的互联以及区域间调度和储备共享，有助于提高电力系统的可靠性并降低成本。

在承诺目标情景下，配电系统投资占电网投资总额的比重将从60%上升到70%，这是因为需要对通常比较老旧的现有系统进行现代化改造和扩容，以满足密集城市地区电力需求的大幅增加。在预测时期内，累计配电投资中有3/4将用于整修现有电网，包括为满足电动车充电、空调、住宅电加热、重工业（如电弧炉）电气化等新需求而进行的电网升级。"岛式"微电网[①]等

---

① "岛式"微电网或分布式发电厂能够在发生电力干扰的情况下与外部电网断开，同时安全可靠地运行，并在外部电网恢复运行后重建同步连接。

分布式能源和储能技术的重要性逐渐增加，对提高电力系统的韧性将起到促进作用。由于电力在 21 世纪 50 年代将占终端能源消耗总量的一半以上，所以电力系统的韧性将越来越重要。在直流电网方面，可能需要对净零就绪的建筑中和地区内的试点项目增加投资，才能充分挖掘需求响应的潜力。

在承诺目标情景中，智能电网等数字技术将发挥越来越大的作用，其投资份额将从目前的 15% 左右有所提升。此类技术对于管理更加动态的电力系统、维持稳定、改善网络安全和集成更多需求响应至关重要。

承诺目标情景所设想的电网投资增长和运作方式变化是否能够实现，将取决于市场改革、价格改革，以及并网导则修订。现有的跨省市场规则抑制了跨省输电线路的充分利用，因此改革对于激励净发电量不平衡的省份利用其他省份廉价的可再生电力，具有特别重要的意义。目前，电网运行是按省份而不是按更广的区域来安排发电机组和平衡的，这就导致了某些地区电网资产过度建设、发电资源未能优化利用的问题。更完善的成本回收法规将有助于尽可能降低成本，同时提供足够的激励促使电网企业投资。将投资回报与性能挂钩、同时激励创新的新监管模式可以鼓励企业将资金投向低碳技术，并试验旨在刺激竞争的本地分布式所有权新模式。

低排放燃料的供给

碳中和的实现需要低排放燃料，在电力不能轻易或经济地满足能源需求的情况下，低排放燃料可以填补空缺。卡车、航空、海运等长途交通运输方式，以及重工业中的高温热力和原料供给，可能都属于这种情况。低排放燃料包括液体生物燃料、沼气、生物甲烷和生物质液化石油气[①]、氢气和氢基燃料（利用来自生物源的二氧化碳或从大气中捕集的二氧化碳生产的氨和合成碳氢化合物燃料），这类燃料在使用时不直接排放化石燃料的二氧化碳，并且在生产过程中排放很少。例如，用天然气生产的氢气，只有当配备捕集率高（超过90%）的碳捕集、利用与封存并进行永久性碳封存时，才能算是低排放燃料。有些低排放燃料具有普适性，也就是说，它们与现有的化石燃料配送基础设施和终端使用技术兼容，并且设备或车辆几乎不需要进行任何改造就可以使用这些低排放燃料。

低排放燃料（主要形式是生物燃料）目前在中国终端能源需求中的比重不足1%。在承诺目标情景中（见图3.8），这一比例将在2030年超过1%，2060年增加到9%。液体生物燃料在2030年和2060年将分别满足2%和9%的交通运输能源需求，而在2020年仅为1%；氢基燃料到2060年将满足交通运输能源需求的1/4左右。低碳燃气（生物甲烷和氢气）目前几乎没有使用，但到2060年将满足管网供气需求的15%。中国将成为全球低碳气体生产大国：到2060年，中国的氢气产量将占全球的30%以

[①] 沼气是甲烷、二氧化碳和少量其他气体的混合物，由在无氧环境中的厌氧消化有机物产生；沼气的具体成分取决于原料种类和生产途径。生物甲烷也称为"可再生天然气"，是一种近乎纯净的甲烷来源，它通过沼气升级（移除沼气中存在的任何二氧化碳和其他污染物的过程）或固体生物质气化然后甲烷化来生产。生物质液化石油气，或称生物丙烷，是由可再生非石油原料生产的液化石油气（LPG）。

上，生物甲烷产量达到全球的 30%。2060 年，低碳氢和氢基燃料在中国终端能源用量中的比重将接近 10%。[①] 驱动氢能需求的主要是工业，它在 2060 年消纳的氢能将占氢能总产量的 40%。

（年份）交通运输部门的液体生物燃料
- 2020
- 2030
- 2060

■ 航运
□ 航空
□ 公路交通运输

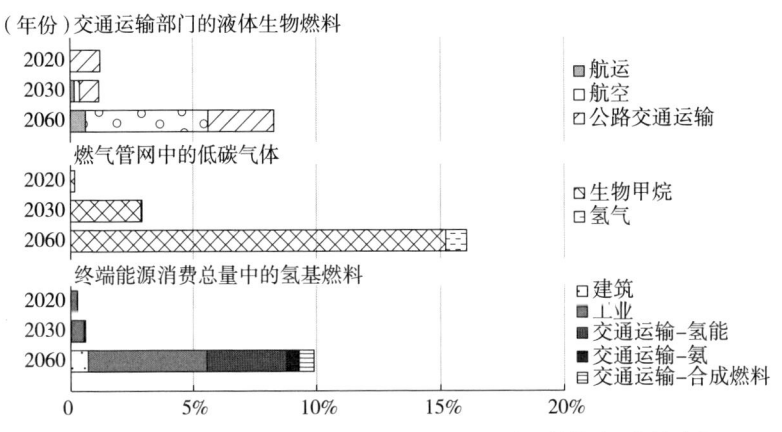

燃气管网中的低碳气体
- 2020
- 2030
- 2060

□ 生物甲烷
□ 氢气

终端能源消费总量中的氢基燃料
- 2020
- 2030
- 2060

□ 建筑
■ 工业
■ 交通运输-氢能
■ 交通运输-氨
□ 交通运输-合成燃料

图 3.8　在承诺目标情景下，中国不同行业的低排放燃料供给和燃料种类

低排放燃料在终端能源需求中的比例将从 2020 年的不足 1% 分别跃升至 2030 年的超过 1% 和 2060 年的近 10%，这主要是由工业部门和交通运输部门推动的。

生物燃料

2020 年，中国现代生物能源的一次供给（不包括传统的烹饪用途生物质）中，约有 7% 是液体生物燃料，主要用于公路交通运输；还有 24% 是气体生物燃料（以沼气为主），其中绝大部分用于居民烹饪；其余的生物质则直接燃烧用于供热或发电。气

---

① 包括工业部门厂内制氢和用氢，它对能源的需求占工业能源需求总量的 8%。在承诺目标情景下，到 2060 年氢和氢基燃料（工业厂内制氢除外）将满足中国能源需求的 5%。

体和液体生物燃料的生产和使用有相当大的增长潜力，不过还需要发展原料收集和运输系统，以确保可靠、充足的供给，从而支持在大规模生产中可以使用更多种生物质投入的先进技术，特别是不与粮食作物直接竞争土地的技术。

中国的沼气生产领先世界，2020年的产量占全球总产量的近一半，主要是通过对牲畜粪便、作物残渣和城市固体生物废弃物（MSW）等原料进行厌氧消化来生产的。中国通过政策来淘汰低效且产生污染的传统生物能源，支持居民清洁烹饪；在政策的推动下，2018年世界上70%的家用生物发酵罐都在中国（IEA，2020a）。少量的沼气也用于热电联产厂，服务于区域供热和电网。相比之下，生物甲烷的供给量一直很低。2019年，中国国家发展改革委设定了目标：2030年生物甲烷产量达到300亿立方米（略高于1艾焦），主要用于替代农村的煤炭。但由于存在技术困难（将沼气升级为生物甲烷并将其掺入天然气通过国家燃气管网配送），因此目前的产量只达到了目标的1%。

在承诺目标情景下（见图3.9），中国仍然是全球沼气和生物甲烷大国，供给量从现在到2030年将几乎翻一番，再到2060年增加两倍以上。通过内燃机（一种模块化技术，部分负荷的效率较高）发电技术，沼气将开始大规模用于发电，以提高电力系统的灵活性。注入燃气管网的生物甲烷将从2020年的几乎零起点增加到2030年占燃气供给总量的近3%，2060年占15%。这将使管网配送的燃气的排放强度降低同等比例。产生于厌氧消化的粪便和城市固体生物废弃物的沼气，如果升级成生物甲烷，则还可以避免原本会有的甲烷排放。然而，类似于天然气，只有尽量降低生物甲烷在整个供给链中的逃逸排放，才能确保气候效益最大化。

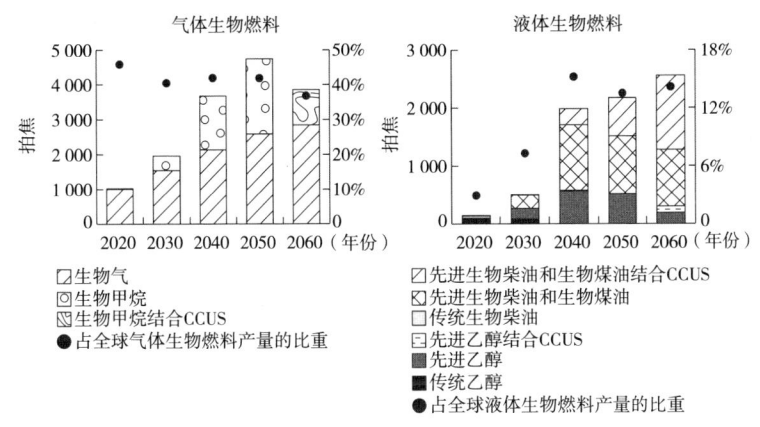

图 3.9 承诺目标情景下，中国各类生物燃料的产量和相关技术

注：传统乙醇是指使用粮食能源作物生产的乙醇。先进乙醇是指使用废弃物、残渣以及在边角地和非耕地上种植的非粮食能源作物生产的乙醇。传统生物柴油包括使用粮食能源作物以脂肪酸和脂肪酸甲酯路线生产的生物柴油。先进生物柴油包括使用废弃物、残渣和在边角地与非耕地上种植的非粮食能源作物以基于生物质的费托和氢化酯和脂肪酸路线生产的生物柴油。生物甲烷包括沼气升级和以基于生物质气化的路线生产的甲烷。

> 中国的生物甲烷产量将会增加，中国仍将保持全球生物气大国的地位，也将成为生物煤油的主要生产国。

在承诺目标情景中，从现在到 2060 年，中国将利用可收集的牲畜粪便、城市固体生物废弃物、作物残渣和少量城市污水淤泥，为沼气生产提供原料。尽管粪便和作物残渣主要来自四川、河南、山东和黑龙江等少数几个省，但生物质原料在这些省内的分布比较分散，因此，要想利用这些原料制造沼气和生物甲烷，将需要新建连接到燃气管网的管道。

2015—2019 年，中国的液体生物燃料产量增加了 1/4，是继美国和巴西之后的第三大生物乙醇生产国，但总产量仍然只占全球产量的 3%（IEA，2020a）。中国制造生物乙醇的原料是玉米。由脂肪酸甲酯生产的生物柴油产量较小，仅占中国柴油用量的0.2%。由氢化酯和脂肪酸生产的可再生柴油，虽然在中国柴油总量中的比重比生物柴油还要低，但却占到了全球产量的3%。脂肪酸甲酯生物柴油及氢化酯和脂肪酸可再生柴油的原料都是地沟油（UCO）。

2016—2020年"十三五"期间，液体生物燃料的用量远低于目标值。玉米库存迅速下降，玉米价格不断上涨，以及乙醇生产能力不足，都阻碍了生物乙醇的生产，因此，政府放宽了全国性的E10混合燃料规定（要求10%的汽油混合燃料），以省市级规定取而代之。生物柴油（主要以餐馆地沟油为原料生产）与生物乙醇不同的是，它并没有得到政策支持（只有上海有B5的混合规定），但仍然过于昂贵，无法与传统柴油竞争。大量的脂肪酸甲酯生物柴油、氢化酯和脂肪酸可再生柴油和地沟油出口到需求强劲的欧洲（IEA，2021a；NEA，2020）。

类似于气体生物燃料，在承诺目标情景中液体生物燃料的生产将迅速扩大，主要由2030年后的先进技术驱动。柴油、航空煤油、汽油和液化石油气的普适性替代品的生产技术路线包括费托工艺生物质气化（费托生物燃料），以及纤维素乙醇（使用作物和木材残渣等纤维素原料生产）。液体生物燃料的总产量将从2020年的5.4万桶/天（112拍焦）上升到2030年的24万桶/天（500拍焦），进一步上升到2060年的123万桶/天（2 600拍焦），先进燃料的比重将从2020年的不到6%跃升至2060年的近100%。在初期，这类燃料基本只继续用于公路交通运输，但随着电动车和燃料电池电动车的兴起，汽车用液体燃料的需求将减少，液体燃料在航运中的份额将不断扩大。2040年后，随着低碳氨的产量增加并用于船舶燃料，液体生物燃料将越来越多地用于航空领域。2060 年，中国将成为继美国之后的第二大生物煤油生产国，生物煤油将满足国内 40% 的航空燃料需求。从现在到 2030 年，氢化酯和脂肪酸生物煤油将有生产规模扩大的机遇，而用纤维素乙醇生产费托生物燃料、可再生醇基航空燃料（ATJ）等新兴技术路线，将在 2040 年后迎来风口。

目前，以纤维素原料生产生物燃料的技术正处于示范期，中国的几家示范工厂 2020 年的纤维素乙醇总产能达到 1.2 亿升。中国也在试验使用木薯、甜高粱等先进能源作物。这些作物可以在边缘土地上种植，并能提供多样化的产品组合。例如，甜高粱秆可以为乙醇发酵提供糖分，谷粒可以提供高粱粉供人食用，而茎渣则可用作动物饲料。

在某些生物燃料生产路线中，如纤维素乙醇、可再生醇基航空燃料、费托生物燃料、沼气升级等，可以用相对较低的成本将生物燃料的生产和碳捕集、利用与封存相结合。这是因为其在生产过程中释放的二氧化碳流非常纯净。承诺目标情景下，碳捕集、利用与封存生物燃料在 2060 年可以移除 1.3 亿吨二氧化碳，将能够抵消交通运输部门和工业部门的剩余排放。

> **专栏 3.2　如果可持续生物质匮乏造成生物燃料供给减少，将会有什么影响**
>
> 未来有多少土地和水可以用于种植生物燃料生产所需的生物质？这个问题的答案非常不确定，部分原因是尚不清楚需要多少土地来种植粮食作物。此外，将木质生物质原料转化为生物燃料的技术（生物质气化或纤维素发酵）目前仍处于示范期，这类

技术需要在未来10年内全面商业化，才能在碳中和能源转型中发挥作用。

生物质供给可能最终受到以下因素的限制：可用于种植能源作物的边缘土地有限，农业废弃物和残渣的收集率有限，或者生物燃料转化技术未实现商业部署。在这种情况下，未来生物燃料的产量将低于承诺目标情景中预测的产量。因此将更需要低碳氢，以及用氢气和捕集的二氧化碳生产低碳合成燃料，特别是在预测期的后半段，将需要合成煤油来弥补生物煤油的供给短缺。如图3.10所示，假设先进生物柴油和生物煤油的产量比承诺目标情景中设想的水平低50%，那么2060年中国的合成柴油和合成煤油将需要提高3倍（增加1100拍焦）。如果合成燃料所需的1200万吨氢气来自电解，那么电解产能将需要增加13%（95吉瓦），相应地，将需要2115太瓦时的电力来驱动这些额外的电解器。同样，如果生产上述额外的合成燃料所消耗的二氧化碳是通过直接空气捕集提供的，那么在2060年还需要多捕获9000万吨二氧化碳。

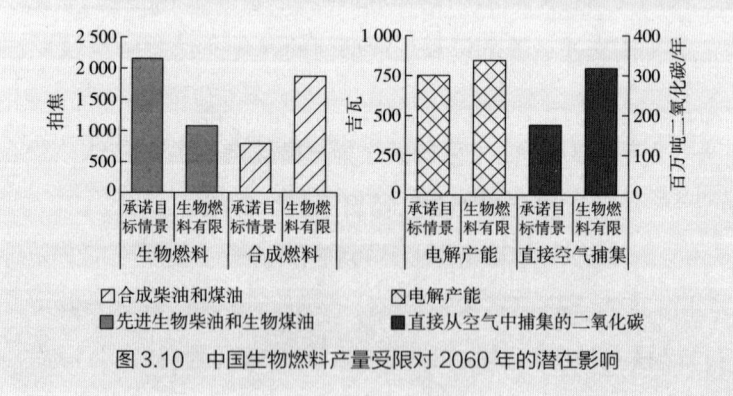

图3.10 中国生物燃料产量受限对2060年的潜在影响

此外，还需要在西部省份建设更多的直接空气捕集工厂，因为那里有中国最好的太阳能和风能资源，以及大部分潜在的二氧化碳封存能力，这样才能补偿生物能碳捕集、利用与封存生产的生物燃料不足而造成的负排放损失。如果这些生物燃料的负排放有一半是由于液体生物燃料减产而损失的，那么大约5 000万吨的二氧化碳缺口就需要由直接空气捕集和封存来填补，这就意味着2060年直接空气捕集的总体部署将比承诺目标情景中预测的水平高出80%。

氢气和氢衍生燃料

当今能源体系对氢气的使用主要局限于炼油，以及化工行业制氨和制甲醇。2020年，中国的氢气需求量约为2 500万吨，主要由基于化石燃料的国内生产（以煤炭气化为主）来满足，直接排放量约为3.6亿吨二氧化碳。[①] 在承诺目标情景下，氢气的生产和使用将从现在到2030年缓慢增加至3 100万吨，然后快速提高到2060年的9 000万吨。2060年，大约40%的氢气消费将发生在重工业领域（主要是钢铁和化工生产）。氢气总需求中，约有1/4直接用于交通运输领域，1/5是将其转化为其他燃料（主要是航运用氨和航空用合成煤油）。其余的氢气有多种应用，如精炼、平衡太阳能光伏和风能发电的燃气电厂，以及建筑物的供热。2060年，氢气和氢衍生燃料将占中国终端能源消费总量的

---

① 不包括在合成氨生产中捕集并用于制造尿素的约4 000万吨二氧化碳（这些二氧化碳在农业部门施用尿素时再次排放），也不包括甲醇在终端使用时因氧化而排放的约7 500万吨二氧化碳。

近6%。①

在承诺目标情景中，中国新增制氢产量中的大部分是基于低碳技术生产的：2060年，利用可再生能源和电网电力的水电解技术（其碳强度将比现在明显降低）将贡献总产量的80%，煤炭和天然气结合碳捕集、利用与封存的制氢产量将分别占9%和7%。向低碳技术（特别是电解技术）转变的益处不仅限于二氧化碳减排：基于可再生能源的电解技术与煤炭气化相比，耗水量是原来的1/9~1/4。因此，2060年制氢用水量可能比现在降低60%。氢气还可以在终端使用中取代化石燃料。由于制氢用水量低于生产化石燃料的用水量，所以这种替代将有助于缓解中国近几十年来日益增大的用水压力。

在承诺目标情景下（图3.11），中国的电解产能到2030年将接近25吉瓦，到2060年将达到750吉瓦，而现在还不到100兆瓦。在预测期内，中国在全球新增电解产能中的比重接近40%，该比例在2040年之前将迅速上升，之后趋于平稳。这些电解厂将消耗大量的电力，其用电量在2060年将接近3 300太瓦时。相比之下，用于制氢的煤炭将从2020年的1.15亿吨煤当量下降至2060年的不到0.9亿吨煤当量（占中国煤炭需求总量的15%），其中80%以上与碳捕集、利用与封存结合使用；而用于制氢的天然气将从目前的接近300亿立方米下降至2060年的略高于200亿立方米，其中90%以上与碳捕集、利用与封存结合使用。2060年，从这些电解厂捕集的二氧化碳总计将超过2亿吨。

---

① 不包括工业部门的厂内制氢和用氢，承诺目标情景中这类氢气到2060年将占工业能源需求的大约8%。如果将工业厂内制氢包括在内，则氢气和氢基燃料可满足中国终端能源消费量的10%。

电解产能　　　　　　　　二氧化碳捕集量

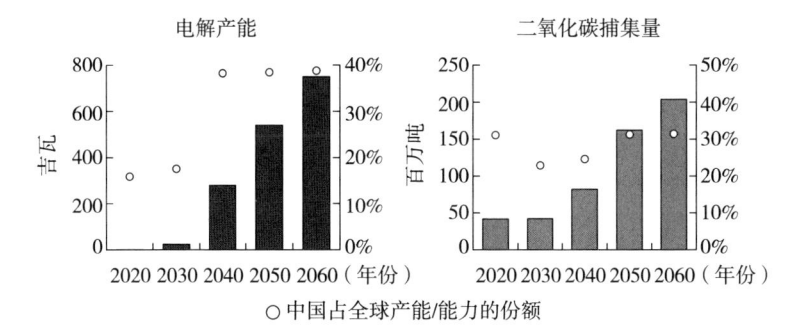

图 3.11　在承诺目标情景下，中国制氢领域的电解产能和二氧化碳捕集量

电解制氢产量大幅增长，化石燃料制氢厂的二氧化碳捕集量也显著提升。
2060 年电解制氢将贡献氢气总产量的 80%。

扩大产能和改进技术将是降低氢能成本的关键。在中国，氯碱工艺碱性电解技术（生产氯和氢氧化钠，副产品是氢气）已经商业化，但化石燃料结合碳捕集、利用与封存低碳制氢还处于早期开发阶段。目前有两个小型中试项目正在开展，这两个项目利用石油和煤炭生产甲醇，并用捕集的二氧化碳提高石油采收率，与此同时，煤炭结合碳捕集、利用与封存制氢的其他示范项目正在计划中。除了扩大电解制氢，承诺目标情景还设想对到 2060 年不会退役的现有低龄煤炭制氢厂进行改造。未来 10 年对于巩固碳捕集、利用与封存技术在中国的开发和示范至关重要，这些技术需要在 2030 年之前准备就绪，以便迅速大规模部署。

采用电解制氢还是天然气或煤炭结合碳捕集、利用与封存制氢，将取决于经济和其他因素，例如是否具备二氧化碳封存条件。在承诺目标情景下（见图 3.12），预计 2060 年中国天然气结合碳捕集、利用与封存制氢的成本约为 2 美元/千克（14 元/千克），其中天然气的成本通常占总成本的 50% 以上；煤炭结合碳捕集、利用与封存制氢的成本约为1.2美元/千克（8.3元/千克）。虽然煤炭气化的效率低于天然气蒸汽重整，但煤炭的成本较低，约占生产总成本的1/3。如果不结合碳捕集、利用与封存，其成本将显著提高，因为需要缴纳碳排放罚款。

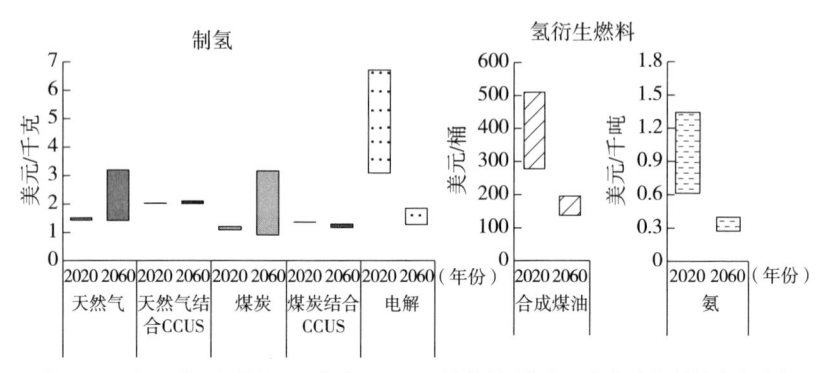

图 3.12　在承诺目标情景下，在中国用不同技术制造氢气和氢衍生燃料的生产成本

注：天然气为天然气重整，煤炭为煤炭气化，电解基于专用的可再生能源发电。关于技术经济参数的假设来自 IEA（2021b）。燃料价格假设：天然气——2020 年 23.6 美元/兆瓦时（163 元/兆瓦时），2060 年 23.4 美元/兆瓦时（162 元/兆瓦时）；煤炭——2020 年 10.7 美元/兆瓦时（74 元/兆瓦时），2060 年 7.4 美元/兆瓦时（51 元/兆瓦时）；电力——2020 年 25~99 美元/兆瓦时（172~683 元/兆瓦时），2060 年 13~44 美元/兆瓦时（89~303 元/兆瓦时）。二氧化碳价格假设：2020 年 0~10 美元/吨二氧化碳（0~69 元/吨二氧化碳），2060 年 0~200 美元/吨二氧化碳（0~1 380 元/吨二氧化碳）。

> 煤炭气化预计将一直比天然气蒸汽重整便宜，但从长远来看，电解将成为一种有竞争力的选择。

在水电解制氢方面，承诺目标情景下，学习效应和规模经济将推动中国的资本投入成本到 2030 年下降约 55%，到 2060 年下降 70%。整体生产成本能够降低多少取决于低碳电力的成本，因为电力占生产总成本的 45%~75%。在承诺目标情景中，中国利用可再生能源生产氢气的平均成本将从现在的 6.7 美元/千克

（46元/千克）减少到3.1美元/千克（21元/千克），并且最早在2050年将进一步下降到1.3~1.8美元/千克（9~12元/千克）。水电解制氢的成本将与煤炭结合碳捕集、利用与封存制氢的成本持平。

氨（当今主要的氢基产品）目前仅作为化工行业的原料使用。氨的体积能量密度比氢气和电池更高，因此在承诺目标情景中，氨将会越来越多地作为海上交通运输的一种低碳燃料使用。中国的氨产量将从2020年的5 400万吨上升到2060年的8 000万吨，届时2/3的氨将用于海运（满足该领域能源需求总量的40%）。要将氨作为燃料使用，还存在一些有待克服的技术障碍，包括如何处理好氨的毒性以及一氧化二氮排放等问题。2030年以后，氢衍生合成煤油的用量将迅速提升。在承诺目标情景中，合成煤油将满足中国2060年航空燃料需求总量的1/4。

将氢气转化为氨或合成碳氢化合物燃料的成本较高，但转化后的燃料更易于运输和储存。此外，氨和合成碳氢化合物燃料通常与现有的基础设施或终端用能技术（例如航空用合成煤油）兼容，能够降低整体成本。在航运和航空领域，利用电解氢制造氨和合成碳氢化合物的成本都明显高于常规燃料。不过，中国西部地区低成本可再生能源的潜力巨大，预计将推动上述两种燃料的生产成本下降。在承诺目标情景下，中国用电解氢生产氨的成本将在2020—2060年下降70%，2060年氢转氨这一额外步骤的成本将占到总成本的20%左右。合成煤油在2020—2060年的生产成本降幅将达60%，氢气合成煤油这一额外步骤会将生产成本推高一倍以上，具体取决于二氧化碳原料的成本。因此，在承诺目标情景中，合成煤油的使用主要限于其他低碳选择有限的航空领域。在中国，由于可再生电力和二氧化碳原料的成本降低，合成煤油的生产成本将从 2020 年的 280~510 美元 / 桶（1 930~3 520 元 / 桶），降至 2060 年的 140~200 美元 / 桶（965~1 380 元 / 桶）。然而，合成煤油的成本仍将远高于传统煤油的预计成本，即 55 美元 / 桶（380 元 / 桶）。2060 年，制造这些燃料所需的来自生物能源碳捕集与封存和直接空气捕集的碳中性二氧化碳的成本约为 14~70 美元 / 桶（96~480 元 / 桶）。因此，每吨二氧化碳的价格需要达到 200~345 美元（1 380~2 380 元），才能使合成煤油与传统航空煤油的竞争力相当。

工业

中国要想实现碳中和，就必须减少工业部门的二氧化碳排放。2020 年，工业是二氧化碳的第二大排放源，占全国能源体系排放总量的 35% 左右。这反映出工业部门在经济中的重要地位：中国生产世界上近 60% 的水泥和粗钢，55%~65% 的原生钢和铝，以及 30% 用于制造塑料和化肥的初级化工产品[①]。

在承诺目标情景中（见图 3.13），中国工业部门的二氧化碳排放量将在 2020—2060 年下降近 95%，剩余的排放量由其他部门的负排放所抵消。2060 年剩余的工业排放中，大约 80% 将来自重工业。排放量的下降将主要由转用低碳技术和燃料推动，也得益于节能措施。能源消费量将下降约 20%，主要原因是产出下降：中国经济从水泥和钢铁生产转向更高价值的制造业，而后

---

① 包括乙烯、丙烯、苯、甲苯、二甲苯混合物、氨和甲醇。

者的每单位附加值消耗的能源较少。效率提升也将发挥重要作用,许多提效途径将伴随本身能源强度较低的生产方式发展而来,而再生(而非原生)钢铁、铝和塑料的生产增加将促进这些生产方式的发展。

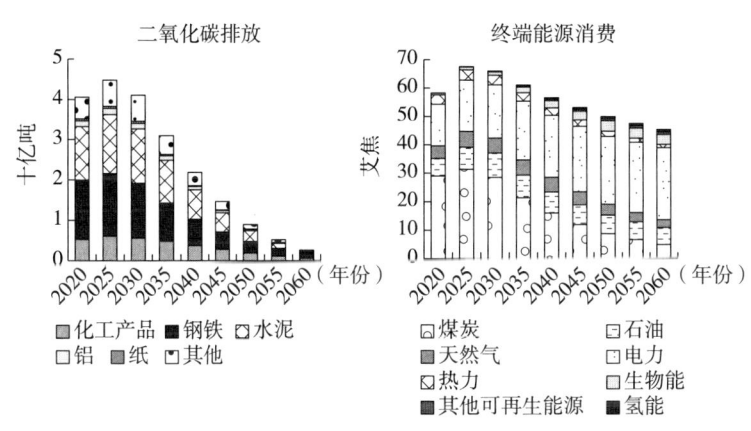

图3.13 在承诺目标情景下,中国工业部门的二氧化碳排放量和终端能源消费量

注:"其他"包括除水泥以外的非金属矿物、除铝以外的有色金属,以及所有非能源密集型制造业(包括非特定的工业能源消费)。"化工产品"包括用于原料的能源。"钢铁"包括高炉和焦炉使用的能源。"热力"和"氢能"是指电力和燃料转化部门以热力和氢能形式提供并出售用于工业使用的能源,不包括厂内能源生产。

> 到2060年,煤炭用量将下降83%,同时电力用量将增加近一倍,从而抵消煤炭的下降,这将使工业排放下降94%。

煤炭用量减少是排放降低的主要贡献因素。工业用煤量急剧下滑,从2020年的约30艾焦(约占全球煤炭消费量的1/5)降至2060年的仅5艾焦。而石油使用量在2060年之前将保持相对平稳,约为6艾焦。2020—2060年,石油在工业能源消费中的比重将会增加,其中绝大部分用作化工原料。能源作为原料使用时,虽然没有燃烧,但会导致过程排放,而大部分过程排放将被捕获。同期，天然气用量将从 4 艾焦减少至 3 艾焦，其在工业能源用量中的比重将从 8% 下降到 6%。2060 年剩余的 8 艾焦工业煤炭和天然气需求中，约有 70% 将在配备了碳捕集设备的工厂使用或作为原料使用。化石燃料在工业能源消费中的总体比重将从 2020 年的 70% 左右下降到 2060 年的 30%。

电力将成为工业部门能源转型的中坚力量。到 2035 年，电力将成为工业部门最大的能源载体，并在 2060 年满足该部门能源需求总量的一半以上。电力消费将从现在的约 4 000 太瓦时增加到 2060 年的 7 000 多太瓦时。然而，在同一时期内，世界其他地区的电力需求将翻一番，中国的电力增速略低于世界其他地区。这主要是由于中国的工业规模正在缩小，以及重工业过程所占份额较高，通过现有商业技术难以完全实现电气化。生物能源的直接使用、可再生供热技术（如太阳能热力和地热），以及氢能，也将有所增长。

在工业减排方面，承诺目标情景中的另一个有利因素是：中国主要大宗材料的一次产量预计将在未来几年内达到顶峰，之后将会下降（见图 3.14）。全球对钢铁和化工产品的需求将持续增长，在 2020—2060 年分别增加 20% 和 35%，而对水泥、铝和纸制品的需求则将在目前的基础上略有降低。随着中国经济继续从重工业逐步转向高附加值的制造行业，中国在全球上述材料产量中的比重将普遍下降。预计中国粗钢的产量将在 21 世纪 20 年代中期达到峰值，而 2060 年的产量将比 2020 年降低 40%。水泥的产量曲线将会出现类似变化，产量同期将下降 45%。因此，2060 年中国在全球钢铁和水泥产量中的比重将降至 30% 左右。

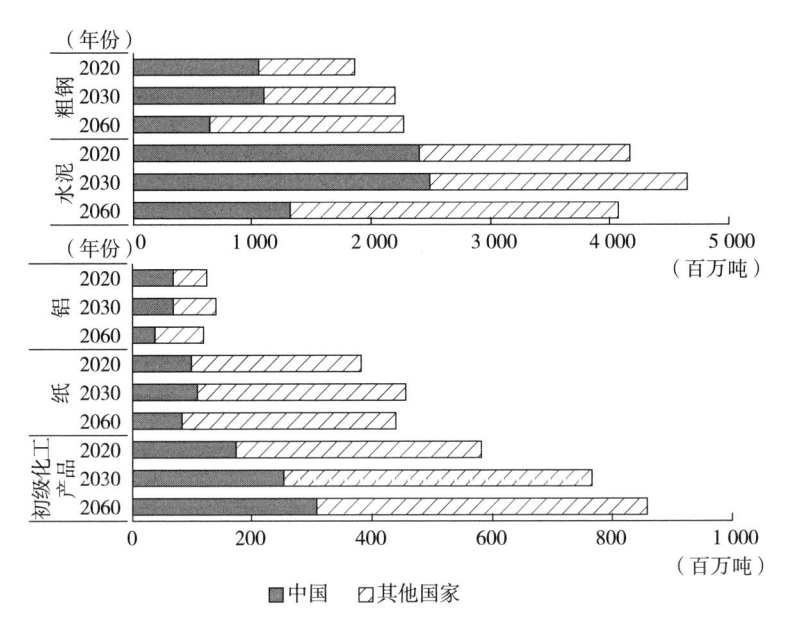

图 3.14　在承诺目标情景下，全球主要大宗材料的产量和中国在其中的比重

注："纸"指各大类的纸，包括纸盒、纸板、家用和卫生用纸、报纸、包装纸和包装板、印刷和书写用纸，以及裹包纸。"初级化工产品"包括乙烯、丙烯、苯、甲苯、二甲苯混合物、氨，以及甲醇。

> 目前中国许多主要大宗材料占全球产量的一半以上，但随着中国经济结构调整，这些比重将在未来几十年内下降。

普及材料利用效率策略，如轻量化、延长产品寿命、改进设计和施工方法、产品再利用，以及加强分类和回收，在阻止这些排放密集型商品的全球需求上升方面将发挥重要作用。如果不采取这些策略，那么2060年全球钢铁和水泥的需求量将比承诺目标情景中高出15%左右。然而，将提高能效与提高材料效率结合的做法，并不足以使中国的工业部门实现国家碳中和目标。要实现碳中和目标，还需要通过普及目前尚未商业化的创新技术来大幅降低生产的排放强度，特别是在原生钢铁、水泥和初级化工产品领域。

在承诺目标情景中，尽管化石燃料的工业用量骤减，但由于化石燃料在某些应用中的作用难以被替代，因此2060年化石燃料的消费量仍然很大，其中大部分是在有碳捕集设备的工厂中消费的。从中国目前的情况来看，化石能源能够最轻易、最经济地提供某些工业过程所需的高温。化石能源也是初级化工产品原料的便利来源，能同时提供氢和碳这两种元素。煤和焦炭如今作为炼钢还原剂使用，中国和其他国家已在探索用氢气作为替代品，然而目前这种做法的成本要高得多。在水泥方面，二氧化碳直接排放是水泥生产过程的固有步骤，无论是否使用化石燃料来加热窑炉（由于成本低，通常会使用化石燃料来加热水泥窑）。工业资产的寿命较长，导致相关新技术的引进速度缓慢，不过中国工业资产的寿命通常比其他地方低得多。此外，并不是所有的现有资产都适合进行低碳技术改造。

工业减排的任务固然艰巨，但中国存在若干有助于重工业脱碳进程的有利因素。中国虽然淘汰了一部分落后产能并发布了生产禁令，但有些部门仍然存在产能过剩问题；在水泥领域，产能过剩问题尤为突出，水泥的全国平均利用率仅为75%左右。这意味着有机会关闭效率低下、二氧化碳密集、污染严重的工厂。此外，中国的国有企业是重工业的主力，在有明确政策信号的情况下，国有企业比仅由利润驱动的私营企业更有能力迅速落实减排所要求的变革。另一项有利因素是产能激增发生在2000—2009年，因此很大一部分现有生产能力将在21世纪三四十年代达到其寿命的终点，而届时能够替代传统生产路线的创新低排放技术将大规模普及。最后，在未来几十年里，废料供给将大量增加，为低碳投资创造机遇。

创新在中国的工业减排工作中处于中心地位。在承诺目标情景下，累计减排量中的1/3以上将通过目前尚未商业化的技术来实现。其中若干技术将取决于供给基础设施能否得到大规模发展，特别是碳捕集、利用与封存，发电，电解制氢，以及储能。

化工

中国的化工业规模居世界榜首[1]，在经济发展中具有中心作用，为其他部门提供一系列关键产品，并大量出口创汇。化工产量在经过数十年的快速增长后，在21世纪前10年有所放缓，但在2010—2019年的增幅仍然达到了85%，贡献了世界化工市场增量的约一半。2020年，尽管发生了新冠肺炎疫情，但化工行业大致平稳。目前，国有企业仍在化工行业占主导地位，不过近年来外国跨国公司对该行业的投资一直快速增长，特别是在特种化学品领域。

中国的化工业在全球是独一无二的。在中国，石油和天然气（全球化工业的主要原料）的本土供给有限，因此在过去三四十年里，该行业的发展在很大程度上依赖于煤化工技术，特别是用煤炭气化生成的合成气来制造氨和甲醇。事实证明，这类技术的难度相对不大，因为它们有近一个世纪的使用历史，并且已经在德国、南非、美国等其他国家使用（但是规模小得多）。煤炭气

---

[1] 这里用初级化工产品的产量作为整个化工行业规模的代理值。

化技术通常比天然气化工技术更加复杂,资本也更为密集,但经过数十年的技术经验积累,使用优质煤炭的最先进化工厂可以达到与天然气化工厂相当的效率。中国的合成氨和甲醇产量目前分别占世界产量的近1/3和一半以上。

利用煤炭生产烯烃(制造塑料的化工原料的关键前驱体)问题比较多。中国开发了以沸石为催化剂的"甲醇制烯烃"(MTO)催化工艺过程,利用由煤炭生产的甲醇来制造乙烯和丙烯。虽然这种工艺过程总体上能源强度较高,但甲醇制烯烃路线可以使塑料生产不需要用到石油,而塑料是中国多个下游制造行业的重要投入。中国甲醇产量的2/3以上仅作为生产烯烃的中间体使用;如果不采取这种路线,那么烯烃将需要通过石油直接蒸汽裂解来获得。芳香族化合物(一类更加复杂的石化产品)也能以甲醇为原料来生产,不过相关技术尚处于较早期的发展阶段。中国重工业减排的主要项目见表3.1。

表3.1 中国重工业减排的主要项目

技术	成熟度	时间框架	说明
钢铁			
钢铁废气利用	成熟期	2012—2019年	已有几个项目在大规模运行,旨在提取高炉煤气和焦炉煤气中价值较高的成分,用于能源应用、化工部门和交通运输部门。主要案例有衡阳钢管(Energy Saving of Nonferrous Metallurgy, 2012)、山东阿斯德科技有限公司(EESIA, 2019)、包头钢铁(IN-EN, 2012)、四川达州钢铁(Baowu, 2018)、潞宝集团与山西国投海德利森(IN-EN, 2019),以及兰扎科技与首钢集团(LanzaTech, 2018)

续表

技术	成熟度	时间框架	说明
高比例混入氢气的直接还原铁炼钢	示范期	预计21世纪20年代初	河钢集团与特诺恩（Zhong，2020）宣布了年产60万吨的合作项目，该项目将在河北省使用Energiron（直接还原）技术，并计划于2022年开始运营。此后，日照钢铁集团（Zhao，2020）也宣布了年产50万吨的类似项目
混入氢气的冶炼还原	示范期	预计2021年	建龙集团（IN-EN，2021a）与北京科技大学正在合作探索在年产30万吨的冶炼还原炉中将氢气与煤炭结合使用
混入氢气的高炉炼钢	概念期	2021年开始	宝武集团（CNPGN，2021年）正在进行富氢碳循环高炉第二阶段试验，试验中采用风口注氢和超高富氧。山西晋南钢铁集团（Metallurgical Information Network，2020）和钢铁研究总院已签订协议，测试向一座2 000立方米的高炉中注氢
其他氢能相关技术	概念期	2019年开始	宝武集团、中核集团和清华大学（QIBEBT，2020）正在探索用600兆瓦的核电站为年产180万吨的炼钢厂提供氢气、氧气和电力
二氧化碳捕集	概念期	—	首钢京唐钢铁联合公司（DEEHP，2021）正在探索使用变压吸附法分离套筒窑生产过程中产生的二氧化碳
化工			
甲醇合成	示范期	已完成	上海高等研究院联合海洋石油富岛公司和成达公司（Refining and Chemical Industry Trends，2020），在年产5 000吨的装置中示范了使用新型催化剂直接由二氧化碳合成甲醇
高价值化学品	示范期	预计2021年	宁夏宝丰能源集团（BloombergNEF，2021）正在扩大其30兆瓦的电解项目，到2021年底将达到100兆瓦，氢气将用于生产甲醇，进而用于生产烯烃

续表

技术	成熟度	时间框架	说明
由甲醇合成芳香族化合物苯、甲苯、二甲苯混合物	原型期	2013年开始	美孚、中石化炼化工程集团、浙江大学和清华大学在2013年开发了三个中试工厂（Zhu et al., 2014），商业规模的示范项目正在开发中。虽然这项技术目前还不能减排，但它有潜力在未来使用电解甲醇生产芳香族化合物
二氧化碳捕集	示范期	2012年开始	二氧化碳捕集已经在中国的煤化工厂进行了示范，用于中石化中原（Zhang et al., 2017）和长庆油田（PetroChina, 2016）二氧化碳强化采油。克拉玛依敦华项目的一个甲醇厂每年捕集10万吨二氧化碳
水泥			
二氧化碳捕集	示范期	2018年开始	海螺集团（Stanway, 2019）在芜湖的白马山水泥厂建造了年产5万吨的示范工厂（Huanbao, 2021）。捕集的二氧化碳用于食品工业
	概念期	—	金宇冀东水泥公司（DEEHP, 2021）正在开发能对水泥窑废气进行化学吸收并捕集二氧化碳的设施

在承诺目标情景中（见图3.15），尽管中国从现在到2030年初级化工产品的产量将增加近30%，到2060年增加40%，但化工生产的二氧化碳直接排放量将减少90%，从2020年的约5.3亿吨下降到2060年的约0.6亿吨。这相当于化工生产的二氧化碳强度从现在的每吨初级化工产品约2.5吨二氧化碳，降低至2060年的约0.2吨二氧化碳。短期内，主要减排措施是提高能效和材料利用效率，从现在到2030年，这两种措施将合计贡献累计减排量的80%左右。利用机械和化学回收技术对热塑性塑料

进行回收，再加上对一次性塑料重复使用和减少使用，将使高价值化学品的需求从现在到2030年减少约400万吨，即3%（到2060年将减少3 500万吨，即17%）。加强分类和收集基础设施是实现这类节约的关键，也是减少进入中国水道和公海的塑料垃圾量的关键。

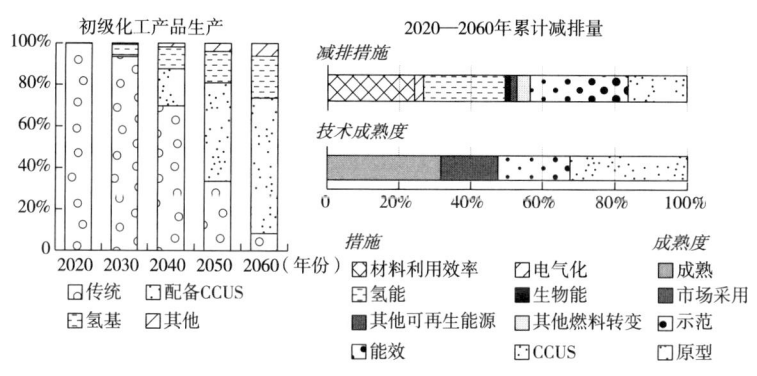

图3.15 在承诺目标情景下，中国化工部门不同措施、不同成熟度技术的市场占有率和能源体系二氧化碳减排量

注："传统"包括所有没有配备碳捕集、利用与封存的初级化工产品的商业生产路线。"配备CCUS"基于生成的二氧化碳的捕获比例，包括能源相关排放和过程排放。"氢基"包括电解和裂解技术。"其他"包括基于生物的初级化工产品生产和直接电气化路线，如电蒸汽裂解。成熟度类别是根据国际能源署《清洁能源技术指南》（IEA，2020b）中对技术成熟度的详细评估来确定的。

在承诺目标情景下，到2060年配备碳捕集、利用与封存和基于氢能的生产路线将占初级化工产量的85%。

从长期来看，减排的主要力量将转向创新技术部署，特别是碳捕集、利用与封存和电解氢。在承诺目标情景中，仅这两类技术就将在2060年前涵盖初级化工产量的85%，以及从现在到2060年累计减排量的40%。电解生产的甲醇和氨将从今天的几乎不存在增加到2060年甲醇和氨总产量的40%左右。这需要

第三章 能源各部门的转型路径

建设约 80 吉瓦的电解能力，相当于 2021 年底世界最大的在运工业水电解厂产能的 800 倍。甲醇和氨的大部分其余产能和高价值化学品的几乎所有产能都将配备碳捕集、利用与封存。这就要求从现在到 2030 年每年有大约 300 万吨的二氧化碳捕集能力，到 2060 年达到每年 2 亿吨。2030 年后所需的部署速度相当于平均每两个月就有一座年捕集能力为 100 万吨二氧化碳的大型捕集设施投入使用。

电解氢和碳捕集、利用与封存是承诺目标情景中化工行业脱碳的两大支柱。对于在工艺过程中必须保留碳以形成产品分子结构的应用（例如甲醇和高价值化学品的生产），碳捕集、利用与封存尤其具有吸引力。来自大气或生物源的二氧化碳可以用来替代化石燃料中的碳，但此类二氧化碳的可持续供给有限，而且成本高。到 2060 年，化工生产中捕集的二氧化碳将上升到每年 2 亿吨，其中 90% 从甲醇和高价值化学品工厂捕集。用波动性可再生电力生产氢气，结合化工部门的灵活工艺过程安排，在合成氨方面将成为竞争力较强的路线，在生产甲醇方面也是类似的情况，但不如合成氨的竞争力强。在储氢技术的帮助下，以稳定的载荷系数供给氢气的成本在 2060 年将达到约 1.5 美元/千克。这种做法在成本上高于无减排措施的煤炭，但与利用进口天然气来生产相比是有竞争力的，而且与配备碳捕集、利用与封存的煤化工厂相比适合运营的地区更广。

钢铁

过去 20 年，中国的钢铁需求急剧增加，主要用于基础设施需求激增的建造和制造领域。2020年，尽管有新冠肺炎疫情，但中国出口和内销的钢铁产量仍增加了7%，达到创纪录的11亿吨，并且在2021年继续上升，抵消了世界其他地区的下降。2020年，仅河北省的钢产量就达到了2.5亿吨左右，约占全球钢产量的13%（Mysteel Global，2021）。中国的钢产量自2010年以来增加了67%，比2000年增加了7倍多。

在中国，约80%的钢铁是利用铁矿石（即原生）而不是废钢生产的，而世界其他地区的原生钢比重约为60%。使用碳基还原剂来去除矿石（氧化铁）中的氧原子，从而生成液态铁，是目前铁矿石炼钢的唯一商业化技术方法。在中国，还原剂以焦炭和煤为主。中国只有10%的粗钢生产使用电炉，而一般当炼钢的唯一金属投入是废钢时才使用电炉。在一个国家经济发展的早期阶段，当基础设施、建筑、车辆和工业迅速增长时，大部分钢铁通常需要用铁矿石来生产，因为很少有废钢可以使用。中国目前炼钢用的废钢中，大部分作为混料混入原生钢生产，而原生钢几乎都是通过高炉碱性氧气炉路线炼制的。

未来几十年，随着中国经济走向成熟，废钢逐渐增多，无疑将在更大程度上利用能源密度和碳密度都比较低的废钢。在承诺目标情景下，现有的感应炉将被效率更高的电弧炉取代，来自电弧炉炼废钢的钢产量到2030年将几乎翻一番，到2060年增加两倍多。到2060年，电弧炉将是中国钢铁生产的最主要路径，这在一定程度上将推动钢铁行业的能源投入转向电力。此外，预计中国整体钢铁产量将会下降，从而推动排放量降低。然而，上述因素并不足以推动中国工业在2060年实现碳中和目标。

中国钢铁行业脱碳的一个主要障碍是现有产能的厂龄相对较低，平均约为 15 年，而美国约为 35 年，欧洲大部分地区约为 40 年（Tong et al., 2019；Wang et al., 2019；Liu et al., 2021）。虽然钢铁行业的排放密集型资产（如高炉）在全球范围内的平均运行年限约为 40 年，但中国这类资产的典型寿命要低得多，约为 25 年。在中国，通常在一个运营周期后即对炼钢设施进行更换（而不是大规模整修），这种做法减轻了替换现有资产存量以避免锁定排放的预期负担。然而，中国的钢铁行业体量庞大，即使现有设施的运营周期结束时间与创新技术的就绪时间稍不同步，也可能会产生大量的额外成本，并显著延迟碳中和进程。

在承诺目标情景中（见图 3.16），钢铁生产的二氧化碳排放量将从 2020 年的约 15 亿吨下降到 2030 年的 14 亿吨，到 2060 年将进一步下降至 1.2 亿吨左右。材料和能效措施（主要与增加废钢使用有关）将贡献从现在到 2060 年累计减排量的 50% 左右。废钢用量增加在很大程度上是由经济因素驱动的，也就是说，无论是否努力减排，废钢用量都会增加。从长远来看，与其他重工业部门一样，钢铁行业减排的重任将落在目前尚未商业化的创新技术的部署上，其中以碳捕集、利用与封存和电解氢技术为主，这两种技术将贡献累计减排量的 15% 左右。有两大生产路线与碳捕集、利用与封存和电解氢技术有关：一条是基于氢气的直接还原铁（DRI）路线，它的工艺能效较高，将来可以直接与低成本、使用波动性可再生能源的自产自用电力结合；另一条是创新型冶炼还原路线，它不需要用到焦炉和某些烧结工艺，并且能产生更纯净、更适于捕捉的二氧化碳流。到 2060 年，这两大路线将提供原生钢产量的 2/3 以上，其余的大部分产量将由即将达到使用寿命的传统高炉提供。到 2060 年，利用废钢的电弧炉炼钢产量将占钢铁总产量的一半以上。

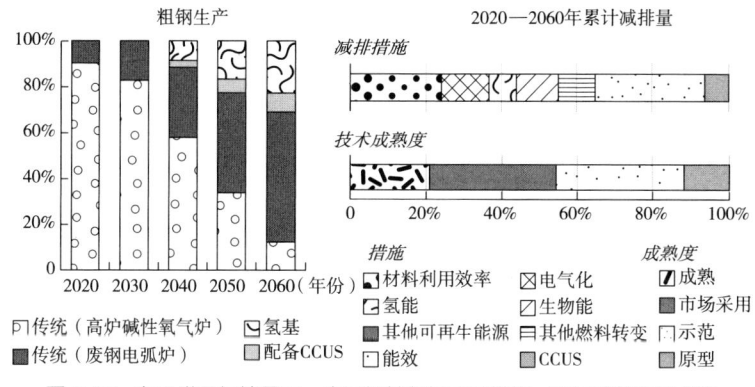

图 3.16 在承诺目标情景下，中国钢铁部门不同措施、不同成熟度技术的市场占有率和能源体系二氧化碳减排量

注："传统"包括如今以铁矿石为原料炼钢的所有无减排措施的商业路线。"配备CCUS"包括使用碳捕集、利用与封存的创新冶炼还原和使用碳捕集、利用与封存的创新高炉炼钢。"氢能"包括将氢气混入炼铁炉炼钢，以及所有纯氢能直接还原铁炼钢。成熟度类别是根据国际能源署《清洁能源技术指南》（IEA，2020b）中对技术成熟度的详细评估来确定的。

> 在承诺目标情景中，到 2060 年中国超过 2/3 的原生钢将产自创新冶炼还原路线和氢能直接还原铁路线。

水泥

进入 21 世纪以来，没有任何一个产业部门的发展规模和速度能与中国的水泥行业匹敌。中国的水泥产量在短短 15 年内翻了两番，从 2000 年的约 6 亿吨增加到 2015 年的约 24 亿吨。此后，水泥产量大致保持平稳，在 2020 年小幅增加了 2%。承诺目标情景下，中国的水泥产量将在短期内继续缓慢增长，在 2025 年达到顶峰，然后由于国内需求随着基础设施和建筑存量成熟而下降，水泥产量也将逐步降低。

水泥生产技术相当成熟，在各国之间差异很小。由于水泥不能以成本效益较高的方式回收，所以水泥全部都是利用原始材料（主要是石灰石）生产的。一般来说，效率最高的窑炉是干法窑，这类水泥窑使用多种燃料，是全世界几乎所有水泥的生产来源。在中国，水泥窑的能源投入中，煤炭约占75%，其余投入包括电力、天然气，以及少量的石油产品、废弃物和生物能。

目前，水泥生产所排放的大量二氧化碳既来自过程加热所需的化石能源燃烧，也来自生产过程中必不可少的化学反应。制造水泥需要大量的能源来提供过程加热，以便石灰石与黏土的混合物能在窑中生成熟料（一种块状物质），然后熟料与石膏混合，有时也与矿渣、粉煤灰、石灰石等其他物质混合，并粉碎研磨成细粉（称为波特兰水泥）。①决定水泥生产排放强度的关键参数除了使用的燃料，还有每吨水泥所使用的熟料量（熟料是水泥的活性成分，也是排放最密集的成分）。如今中国的熟料—水泥比例为0.66，而全球平均值为0.72。因此，中国水泥的平均碳强度比世界水平低7%左右。

来自水泥生产的二氧化碳排放总量目前约占中国工业整体排放量的1/3，在承诺目标情景（见图3.17）中，它将从2020年的约13亿吨下降到2060年的约3 000万吨。水泥生产的排放强度将从现在的每吨水泥0.55吨二氧化碳，下降到2060年的每吨

---

① 能够替代波特兰水泥的胶凝材料仍处于早期开发阶段，因此在承诺目标情景中对减排量没有贡献。更多信息可参见国际能源署的《技术路线图：水泥行业的低碳转型》（IEA，2018）。

水泥仅 0.03 吨二氧化碳。从现在到 2030 年，减排的实现几乎将全部依靠一系列渐进式的改良措施：降低熟料—水泥比例，通过提高材料利用效率来减少水泥需求，采取节能措施来降低熟料生产的能源强度，以及增加天然气和生物能源配比以替代煤炭。长远来看，碳捕集、利用与封存等创新技术的部署将是最主要的贡献力量。在水泥熟料生产中，配备碳捕集、利用与封存的窑炉比例将从目前的零起点增加到 2060 年的 85% 左右（相当于 2030—2060 年平均每年建成 20 个年捕集能力为 100 万吨二氧化碳的工厂）。

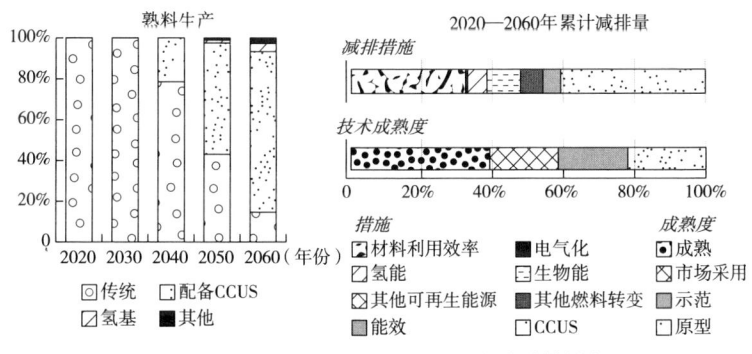

图 3.17 在承诺目标情景下，中国不同技术的熟料生产，以及水泥部门不同措施、不同成熟度技术的二氧化碳减排量

注："传统"是指不配备碳捕集、利用与封存的无减排措施干法窑。"配备 CCUS"包括配备碳捕集、利用与封存的窑炉，按所产生的二氧化碳排放量的捕获比例计算。"氢基"和"其他"包括以氢气和电力为燃料的窑炉，其比例根据能源投入的份额计算（如有重合，则捕获的过程排放的比例计入"配备 CCUS"）。材料利用效率包括降低熟料—水泥比例，以及减少水泥需求的措施。成熟度类别是根据国际能源署《清洁能源技术指南》（IEA，2020b）中对技术成熟度的详细评估来确定的。

在承诺目标情景中，到 2060 年中国 80% 以上的水泥都将产自配备碳捕集、利用与封存的工厂。

在承诺目标情景下，改用替代燃料也将有助于减少排放。到

2060年，混入窑炉燃料的电解氢的配比将达到热能需求的5%左右，而生物能的混合配比将约为热能需求的30%。在经过特殊改造的窑炉中，电力可以提供8%的热能需求。届时仍在使用的化石燃料的大部分排放将与过程排放并流，一同得到捕集。通过捕捉窑炉燃烧生物能源所排放的二氧化碳（生物能源碳捕集与封存的一种），水泥行业产生的其余二氧化碳将得到部分抵消。

其他行业

在中国，除化工、钢铁、水泥以外的其他行业也消耗大量的能源，并产生大量的二氧化碳排放。其中比较重要的有铝和其他有色金属（如铜）生产、除水泥外的非金属矿物（如石灰）生产、纸浆生产和造纸、建造、食品、车辆、机械、采矿、纺织以及木材生产。在承诺目标情景中，这些部门的合计排放量将从2020年的约7.4亿吨下降到2060年的仅5 000万吨。

在制铝部门，从现在到2060年铝的产量将仅下降18%，但排放量将下降95%。废铝供给的增加将推高再生铝的比重（类似于钢铁部门的情况），从而对降低排放做出重要贡献。此外，用惰性电极取代碳电极可以减少过程排放。如今在霍尔—埃鲁电解冶炼工艺中使用的碳电极（目前在中国和其他地方使用的领先技术）被氧化的同时会排放二氧化碳，而惰性阳极则不会。在纸浆和造纸部门，排放量也将下降约90%，这主要得益于生物能在该部门燃料投入中的比重提高，以及回收利用的增加。

其余工业细分部门（在此统称为轻工业）的排放量到2030年将升高近40%，然后到2060年降低95%；减排主要通过电气化实现。在部分轻工业活动中，中国居于主导地位。例如，中国占了全球机械部门能源需求的近一半。轻工业用能主要集中在三方面：加热、通过电动机提供的机械作业，以及照明和冷藏等其他用电需求。低温热力需求可以通过工业热泵得到高效满足，而高温热力可以由氢能和生物能提供。商业热泵完全可以提供温度低于100℃的热能。而正在开发的工业热泵可以利用工业废热，提供温度高于160℃的热能（Nowak，2021）。在承诺目标情景中（见图3.18），2060年电力将满足轻工业热能需求的约75%（低温采用电阻加热，高温采用电磁加热），氢能满足约7%，生物能源满足4%，其他可再生能源（包括太阳能光热和地热发电）满足其余4%。

机械能的提供并不涉及直接排放，因为机械能几乎完全由电力驱动的电动机提供。然而，在承诺目标情景中，更高效发动机的部署将减少能源需求，从而减轻低碳发电的压力。2060年，轻工业使用的发动机有90%为4级或以上（而现在几乎没有），有一半将配有更高效的变速驱动装置。① 在这些措施的共同作用下，2060年轻工业的电力需求将减少90太瓦时，即9%。

---

① 发动机的等级代表其效率水平。在1.1千瓦和50赫兹的条件下，1级发动机的效率高于75%，而4级发动机的效率约为87%。变速驱动器对输送给发动机的频率和电压进行控制，从而更好地控制其速度和扭矩，提高能效。

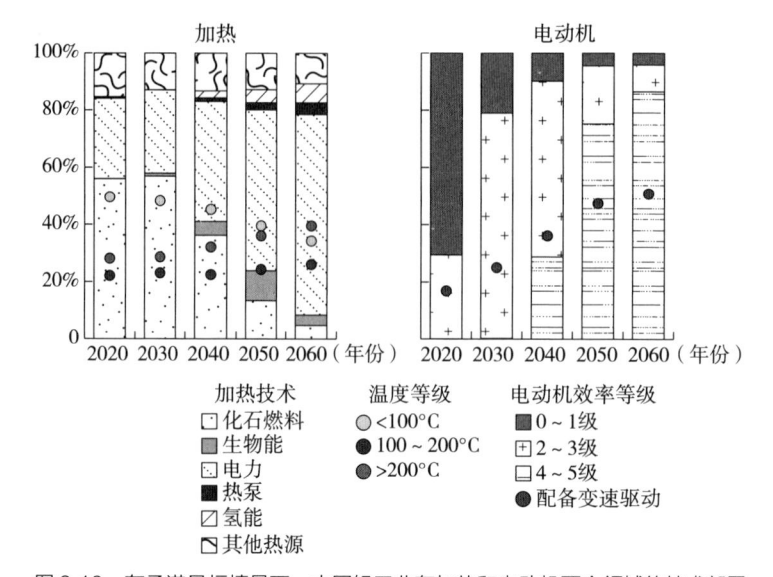

图3.18　在承诺目标情景下，中国轻工业在加热和电动机两个领域的技术部署

注："轻工业"不包括非特定的工业能源消费。"其他热源"包括太阳能热力和地热加热装置，以及从电力和燃料转化部门引进的热力。

> 电加热在轻工业中的比重将从现在的约1/4增加到2060年的3/4，而配有变速驱动装置的电动机的比重将急剧上升，推高整体效率水平。

交通运输

2020年，中国交通运输部门的二氧化碳排放量约为9.5亿吨，占全国能源体系排放总量的9%左右。受新冠肺炎疫情影响，交通运输排放量比2019年略低。在承诺目标情景中（见图3.19），交通运输排放量在短期内将继续增长，2030年达到高于10亿吨的峰值，然后2060年下降到大约1亿吨，比2020年降低近90%。2060年剩余的大部分排放将来自减排困难的国内航空和航运以及长途公路货运领域。中国要想在交通运输部门实现上述目标，将需要在政策方面大力做好协调措施，推动低碳技术在各种交通运输方式中普及，并确保交通运输系统尽可能高效运作（例如，利用数字化技术使不同交通运输方式之间的衔接尽可能简单无缝，并简化物流）。

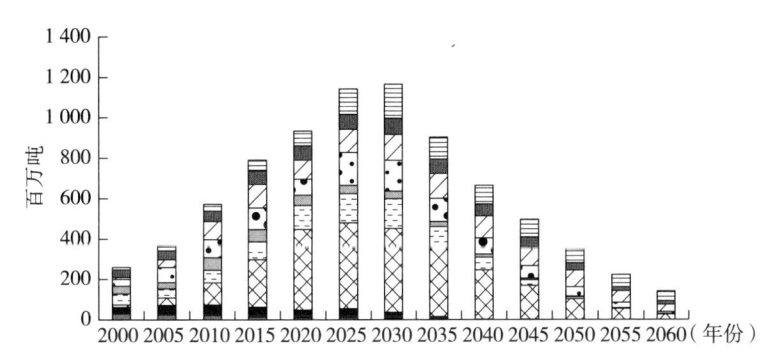

图 3.19　在承诺目标情景下，中国交通运输部门的二氧化碳排放量

中国的交通运输排放量自 2000 年以来已增加了两倍多，2030 年将达到峰值，到 2060 年将下降近 90%，下降是由效率改进和低碳技术驱动的。

近几十年来，随着国家繁荣和经济活动增多，人员和货物的流动性有所增加，交通运输部门的能源用量和相关排放也相应激增。乘客出行的增长主要涉及本地和短途出行，其中大部分发生在城市内和/或城市周边，也涉及长途或城际旅行，其中最常见的出行方式是火车、高铁、巴士或飞机（小汽车长途出行在中国仍不多见）。汽车拥有量以惊人的速度增长，预示了随后中上等收入的居民对国内和国际航空出行的蓬勃需求。国内货运方面，内陆水路、沿海航路和铁路的运量都有所扩大，但卡车仍然是货运主力，能源使用量和排放量也都占大部分。

要实现新的碳中和目标,就必须设法使中国的各种主要交通运输方式都能脱碳,特别是服务于货运和旅客出行的道路机动车,它们占交通运输排放总量的 80% 以上。大多数车辆,包括两轮和三轮车辆、乘用车和轻型商用车,在中国都可以比较快速且经济地实现脱碳,脱碳的主要途径是直接电气化。氢能动力燃料电池车是一种商业上可行的技术途径,对于商业车队和城际客货运列车尤其如此。交通运输方式转变(包括从汽车转变为公交,以及在某些情况下转变为自行车等非机动车)则是另一种解决方案。重型货运卡车、内陆航运和航空的排放清净将需要较长时间,因为这些领域还没有商业可用的化石燃料替代品。对于这些交通运输方式,将需要采取政策措施,以促进目前处于示范或原型阶段的低碳燃料的开发和部署。

公路客运

虽然当前乘用车只占中国能源体系二氧化碳排放量的 5%,但由于汽车数量增加,这一比例一直以来都呈现快速增长态势,如果不采取措施遏制传统内燃机汽车的销售,这一比例还会进一步增长。随着富裕的中产阶级出现,中国的汽车拥有量已经从 21 世纪初的每 250 名居民拥有一辆汽车,即上路行驶的汽车总数约 700 万辆(Wang, Teter and Sperling, 2011),发展到今天的每 6 名居民即拥有一辆汽车,汽车总数接近 2.4 亿辆。2009 年中国超过美国成为全球最大的汽车市场,2020 年中国的汽车销量接近 2 200 万辆,不过中国的汽车拥有量仅为美国的 1/4。近年来,通常耗油较多的 SUV(运动型多用途车)在中国和许多其他国家的汽车销售中的比例明显上升，在中国，SUV占汽车销量的比重已从2015年的不足16%上升到2020年的46%以上。①在中国的许多城市，特别是北京、天津和杭州，以及一些城际道路干线，道路拥堵问题严重。随着汽车使用量的增加推动石油需求上升，中国在2017年已超过美国成为世界上最大的原油净进口国。

中国政府力图通过燃料效率标准、污染物排放标准②和电动车扶持措施［中国政府使用"新能源汽车"（NEV）来指能够以石油产品以外的燃料为动力的车辆］来平抑不断增加的石油需求、二氧化碳排放和空气污染。目前，中国的新能源汽车基本都是插电式混合动力车或电池电动车，不过也有燃料电池电动车正处于商业化的早期阶段。尽管中国的汽车制造商持续整合，但目前汽车制造企业仍有100多家，主要为国内市场提供汽车。其中的许多企业都是省政府和地方政府拥有或大力扶持的，而最大、最成熟的几家国有汽车企业（如上汽、东风、北汽、长安、一汽和广汽）已与国际汽车制造商成立了合资企业（通常有多家）。中国还大力投资于公交和数字解决方案，以鼓励通过多式联运

---

① 在国际能源署的轻型车辆销售数据库中，根据全球统一的车辆分类定义，2015年SUV的比例为30%，2020年（有数据的最近一年）为42%（IEA，forthcoming）。
② 中国对摩托车、轻型车和重型车同时实施燃料消耗标准和污染物排放标准，这种做法有别于其他国家。近期，中国已进入轻型车燃料消耗标准的第五阶段和重型车辆标准的第三阶段。中国还有燃料标准［将汽油和柴油的含硫量限制在10ppm（百万分之一）］和空气质量标准。北京的轻型车和重型车排放标准较为严格，中国其他地区通常会跟进效仿。

（即"智慧出行"）① 来限制道路车流量、燃料用量和排放量增长。

> **专栏 3.3　中国的公共交通投资如何减少对私家车和国内航班的依赖**
>
> 　　中国在公交基础设施领域投入的大量资金已经产生了重大利好。过去 10 年间，全球 2/3 的新建地铁线路和近 90% 的新建高铁线路都在中国。如今，这些轨道线路占世界总量的 3/4。小汽车每乘客千米的能源用量和二氧化碳排放量通常至少是传统公共汽车的 3 倍、轨道列车的 15 倍；因此，对公共汽车和轨道列车等公共交通的投资极大地减少了交通运输领域的排放（IEA，2019a；2020b）。在中国的许多城市，公交车已是电动公共汽车。如果再考虑到中国城市、城际公共汽车和轨道列车的载客率远高于全球平均水平，那么出行转用公共交通方式所节约的能源和减少的排放则更为可观。此外，公共交通能够以更加快捷的方式运送更多旅客，占用的空间也远小于私家车。因此，中国乘车出行的能源强度远低于小汽车占主导地位的美国：中国的客运总量（以乘客千米数衡量）比美国高 45%，但能源消费量却不到美国的一半（见图 3.20）。

---

① 智慧出行的概念涵盖大数据、互联网、人工智能、区块链和超级计算技术在交通运输领域的应用。它涉及利用数据来集成交通运输基础设施和方式，以及通过信息网络来集成服务网络和能源网络。通过微信（腾讯）和支付宝（蚂蚁集团）等"超级应用程序"，中国的民众能够快捷支付公共汽车、地铁、轻轨、无线充电电动自行车、出租车、共享汽车等一系列服务费用，并使用智能手机根据各自的喜好和天气状况来规划行程。这些应用程序还可用于创建并跟踪订单。

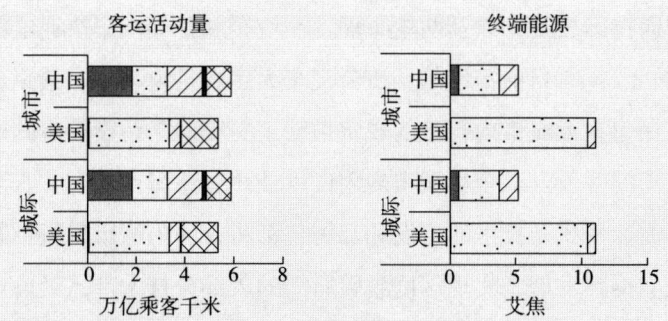

图 3.20　2020 年中国和美国的城市和城际客运活动量及能源需求

由于中国依赖能效较高的交通运输方式，所以虽然国内客运量比美国高近 25%，但客运的能耗却只有美国的一半左右。

随着城市化不断推进，中国将需要继续投资于公共交通，包括地铁系统、轻轨、高铁和电动公共汽车，并补贴公交乘客的费用，以确保出行高效、低碳。在航空方面，短途航班的能源密集度和碳密集度远高于公共汽车或轨道列车，因此提供短途航班的低碳替代方案具有重要意义（以下有关航空的章节对此有所讨论）。

要实现承诺目标情景所设想的公路客运排放早日达峰，并在 2060 年之前完全消除排放，就需要加大力度在迅速过渡到新能源汽车的同时，促进出行从小汽车向其他方式转变。国务院发布的《新能源汽车产业发展规划（2021—2035 年）》是一个积极信号，表明政府重视新能源汽车对公路客运的脱碳作用，以及电气化在自主、互联和共享程度日益提高的出行系统中的作用（State Council，2020）。

在中国的大城市，二氧化碳减排的主要实现途径是对城市轨道交通持续投资，以及两轮车辆、小汽车和公共汽车快速电气化（见图 3.21）。目前销售的城市公交车大多数是电动车。禁止内燃机摩托车在大城市内行驶的规定推动了更安静、污染较少的电动摩托车的普及。综合性城市规划，以及"智慧城市"和"智慧出行"商业模式及技术的开发和部署，都将在中国城市出行创新的基础上得到发展，实现深度脱碳所需的大部分技术都已经商业化或处于示范阶段。

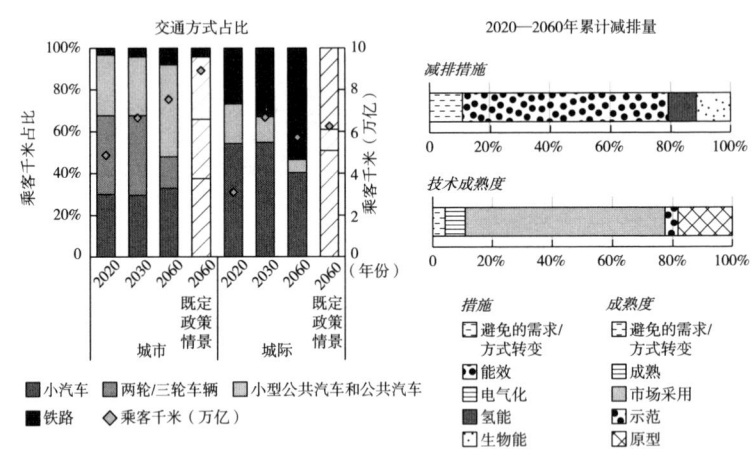

图 3.21 在承诺目标情景下，中国水陆客运领域各种交通运输方式的占比，以及不同措施、不同成熟度技术的累计二氧化碳减排量

注：累计减排量包括轻型商用车的排放，这些车辆用于公路货运等一系列商业作业。成熟度类别是根据国际能源署《清洁能源技术指南》（IEA, 2020b）中对技术成熟度的详细评估来确定的。图中不包括航空数据，航空业的交通运输方式转变潜力将在有关航空业的章节中讨论。

在承诺目标情景中，通过转用能效更高和碳密集度更低的交通方式以及促成汽车的电气化，到 2060 年将基本消除客运领域的所有排放。

中国交通运输部门的能源转型需要一系列政策来推动。可以在目前干线公路已经不低的过路费的基础上进一步增加收费，以激励低碳和更具空间效率的公共汽车和轨道列车出行。要实现城际公路出行脱碳，需要努力转用零排放的城际公共汽车，包括插电式和电池动力系统、电动道路系统（用于公共汽车和卡车车流量大且持续的公路），以及燃料电池电动车，并在干线公路上安装电动车快速充电站和加氢站（HRS）。

21世纪初，中国的扶持政策主要是大量补贴新能源汽车制造企业，省政府则为当地龙头企业提供额外补贴。由于政策缺乏连贯性，以及对电池制造、车辆创新和充电基础设施的投资不足，新能源汽车销售在前期并没有达到预定目标（Wan, Sperling and Wang, 2015）。这种情况在2015年开始变化，两个原因共同促进了电动车销量激增：中央和地方政府的政策，以及在市一级的车辆登记配额管理中不限制新能源汽车或增加其中签概率。然而，新能源汽车的巨额补贴并不直接提供给买家，而是提供给汽车制造商，这就导致了一些钻空子的行为；据估计，截至2015年，所有售出的新能源汽车中多达22%可能都是从未实际上路的"幽灵车"（Wang et al., 2017）。

2017年，中国调整了新能源汽车政策，宣布补贴制度将更加严格，更有针对性地根据车辆的性能（即电动续航里程、电池组额定能量密度和车辆效率）来进行补贴，并且补贴制度将逐步取消。新政策通过"双积分"制度（包括新能源汽车强制性规定和燃料经济性标准）对新能源汽车的销售强制性规定与燃料消耗标准进行并行管理。新政策强制性要求原始设备制造商（OEM）生产的新能源汽车要占到年产量的一定比例，并达到燃料经济性标准。积分一方面根据新能源汽车的销量计算，另一方面根据车辆效率、电池容量和电动续航里程计算。积分有效放宽了各原始设备制造商必须达到的燃料经济性标准。这些企业可以通过互相购买多余的积分来满足政策要求。2020年，电动车的补贴下调，获得补贴的条件收紧，补贴将在2023年完全取消。从2020年4月底开始，中国已经停止了对燃料电池电动车的补贴机制，取而代之的是奖励性资金，用于支持在城市集群中的研发和示范项目。

此外，中国政府也在推动电动车充电基础设施的发展。在应对新冠肺炎疫情影响的刺激计划中，电动车充电站与5G（第五代移动通信技术）、数据中心一起被列为重点支持的"新基础设施"。在中央政府的指导下，许多省市政府已经宣布了未来几年的充电站建设目标。这些目标的配套措施通常包括地方政府对充电费和运营成本的补贴。

公路货运

在过去20年间，中国国内公路、铁路和水路的货运量迅速增长。虽然公路货运在货运活动总量（以吨千米计算）中的比例从略低于40%下降到了2020年的不到1/3，但是公路货运排放占货运排放总量的比重已从2000年的65%上升到今天的约80%（见图3.22）。公路货运排放量于2019年达到3.9亿吨的顶峰，2020年因新冠肺炎疫情略有下降，2021年初发生反弹。货运活动的增长预计将持续到2060年，不过增速与最近几十年的水平相比将更加温和。随着通常由铁路运输的煤炭、初级材料和大宗商品的运量下降，以及通常由卡车运输的高价值（和低密度）货物的运量增加，公路货运的比重将会提高。

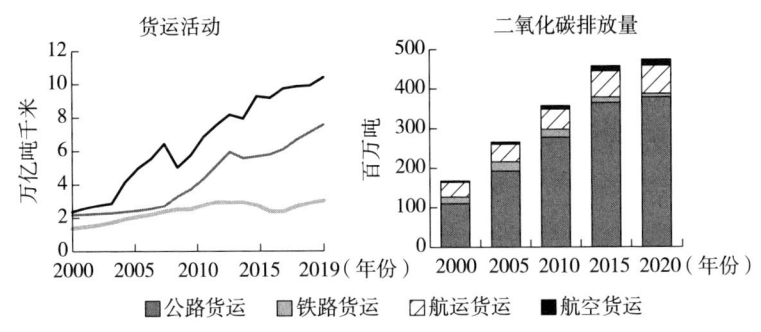

图 3.22 中国不同交通运输方式的货运活动量和相关二氧化碳排放量

注：航空货运占货运活动总量的比重低于 0.1%，占货运排放总量的比重不足 3%，因此没有显示在左图中。2008 年修订了衡量公路货运活动量的方法，因此 2000 年和 2005 年的估计值也进行了相应修订。

资料来源：Freight activity from the National Bureau of Statistics of China（2021）。

> 公路货运约占中国货运总量的 1/3，但在货运相关二氧化碳排放总量中的比重约为 80%。

类似于公路客运，公路货运的脱碳将需要依靠多种措施，共同鼓励该行业采用碳密集度较低的运输方式（如铁路和水路）、更高效的低碳燃料和动力系统（如生物燃料、电动车和燃料电池电动车），以及充分利用系统效率和运营效率的措施［如使用数字货运匹配解决方案（Xu and Peng, 2021）］。公路货运要走上低碳轨道，主要的技术解决方案是加快在各类作业中普及零排放卡车。2020 年，中国电池电动中型和重型卡车的销量约为 6 700 台，在同类卡车的商业化方面居世界领先地位（IEA, 2021a）。中国的主要卡车制造企业迄今已向市场投放了至少 29 个款型的中型和重型电动卡车。①

除直接电气化之外,以氢能为动力的燃料电池电动车可能将被部署用于重型车辆作业,特别是长距离作业。中国的燃料电池电动车市场仍处于非常早期的阶段,但已经远远领先于其他国家;2021年初,用于作业的燃料电池电动卡车共有3 100辆(AFC TCP,2021)。一些工业企业也宣布计划购买燃料电池电动卡车用于采矿和其他工业作业。这些卡车将来能否得到更多使用将取决于补贴方案,以及中国若干地区正在开展的示范项目是否成功。

目前,传统柴油卡车是唯一具有商业可行性的卡车,要想使零排放卡车可以与之竞争,将需要政策激励、排放标准和技术进步。中国由于材料和劳动力成本较低,所以生产卡车的成本大大低于欧洲。在中国,一辆柴油卡车的购买价格可能不到欧洲的一半,这使得新型动力系统卡车难以与柴油卡车竞争。

但从另一方面来看,目前中国的电池和电力价格较低,因此电池和混合动力电动卡车比欧洲更便宜。此外,使用磷酸铁锂电化学技术的电动卡车电池的价格可以降低到接近100美元/千瓦时(650元/千瓦时),电池电动卡车的拥车和运营成本可以随之降至近0.6美元/千米(3.9元/千米)。尽管如此,电动卡车仍然比柴油卡车贵得多。为重型卡车设计的更先进化学电池的价格可能超过300美元/千瓦时(1 940元/千瓦时)。

---

① 实际面市的车型数量很可能更多,因为在这个尚未整合的行业中仍存在许多小型卡车制造企业。这些车型中大部分是电池电动卡车,但也有少数是插电式混合动力卡车或燃料电池电动卡车。

燃料电池电动卡车的价格甚至更高，因为许多部件将继续由外国厂商生产（虽然燃料电池组和系统是在中国组装的）。[①] 在承诺目标情景中（见图3.23），在规模经济的作用下，生产、交付和配送氢能（以及制造燃料电池和储氢罐）的成本预计将稳步下降，因此从长远来看，燃料电池电动卡车在日行驶里程超过500千米的类别中将比电动卡车更有竞争力，但其前提条件是相关加氢基础设施得到大量利用，从而分散较高的建造、运营和维护成本。

2021年中期，中国已投入运营的加氢站达到100多座（Nengyuanjie，2021）。考虑到省级和地方政府设定的目标，以及若干企业承诺建造更多的加氢站，这个数字在未来5年将迅速增加。在中国应对新冠肺炎疫情影响的刺激计划中，加氢站与电动车充电站被一并列入"新基础设施"，因此许多省市制定了加氢站新目标。例如，北京市为支持到2025年燃料电池电动车增加到1万辆的规划，宣布市内加氢站将从2020年的3座增加到2023年的37座和2025年的74座。各省政府的2025年加氢站目标数量总计超过830座。

[①] 中国的制造企业目前正在国内发展燃料电池所有部件的制造能力，包括双极板、膜电极组件和质子交换膜，以及将燃料电池系统集成到车辆中所需要的其他部件。中国作为锂离子电池生产大国，希望在燃料电池电动车组件制造方面也成为领先大国。为了加快这一进程，中国政府正向国内生产企业提供直接补贴。

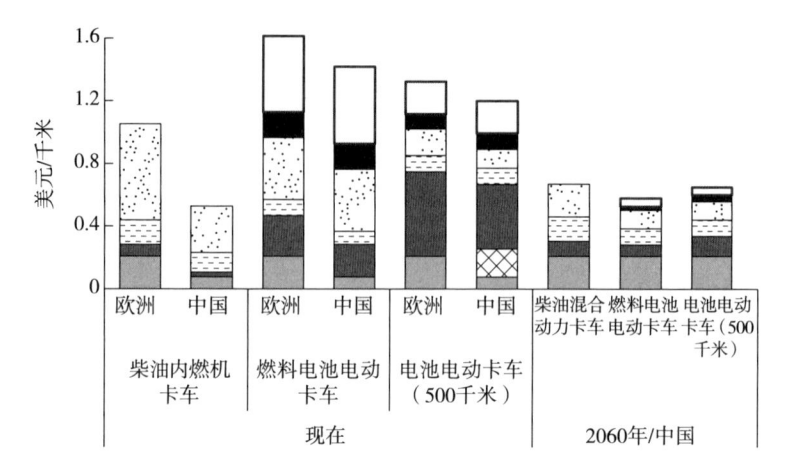

图 3.23　在承诺目标情景下，中国和欧洲重型卡车的拥车总成本

注：为简单和可比起见，假定目前的电价保持不变。假设电池的价格在 2060 年达到 60 美元/千瓦时（390 元/千瓦时），燃料电池的价格达到 60 美元/千瓦（390 元/千瓦）。基础设施低利用率显示，如果加氢站或电池充电得不到充分利用，将会推高成本；在这里，不充分利用是指目前燃料电池电动车的基准估计利用率的 1/3，目前电池电动车和 2060 年电池电动车及燃料电池电动车的估计利用率的一半。

> 目前，零排放车辆的拥车总成本缺乏竞争力，但在承诺目标情景中，技术学习和规模经济将降低零排放车辆的生产和运营成本。

目前，大多数加氢站是由氢能生产企业或燃料电池电动车制造和运营企业建造。传统能源企业亦已开始涉足加氢站建造，因此该领域的总体建设步伐将加快。经营中国最大石油零售网络的国有石油企业中国石化 2021 年宣布，在已运营的 10 座加氢站基础上，将于 2021 年对其加油站进行升级，新建 100 座加氢站。该公司是中国最大的氢能生产企业之一，计划在 2025 年前建成 1 000 座氢气站。

在承诺目标情景中，新能源卡车的快速部署将贡献 2020—

2060年大部分减排量。在重型卡车中（见图3.24），新能源卡车的比例将从现在的几乎为零快速增加到2030年的近20%——这样的增速是中国过去10年间电动乘用车增速的3倍多，相当于芬兰近10年来的增速。其余减排量将来自作业量的减少，以及物流改善带来的运营效率的提高。

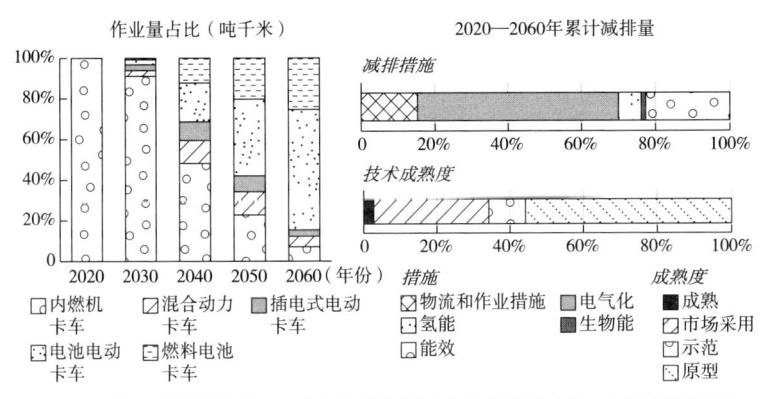

图3.24 在承诺目标情景下，中国各类重型卡车作业量的占比，以及不同措施、不同成熟度技术的二氧化碳减排量

注："物流和作业措施"包括尽可能充分利用车辆运力的措施（如回程运输、数字货运匹配等）、缩减里程（如通过实时路线优化），以及提高运营效率（如通过夜间交货）。关于这些措施的更多信息，请参见《卡车的未来》（IEA，2017）。本图着重显示实现中型和重型卡车减排所需的技术和措施。成熟度类别是根据国际能源署《清洁能源技术指南》（IEA，2020b）中对技术成熟度的详细评估来确定的。

> 公路货运脱碳取决于零排放卡车的迅速部署，以及充电站和加氢站的快速建设。

海运

航运和航空领域的二氧化碳减排是各国政策决策者面临的

最棘手任务之一。[①] 在这两个部门中，长距离行程需要大量的能源，而且这些能源必须足够密集，以便不在船上或飞机上占用过多的空间或载重；从现在的情况来看，即使是最先进的电动电池技术，也只能用于短距离和小规模的作业。目前生物燃料是唯一能替代石油基燃料的低碳产品，但由于全球种植生物质原料的土地供给有限，生物燃料可能只能满足有限的能源需求。因此，这些部门的减排将取决于新型低碳技术和燃料的开发及商业化。

解决海运排放问题在中国尤为重要：全球50座最繁忙的集装箱运输港口中，有16座在中国。如今，世界上超过1/4的集装箱运输经由这些港口进行；在21世纪初，这一比例约为18%。在承诺目标情景中（见图3.25），中国国际航运的二氧化碳排放量将在2030年达到略低于1.45亿吨的峰值（高于2020年的1.2亿吨），之后由于货运量增速放缓、船舶发动机能效提高（共同降低能源需求）以及向生物燃料和其他低碳燃料转变，排放量将稳步下降到2060年的3 000万吨左右。目前该部门几乎完全依赖石油基燃料（主要是燃料油和柴油），2060年此类燃料的使用将下降，但仍将满足该部门能源需求总量的1/4以上。利用低碳氢制造的氨将在2050年后成为主要燃料，2060年占能源用量的比重接近40%；生物燃料将满足能源需求的另外1/5；燃料电池中使用的氢能将满足大约10%。

---

① 虽然中国的碳中和目标并不包括国际海运，但本节不仅涵盖了国内海运，也涵盖了国际海运（下一节也同样涵盖了国际商业航空）。

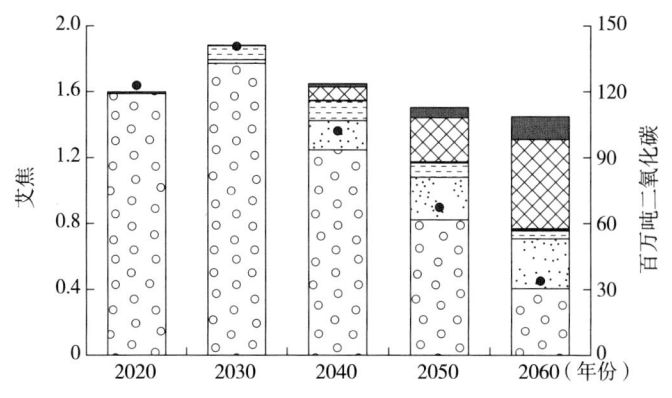

■氢能 ⊠氨 ■电力 ▨燃气 □生物燃料 ▨石油 ●二氧化碳排放（右轴）

图 3.25　在承诺目标情景下，中国国际航运的能源消费量和二氧化碳排放量

注：对国际航运作业、能源使用和排放进行了分摊，按进出港国际航运中各有一半航程计入中国港口。

> 到 2060 年，国际航运部门的排放量将下降约 75%，主要是由于改用低碳氨。氨将在 2050 年后成为主要燃料。

中国已经开始开发新型低碳航运技术。氢能燃料电池船的开发和商业化工作目前主要针对额定功率低于 1 兆瓦的中型船。位于武汉的质子交换膜燃料电池供应商众宇动力在 2021 年 1 月获得了中国船级社颁发的首份燃料电池产品认可证书，下一阶段，将测试一艘专门建造的、由四组 130 千瓦氢燃料电池驱动的 2 100 载重吨（DWT）散货船。此外，中国的船厂正在为一家希腊船东建造全球第一艘氨燃料预留船（约 16 万载重吨的苏伊士型油轮）。中国的南京港、漕泾港和湛江港拥有氨接收站，储氨能力共计约为 12 万吨，这些接收站改造后可以用于为氨内燃机动力船加氨。中国已有 6 座港口配备了冷熨烫充电设施，可以在船舶主引擎和辅助引擎关闭的情况下为停靠的船舶提供岸电。

在承诺目标情景中设想的国内和国际航运减排技术能否迅速

普及，取决于加氢设施的安装情况。需要优先考虑在上海、深圳和南京这三大港口安装加氨设施，因为它们是全球最主要的一些港口，对从石油燃料改用低排放（最终将是零排放）氨的转型具有引领作用。中国还需要建造用于冷熨烫的供电设施和加氢设施，为改用电力和燃料电池的渡轮、邮轮和国内货船提供服务。相应的投资将需要中国和其他国家及组织（包括国际海事组织）的有力政策来推动。

航空

中国商业客运航空的兴起晚于私家车，但近年来，它的发展速度比私家车更快（见图3.26）。在截至2019年的15年间，仅国内航空出行（以乘客千米计算）就增加了大约4倍。2020年，由于新冠肺炎疫情期间航空出行减少，中国的国内航空出行首次超过了美国。在疫情之前，中国拥有世界上繁忙程度排名第2、第8和第11的机场（分别为北京首都机场、上海浦东机场和广州白云机场）。国内航空出行在2020年有所下降，但现在正在强劲反弹。尽管国内航空在中国能源体系二氧化碳排放总量中的比重仍然很小，约为0.7%，但该领域的排放量正在快速增长，如果不努力加以控制，无疑将在未来几年继续增加。

迄今为止，中国限制航空排放增长的主要措施是大量投资于高铁基础设施建设。对于1 200千米以内的国内航班而言，高铁是经济且便利的有力竞争对手。近年来，高铁出行与航空出行同步增长。由于高铁线路并不都是为了连接主要人口中心而修建的，不能保证其服务覆盖主要城市间的稳定客流（Pike，2019），因此不满足抵消钢铁和水泥密集型铁路线"碳债"的先决条件，但我们估计，过去10年间高铁网络的发展累计减少了2.5亿吨的二氧化碳排放量，这相当于2019年中国国内和国际航空排放总量的2.5倍。①

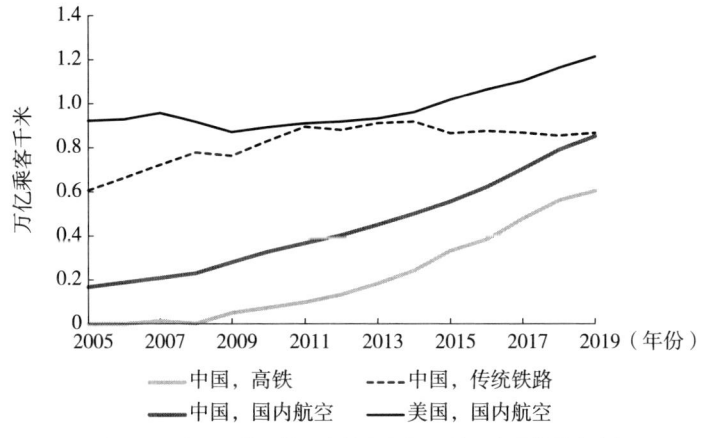

图3.26 中国和美国的国内航空出行，以及中国的铁路出行

注：图中没有显示美国的城际铁路出行，因为在所显示的时间段内，美国每年的城际铁路客运量远低于400亿乘客千米。出行活动在传统铁路和高铁之间的划分参照高铁的以下定义：运行巡航速度至少为250千米/小时。

资料来源：IEA Mobility Model（August 2021 version）; United States Bureau of Transport Statistics（2021）; IATA（2020）; ICAO（2019）。

在截至2019年的15年间，中国国内航空出行量增加了约4倍，不过城际和高铁出行量仍然更高。

---

① 这一估计的假设前提是：乘坐高铁出行的乘客在没有高铁的情况下会乘坐汽车、公共汽车或飞机进行同样的出行，为了从简以及与本书中的其他排放量相比较，估算时使用了IEA出行模型中基于汽车、公共汽车和飞机出行的年度比重的加权平均直接（即油箱到车轮）碳强度。

培育国内航空工业是中国政府经济和工业政策的组成部分。中国计划继续修建新机场，2021—2025 年有 30 座机场计划投入运营，另有 209 座机场将在 2035 年前启用，届时机场总数将比现在翻近一番。中国政府正在扶持一家飞机制造国有企业，即中国商用飞机有限责任公司（中国商飞，COMAC），力争使其今后能与空客和波音竞争。中国商飞已开发了三款商用喷气机：已经投入商业运营的中短程支线客机 ARJ21、C919 大型客机以及 CR929 远程宽体客机。

中国的初创企业最近也加入了创新的行列，在电动和氢能飞机研发和示范方面投入了大量资金。中国商飞在北京设立了梦幻工作室，该工作室的研究人员于 2019 年试飞了一架小型氢能动力飞机，并在 2021 年推出了一款更大型的样机，即 ET480，该机使用了国家电力投资集团开发的锂离子电池和燃料电池。

在承诺目标情景中（见图 3.27），国内航空业的二氧化碳排放量从现在到 2030 年将不断增加，之后得益于效率提高、进一步向高铁和传统铁路转变，以及可持续航空燃料（SAF）普及[①]等因素的共同推动，排放量将有所回落。要实现这些长期减排目标，中国需要协调好航空业发展雄心与气候政策的关系。正如其他国家和国际航空运输协会（IATA）目标的完成情况一样，中国航空业一直以来都在超额完成由中国民用航空局和近几期五年规划所制定的排放和燃料强度目标，这要归功于效率的提高，

---

① 可持续航空燃料包括来自一系列原料和生产途径的生物燃料，以及合成燃料（利用氢气和来自大气或生物能源的二氧化碳合成）。这类燃料可以混入商业飞机使用的化石来源航空煤油中。

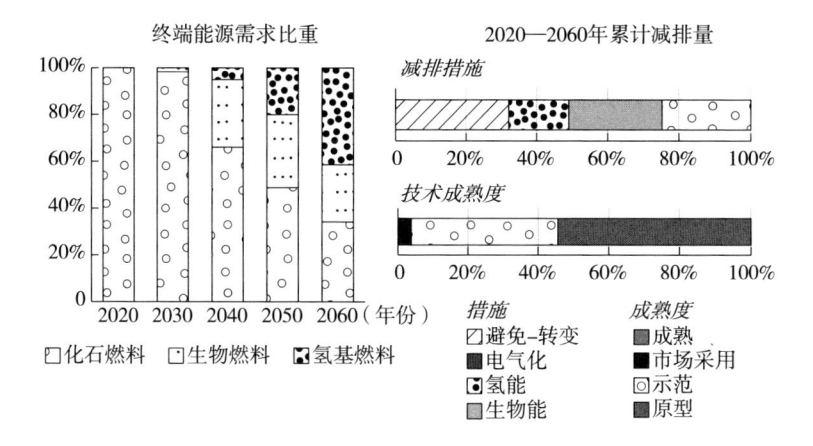

图 3.27 在承诺目标情景下，中国各燃料在航空终端能源需求中的比重，以及不同措施、不同成熟度技术的二氧化碳减排量

注：成熟度类别是根据国际能源署《清洁能源技术指南》（IEA, 2020b）中对技术成熟度的详细评估来确定的。

> 对航空出行征税和向铁路出行转型将减少航空出行的需求，从而控制从现在到 2030 年二氧化碳排放量的增加；从长期来看，效率的提高和可持续航空燃料的大规模部署将推动减排。

而效率提高的很大一部分原因是降低燃油成本和实现利润最大化的需求。中国政府目前还未明确表态是否参与国际民航组织（ICAO）国际航空碳抵消和减排计划（CORSIA）的自愿试行阶段（2021—2023 年）和第一阶段（2024—2026 年），也尚未宣布削减航空相关排放的具体措施[①]，但一些国家级的政策已经强调了促进研发、示范和普及可持续航空燃料的必要性。国内航空已被确定为能源密集型部门，即将受到国家排放交易系统的管理

---

① 中国温室气体自愿减排计划在 2020 年被批准成为国际民航组织国际航空碳抵消和减排计划认可的 6 项碳抵消计划之一。

（已纳入广东排放交易系统试点项目），不过纳入这些部门的时间表和形式还有待确定。

建筑

近几十年来（特别是进入21世纪以来），随着城市化发展和收入的提高，中国建筑的用能和排放方面的体量增幅高于其他国家。2020年，中国占全球建筑终端能源消费量的17%以上，占全球建筑二氧化碳排放量（直接和间接）的近25%。建筑部门在中国排放总量中的比重约为20%，其中约25%来自该部门的直接用能，75%来自间接用能（使用化石燃料提供热力和电力）。尽管中国对建筑能源服务的需求不断增长，但人均能源消费量仍比美国低70%以上，比欧洲和日本低45%左右。对能源服务的需求随着建筑面积的增加而上升，人均住宅面积已经从2000年的不足20平方米跃升到2020年的35平方米以上，接近欧洲的平均水平。

建筑终端能源用量中，住宅占主导地位：2020年住宅用能约为18艾焦，占总量的80%左右，其余5艾焦是商业和公共建筑物用能。中国各地的气候条件差异巨大，很大程度上影响了采暖制冷的能源需求。中国的建筑节能标准将全国划分为5个气候区，约有5%的人口生活在以制冷需求为主的地区，约有15%的人口生活在以采暖需求为主的地区，而其余80%的人口既有冬季采暖需求，又有夏季制冷需求。① 在全国范围内，空间采暖

---

① 以制冷需求为主的地区是指制冷度日高于5 000（基准温度10℃），以采暖需求为主的地区是指采暖度日高于5 000（基础温度18℃）。（IEA, 2020c）

和水加热占最终建筑能源消耗的近60%，其次是烹饪（14%）、电器和设备（14%）、空间制冷（7%），以及照明（5%）。

电力是建筑部门的主要燃料，占该部门终端能源使用量的比重超过35%，比2010年的比重提高了近1.5倍。在过去10年中，中国贡献了全球建筑用电增量的60%左右。生物能源是建筑部门的第二大燃料，目前满足该部门15%的能源需求，而2010年这一比例略高于30%。生物能源主要用于烹饪，同时也用于空间和水的加热，大多在农村建筑中以传统生物质的形式使用。自2000年以来，在室内空气质量政策的推动下，建筑中传统生物质的使用量已经下降了约60%。近年来，煤炭的直接使用量也急剧下降，特别是在推出改用电力和天然气的鼓励措施以及2017年《北方地区冬季清洁取暖规划（2017—2021年）》之后，但煤炭仍占建筑终端能耗的10%以上。石油和天然气的比重相似，都是10%左右；在过去10年间，石油的比重略有增加，天然气的比重翻了不止一番，取代了一部分煤炭和传统生物质。

近年来，现代可再生能源在建筑中的直接使用也有了显著增长。中国是全球领先的太阳能集热器市场。2013年至今，中国太阳能集热器的累计安装容量占全球的70%以上，太阳能集热器满足了建筑能源需求总量的近6%（Huang, Tiang and Fan, 2019）。区域供热是空间采暖的一个重要热源，特别是在北方。自2000年以来，区域供热已经增长了5倍，2020年占全国建筑终端能源消费总量的8%左右。区域供热、天然气和电力在城市地区的应用更加普遍。

近几十年来，建筑部门的燃料结构发生了快速转变，对抑制二氧化碳直接排放的增长起到了促进作用；然而，建筑部门严重依赖煤炭发电和区域供热，导致了间接排放大幅增加。从2010年到2020年，直接排放增加了约7%，达到约5.2亿吨，而间接排放增加了70%以上，达到16亿吨。

中国建筑存量和建筑面积不断增长，给建筑部门实现碳中和增加了难度。根据预计，虽然人口数量将在未来几年内趋稳，并在2030年后缓慢下降，但在经济增长、人均建筑面积和住宅单元规模增加以及城市化的推动下，将会有更多建筑物建成。在承诺目标情景中，从现在到2060年，预计建筑总面积将扩大约40%，达到近900亿平方米，这一增量占全球建筑面积增量的10%以上。在这种情景下，尽管预计建筑面积将会增加，人们的生活水准也将不断提高，但建筑部门的能源用量将在未来几年进入平台期，然后有所回落。这主要是因为随着建筑围护结构的热效率提高，以及采暖/制冷设备和电器的能效提高，采暖/制冷的能源需求将会减少。2020—2060年，建筑部门的总体能源强度将下降30%（见图3.28）。

改用电力的同时大幅提高电器和设备能效，也有助于遏制需求。在承诺目标情景中，热泵普及率的提高将推动空间采暖设备的平均效率在2030年达到110%，在2060年超过150%。此外，虽然2060年使用空调的家庭将比现在多1.5亿户，但是在被动式建筑围护结构措施与空调能效改善的共同作用下，到2060年空间制冷的电力需求将约为490太瓦时，仅比2020年（425太瓦时）高出15%。然而，电器的用电需求在2020—2060年将几乎翻一番，从而抵消掉空间采暖、水加热、照明和烹饪方面的一部分用能降幅。

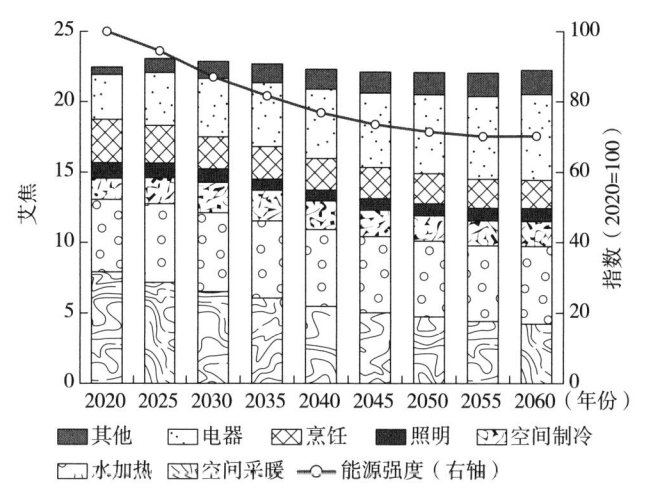

图 3.28　在承诺目标情景下，中国建筑部门的能源消费和能源强度指数
注：能源强度是指每单位建筑面积所消耗的能源。

在建筑部门，尽管对能源服务的需求不断增长，但由于所有建筑的终端用能效率提高，能源用量将在 21 世纪 20 年代后期开始回落。

从目前到 2060 年，家庭和办公场所中电器和用电设备的拥有量将增加，包括现在并不常见的洗碗机和烘干机等，这将大力推动建筑用能中电力比重的增加。不过，这些电器和设备的能效也将逐步提高。到 2030 年，平均而言，50% 以上的在售电器的能效将与现有的最佳技术相当，这一比例将在 2040 年跃升至 100%。2030 年起，所有照明设备都将是发光二极管。最低能源性能标准（MEPS）在智能控制要求的补充下，将优化电器运行，使需求响应能够进一步削峰填谷。得益于能效的提高，2060 年电器和照明的节能量将接近 1 000 拍焦，相当于今天中国的全部照明耗能。这一目标的实现需要政府与制造企业及公用事业部门合作，部署新的措施和标准，为建筑中的设备与电网之间的互动创造必要条件。

在承诺目标情景中（见图 3.29），由于化石燃料的直接使用将逐步停止，以及发电和供热将完全脱碳，所以建筑部门的二氧化碳排放总量将在 21 世纪 50 年代后半期清零。住宅和服务部门的直接排放量已在 21 世纪 10 年代中期达峰，2020—2030 年将共计下降 1/4，到 2040 年将降低一半以上。间接排放在 2020 年后不久即将达到峰值，此后在预测期内将以更快的速度下降：在建筑部门能效和电力部门脱碳的共同作用下，2040 年的间接排放将比现在低 80% 以上。

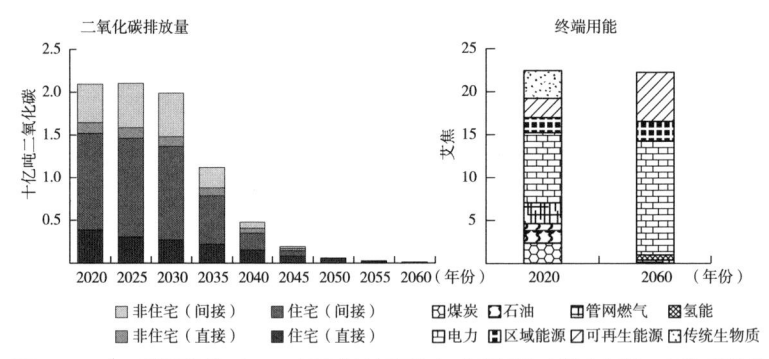

图 3.29 在承诺目标情景下，中国建筑部门各细分领域的直接和间接二氧化碳排放量，以及建筑部门各燃料的消耗情况

> 承诺目标情景中，由于化石燃料的直接使用将逐步停止，以及发电和供热将完全脱碳，所以建筑部门的二氧化碳排放总量将在 21 世纪 50 年代后半期清零。

在承诺目标情景中（见图 3.30），建筑物用能加速电气化是建筑减排的主要推动力。随着采暖、烹饪和电器用电增加，2060 年电力在建筑能源使用总量中的比重将接近 60%。2060 年，超过一半的空间采暖需求总量将由电热泵满足。另外，到 2030 年，电力在烹饪用能中的比重将几乎翻一番，达到 15% 左右，而 2060 年将达到 50%。太阳能热力和地热能的贡献份额也将大幅提升，到 2060 年二者在终端能源消费中的比重合计将达到 15% 左右，相对于 2020 年的水平几乎翻一番。建筑部门中，2025 年后直接使用的化石燃料将会减少，2060 年完全淘汰。到 2060 年，天然气用量将下降到只有 4%，届时全部天然气都是低碳天然气。由于与传统的燃气锅炉相比，燃气热泵和混合热泵的能效较高，所以它们有助于在整体上抑制燃气消耗，特别是在较寒冷的中国北方地区。低碳区域供热网络仍然是空间采暖和水加热的重要途径，到 2030 年将占供热份额的近 20%，之后到 2060 年大致保持不变。

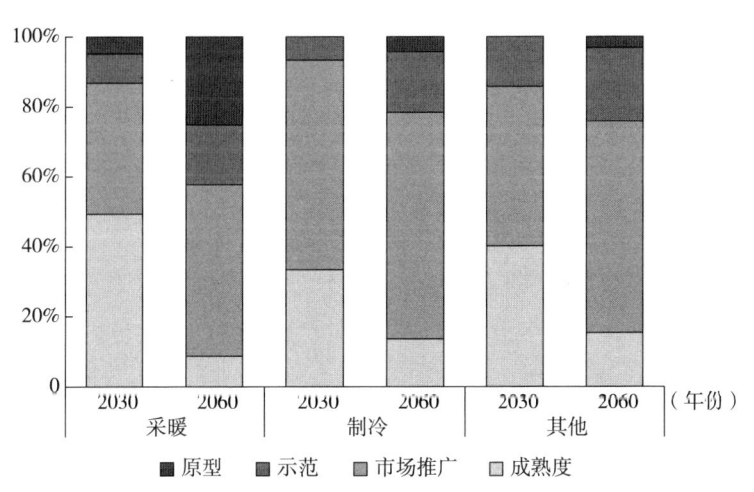

图 3.30 在承诺目标情景下，中国建筑部门不同成熟度和终端用途技术的二氧化碳减排比重

注：成熟度类别是根据国际能源署《清洁能源技术指南》(IEA，2020b) 中对技术成熟度的详细评估来确定的。

> 从现在到 2030 年，近 90% 的建筑减排量将来自现有技术，但只有通过新的设计才能实现建筑终端用途的完全脱碳。

中国建筑部门向净零排放的过渡也包括农村家庭改用清洁的

现代能源。随着人们转而使用分布式太阳能光伏和电高压锅，依赖传统生物质的低效炉灶将在2030年前停止使用。可用于更高效炉灶的沼气产自沼气池中的生物质，这类沼气将与电力并列成为未来主要的烹饪燃料。现代生物能源在2030年将满足近1%的住宅空间采暖总体需求和35%的烹饪能源需求，2060年将满足10%的住宅空间采暖总体需求和近50%的烹饪能源。

建筑物用能的上述转变主要是通过使用既有技术来实现的，如热泵、高效建筑设计和材料，以及可再生能源，不过仍然需要逐步提高相关性能。从现在到2060年的建筑部门减排量中，将有约2/3是由目前已经成熟或处于早期应用期的技术贡献的。其余部分将来自目前处于示范和原型阶段的技术，这些技术主要在2040年之后发挥作用。最需要创新的领域包括在寒冷气候和多户建筑中提高加热设备的运行能效、部署需求侧响应、储能与建筑一体化、平衡电网，以及气候友好型高效制冷设备。创新商业模式也将不可或缺：只有通过新商业模式，才能鼓励更多地进行建筑改造，并为电器和设备对实时价格信号做出反应创造必要条件。

零碳就绪建筑物

在推动超低能耗低碳建筑的发展和部署方面，政策行动将是关键。在承诺目标情景中，更严格的建筑节能标准和规范将发挥核心作用：改善建筑设计和建筑围护结构技术的性能，并推动建筑具备转向低碳燃料的能力。这些标准和规范将逐步要求建筑物零碳就绪，零碳就绪的建筑具有很高的能效和资源效率，并且可以在2060年直接使用可再生能源或按设计实现零碳。① 改善现有和新建建筑的围护结构是初步促进建筑向零碳就绪转变的关键一步。针对不同的气候，用不同的方法来改进围护结构，例如在寒冷气候地区提高建筑隔热和气密性，在温暖气候地区加强通风和遮阳。降低建筑能源需求有助于降低采暖/制冷高峰总体需求，从而减少建筑本身以及发电和供热方面为满足这些需求而要求的新增装机容量。

在中国，改造工作（改变现有建筑或建筑中系统的结构以提高建筑的能源性能）将尤其重要，因为大多数建筑是近期建成的，将在很长时间内存续（不过，中国的建筑拆除率高于欧洲和美国）。过去30年来中国的建筑存量增加了两倍，因此现有的建筑存量相对年轻，平均年龄约为15年。在中国630亿平方米的建筑面积中，有近一半可能到2050年仍然存续。目前，建筑的年改造率不足0.3%，但自2010年以来一直在增长。在承诺目标情景下，由于政策鼓励，可复制推广的改造方案将得到开发和部署②，这样一来，到2060年仍然存续的建筑中，几乎都将得到翻新，达到零碳就绪标准。

新建筑节能标准和规范中需要纳入零碳就绪的要求，以确保

---

① 零碳就绪建筑能源规范的重点是建筑运营，以及建筑材料和部件制造中产生的排放，还包括促进更广泛能源系统脱碳的措施。例如，包括用于管理电力需求的互联互通、自动化和储能等措施（IEA，2021c）。
② 例如，欧洲的Energiesprong（直译为"能源跳跃"）是一种渐进式建筑整体改造方法，既可以尽可能减少改造对建筑内居民的影响，又能够大规模复制推广。这种方法在英国、法国、德国和意大利北部已经得到了采用，正在美国的纽约和加利福尼亚州推广。随着施工的标准化程度提高，模块化和可复制推广的改造方案将可以降低成本，提高改造率。

今天建造的建筑能够在未来不产生排放。在承诺目标情景中（见图 3.31），在此类法规和改造的作用下，2060 年中国几乎全部建筑面积都将实现零碳就绪，受其影响，采暖和制冷的终端能源强度（即每平方米的终端能耗）在 2020—2060 年将分别减少 65% 以上和 45% 以上。

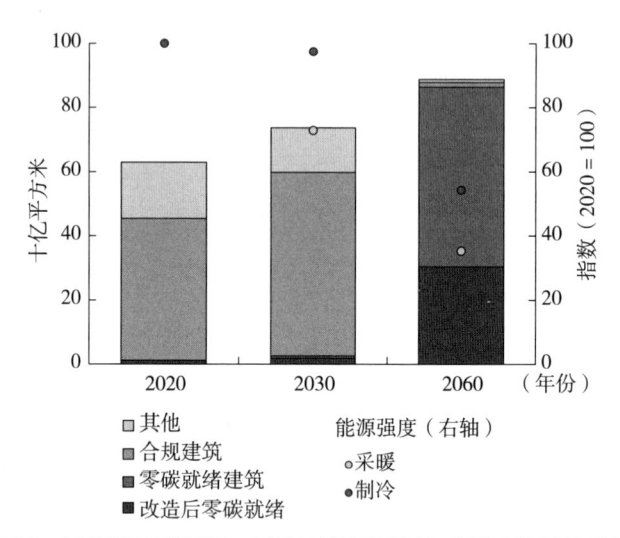

图 3.31　在承诺目标情景下，中国的建筑面积情况，以及空间采暖/制冷的终端能源强度指数

注：采暖/制冷的能源强度是以终端能耗与采暖/制冷建筑面积之比来衡量的。合规建筑是指符合当今建筑能源规范的建筑。

> 提高改造速度、建造新的零碳就绪建筑，将推动 2060 年采暖和制冷的能源强度分别降低 65% 以上和 45% 以上。

采暖/制冷

2020 年，采暖/制冷占中国建筑能源消费总量的 65%。中国的采暖需求主要集中在两个地区：在北方，主要热源是区域供热（自 2000 年以来，区域供热网络覆盖的建筑面积几乎翻了两番）；在气候温和的华中地区（如长江流域），空间采暖的需求较低但增长迅速，热泵可以在该地区发挥日益重要的作用。

在承诺目标情景中（见图 3.32），中国采暖的脱碳取决于向低碳燃料的转型，以及能够降低热力基本需求的能效改进。到 2035 年，安装在建筑内或用于区域供热的燃煤和燃油锅炉，以及不兼容氢能的燃气采暖设备，都将完全停止销售。电热泵采暖虽然用于新建筑，但也越来越多地在既有建筑中用于取代化石燃料锅炉。2060 年，电热泵将满足 14% 的空间采暖和水加热消费需求（即近 45% 的采暖需求）。2060 年，可再生能源（包括太阳能热力系统、地热泵、现代生物质炉灶和锅炉）满足的采暖需求比例将从目前的 20% 左右上升到近 50%，集成使用太阳能

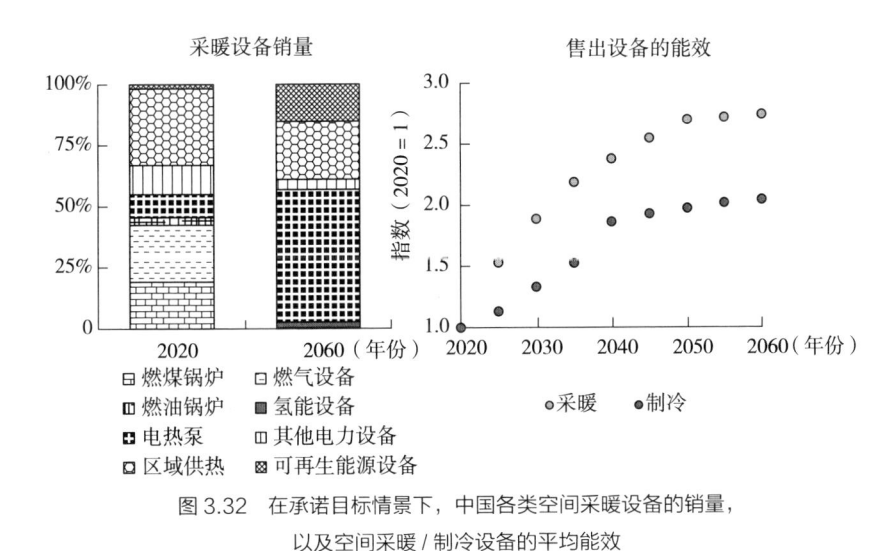

图 3.32 在承诺目标情景下，中国各类空间采暖设备的销量，以及空间采暖/制冷设备的平均能效

注：其他电力设备包括混合热泵。

> 热泵销量的增加有助于推动空间采暖设备的整体能效，而相关标准则是支撑制冷能效提高的基石。

光伏和热泵的新式复合型系统将超过5亿套。氢能锅炉和燃料电池微型热电联产机组的市场占有率有限，此类设备将于21世纪20年代末起步，到2060年将满足约5%的采暖消费需求。基于低碳燃料的区域供热仍将是重要的热力来源，其比重将从2020年的13%提高到2060年的20%以上。

减少区域供热的能量损失，并将建筑的能效措施纳入区域供热方案，有助于降低间接排放。在许多情况下，区域供热会将热力输送到距离热源点较远的建筑中（有时距离长达几十千米），以充分利用来自工业过程、废弃物焚烧、化石电站、生物质电站和核电站的余热。能量损失一般随着距离的增加而增加。在承诺目标情景下，配送管道、水压系统（通常使用混有传热介质乙二醇的水溶液）和先进采暖管理措施等方面的创新，有助于降低能量损失，提高采暖效率。由于长距离区域供热基础设施是长期使用的，所以需要在区域和城市层面上审慎规划建筑与管网的集成，要考虑到未来的发电结构和废热的可用程度。

2000年以来，中国的空间制冷能源需求增速高于世界其他国家，从2000年的150拍焦上升到2020年的1530拍焦，年均增长约2.5%。目前，制冷占建筑终端能源需求总量的7%左右。空间制冷大多由单机空调提供，不过，建筑中央空调系统和区域制冷网络在南方的城市地区也很常见，广州市运营着世界上最大的区域制冷系统之一。制冷大大增加了对电力系统的需求：平均而言，2020年制冷占到了全国需求高峰的16%，在极度炎热的日子里占到一半以上（IEA，2019b）。

随着气候变化，温度上升，以及家庭的承担能力因收入增加而提升，空调用量必然会增加。在承诺目标情景中，拥有至少一台空调的家庭比例将从现在的 70% 增长到 2030 年的 85%，2050 年将超过 90%。全球销售的室内空调中，有 70% 是中国制造的，其中 60% 目前供给国内市场。可见，空调行业有着巨大的创新和能效改进潜力。例如，珠海格力电器股份有限公司的"零碳源"空调技术因集成了先进的蒸汽压缩循环、蒸发制冷、通风和可再生能源技术，于 2021 年荣获全球制冷技术创新大奖赛最高奖。

在承诺目标情景的预测范围内，在更严格的最低能源性能标准这一主要因素的驱动下，建筑围护结构和空调能效及灵活性都将有所改善，因此空间制冷用电的增长有限。季节性能效比（典型制冷季节的制冷输出除以同期的电力总投入）2030 年将比 2020 年提高 1/3，到 2060 年几乎翻一番。由此节约的能源将累计达到 26 艾焦，是 2020 年中国建筑用电总量的 3 倍多。

电力新范式

随着数字化等新技术的出现和应用，全世界的电力供给和使用方式正在经历深刻的变革，中国处于变革的前沿。零碳就绪建筑充分利用这些技术，将从根本上改变建筑与公共电力系统的互动方式以及建筑内的用电模式。其中主要的变化涉及自动发电潜力（主要是屋顶太阳能光伏板），以及建筑内储能设备的使用和需求响应。数字技术使所有这些变化成为可能，并且增加了它们的吸引力。

建筑内太阳能光伏发电（一种分布式发电形式）的扩大将减少建筑对公共电网电力的使用，并为多余电力注入公共电网创造机会，从而降低对集中式发电的需求，改变建筑与电力系统之间的互动方式。卫星图像识别和分析表明，目前可以安装在城市建筑屋顶上的光伏容量约有 830 吉瓦（BERC，2021a，2021b）。然而，考虑到中国的农村建筑、不断增加的建筑存量，以及现代建筑的屋顶可利用面积加大，安装在建筑物上的太阳能光伏系统在承诺目标情景中的作用将日渐显著，容量将从现在的 80 吉瓦跃升到 2060 年的近 2 200 吉瓦。届时，几乎 50% 的太阳能光伏装机都将与建筑一体化。

随着需求响应机会增多（利用先进控制、建筑能源管理系统和小规模储能，包括与建筑物互联的储热设备和电动车电池），建筑与电网的互动也会相应增加，为开发新的收入来源和促进基于可再生能源的电力并入电力系统带来希望。到 2060 年，在不影响终端用户的前提下，需求响应技术将用于电力调控和短时停机。此外，2060 年中国的轻型电动车存量将达到 3.5 亿台，其电化学储能能力将约为 25 太瓦时。通过单方控制充电技术，该能力的一部分将用于吸收建筑物或集中设施产生的剩余太阳能电力（电网对车辆充电，即 V1G），或用于弥补短时间电力短缺（车辆对电网充电，即 V2G）。承诺目标情景下 2060 年冬季建筑日均用电量只略高于 10 太瓦时，可见上述储能能力与之相比十分可观。

直流配电和能源管理系统（见图 3.33）在建筑用电领域将提供额外的机遇。随着太阳能光伏系统的安装，以及直流电器［如 LED（发光二极管）、电子产品和热泵］和直流蓄电池的发展，整栋建筑将可以做到完全改用直流电，因为自发自用将减少对电网交流电的需求。目前，建筑使用的是交流电，交流电在电器层面上转换为直流电。直流系统的主要优点是能够避免转换损失，取决于配电系统和电器中使用的转换器，转换总损失在10%~20%。直流系统还可以促进建筑物的需求响应，因为电网在某一特定时间点对终端用能增减的要求反映在电压变化上，而直流电器可以对电压变化做出动态反应。确保大量制造直流电器并制定相关国际标准，将是直流电系统具备大规模可行性的先决条件。

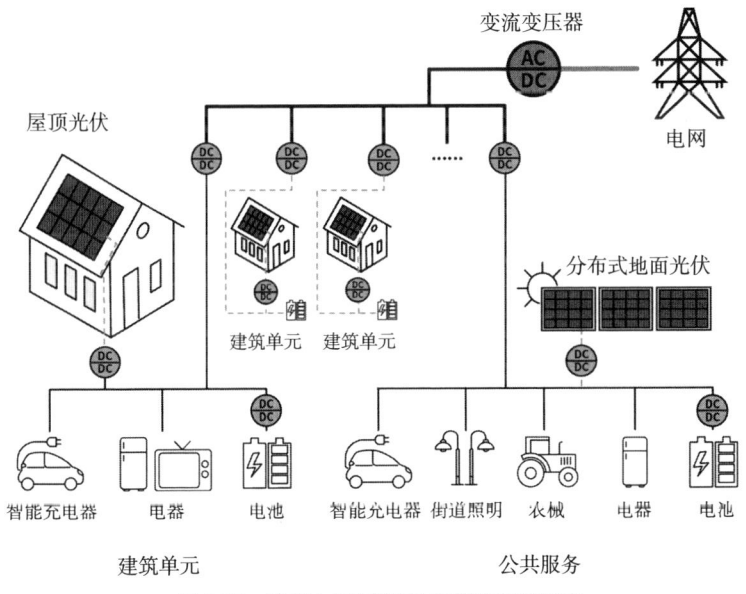

图 3.33 建筑中的直流配电和能源管理系统

直流建筑利用太阳能光伏系统产生直流电，为直流电器和储电装置供电，不需要进行电流转换。

假设屋顶太阳能光伏的装机容量在满足各区域直流系统的高峰需求之外没有任何冗余，那么在承诺目标情景下（见图3.34），2060年中国的建筑一体化光伏发电总量中约有60%将由建筑直接消耗。也就是说，其余的约 40% 将需要进入交流电网或本地分布式储能设备。对直流电器予以市场准入，并且提倡创新型商业模式——聚合商或零售商拥有并管理消费者所在物业的电网资产，将有助于低成本调控电力系统，提高配电系统的韧性。在承诺目标情景下，中国在 2060 年将有机会管理利用每日 2 000~3 000 吉瓦时的多余电力。

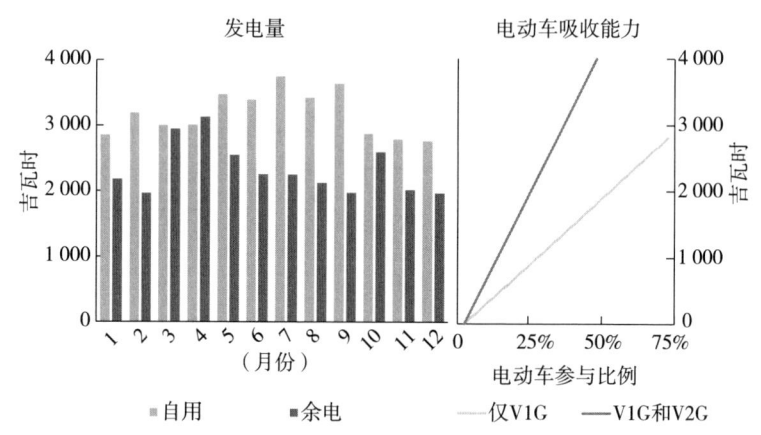

图 3.34 在承诺目标情景下，2060 年中国建筑的日均太阳能光伏发电量

注：假设屋顶太阳能光伏的装机容量在满足各建筑或区域直流系统的高峰需求之外没有任何冗余。

> 在承诺目标情景下，2060 年中国建筑一体化光伏发电量中约有 60% 可以由建筑本身消耗，而其余部分则可以由电动车总量中的约 40% 吸收（如果这些发电量不进入电网或其他分布式储能设备的话）。

电动车有可能成为重要的市场参与者，但并非所有的电池容量都可以用来储存余电。只有在直流电网上闲置且未充满电的车辆才能参与储电。未参与 V2G 服务的车辆参与程度仅限于日均交通用电量，即车载电池容量的 15% 左右。然而，如果电动车电池能够向直流电网中的其他负载放电，那么它们储存屋顶太阳能光伏余电的能力将会更高。这种情况下，大约 40% 的电动车就足以吸收春秋两季所有的屋顶光伏余电，这一比例在夏冬两季为 25%。因此，直流系统、分布式光伏、电动车和储能结合起来，不仅可以促进可再生能源发电的部署，还可以推动可再生电力与电力系统的集成并促进需求部门的使用。

直流建筑在中国已经进入示范阶段。进度最领先的项目之一是深圳的未来大厦。直流区域的发展（多栋建筑和当地分布式能源资源的组合）正处于概念阶段。农村地区的相关项目也在考虑之中，包括山西芮城的直流微电网和分布式太阳能光伏项目，该项目发电将满足当地家庭的烹饪、生活热水、采暖等日常需求，以及部分农械的需求（Li et al., 2021）。

> **专栏 3.4　深圳的未来大厦直流建筑示范项目**
>
> 深圳未来大厦办公楼于 2020 年底竣工，大厦屋顶上集成了 150 千瓦的太阳能光伏发电能力，光伏面积达 1 870 平方米。这栋大厦具有紧凑的特征，因此项目可以在多个城市、地区复制推广。大厦还配备了直流空调系统、发光二极管照明、多媒体设备、办公设备、充电桩和智能控制系统。该建筑符合零碳就绪建筑的部分要求，特别是体现在以下几个方面。
>
> - 能效：这栋建筑符合低能耗标准。年用电强度接近 50 千瓦时 / 平方米，年用电量低于 30 万千瓦时。除了各种能效措施所节约的能源，由于直流作业不存在交流 / 直流转换损失，还可额外节省 10%~20% 的电力。
> - 能源供给脱碳：预计每年发电的总量高达 34 万千瓦时，超过了建筑本身的预期年度能源需求。

- 可再生能源集成：直流电可以对电压信号变化做出响应，改善电力负载对可再生能源供给的适应能力，从而将交流电网的接入容量降低了 80%。分布式储能设备连接到多电压等级配电系统，电压范围涵盖从直流母线的 375 伏到大多数电器所需的 48 伏。

第四章

能源转型的技术需求

- 在本书提出的路线图中，到 2060 年实现净零排放的能源途径需要若干跨领域支柱，主要包括终端用能部门电气化，碳捕集、利用与封存，低碳氢能，以及可持续生物能源。只有每个支柱都进行创新，才能推动新技术走向市场，并改进现有技术。
- 在承诺目标情景中，终端用能的电气化和低排放燃料生产的电气化合计将贡献从现在到 2060 年二氧化碳减排量的 13%，这部分贡献中约有 35% 来自交通运输部门，主要是通过电池电动车普及来实现的。如今中国的电动车电池产量遥遥领先于其他国家：中国有全球 70% 的电动车电池产能，并且有全球 55% 的锂加工和精炼能力（电池所需的一种关键金属）。从已规划的项目来看，中国很可能将在中期内保持全球电池供给的领先地位。长远来看，如果 2060 年全球电动车电池需求总量中由中国供给的部分的比例与现在相同，那么届时中国的产量将是现在的 25 倍左右，每年产出的价值将高达 2 500 亿美元。
- 在承诺目标情景下，从现在到 2060 年，碳捕集、利用与封存将贡献中国累计减排量的 8%，占全球累计二氧化碳捕集量的近 50%。中国的一部分现有的电厂和工厂在经过碳捕集、利用与封存改造后将能够继续运行。此外，还可以利用碳捕集、利用与封存来封存生物能源燃烧产生的或直接从空气中捕集的二氧化碳，从而产生负排放。如果中国在未来 10 年专注于广泛发展二氧化碳运输和封存基础设施，将可能成为二氧化碳管理方面的领先大国。

- 氢能可以帮助缺乏替代方案的终端用能部门脱碳，特别是在部分重工业行业和长途交通运输领域，还可以用于储存来自波动性可再生能源的能量。在承诺目标情景中，低碳氢和氢基燃料的使用将贡献 2021—2060 年减排量的 3% 以上，同期的氢能需求将增加两倍以上。到 2060 年，中国的电解能力将达到 750 吉瓦，接近世界总产能的 40%。当今，中国是电解装置制造大国，拥有全球约 1/3 的产能。全球道路上行驶的大部分燃料电池电动公共汽车和卡车来自中国。

- 从现在到 2060 年，可持续生物能源将贡献二氧化碳减排量的近 7%，在能源需求总量中的比重将增加不止一倍。2060 年，大部分生物能源将用于提供电力和热力（包括工业电力和热力），其中相当大的一部分将与碳捕集、利用与封存结合，从而产生负排放。液体生物燃料在交通运输部门的用量也将大幅增长。

· · · ·

在本书提出的路线图中，到 2060 年实现净零排放的能源途径需要四大跨领域支柱：在交通运输、工业和建筑部门实现电气化；部署碳捕集、利用与封存技术，用于电力、工业、燃料转化和碳移除领域；生产低碳氢和氢衍生燃料；将可持续生物能源用于热电生产和气体及液体生物燃料制造。中国要实现碳中和，这四大支柱缺一不可。

只有每个支柱都进行创新，才能推动新兴和新生技术走向市场，并改进现有技术。承诺目标情景中的技术重点与"十四五"规划一致，"十四五"规划已为这四个技术领域设定了优先事项，即重点关注电动车，氢能和燃料电池，碳捕集、利用与封存，生物能和先进生物燃料，储能，智能电力系统，以及传统可再生能源。

电气化

在能源转型中的作用

终端用能和低排放燃料生产的电气化对中国能源向碳中和转型尤为重要。在承诺目标情景下（见图 4.1），电气化将覆盖几乎整个能源系统，并将直接促成 2020—2060 年累计减排量的 13%；电气化还会推高能效，从而进一步减少排放。在承诺目标情景中，中国在 2020—2060 年将实现电力需求几乎翻倍，并同时在 2055 年之前完成发电完全脱碳，这无疑是一项艰巨的任务。然而，中国过去实现过更快的电力需求增长，2000—2020 年中国电力需求的年均增长达到 9% 左右，近年来中国电力需求的年增加量相当于印度尼西亚每年的发电总量（260 太瓦时）。

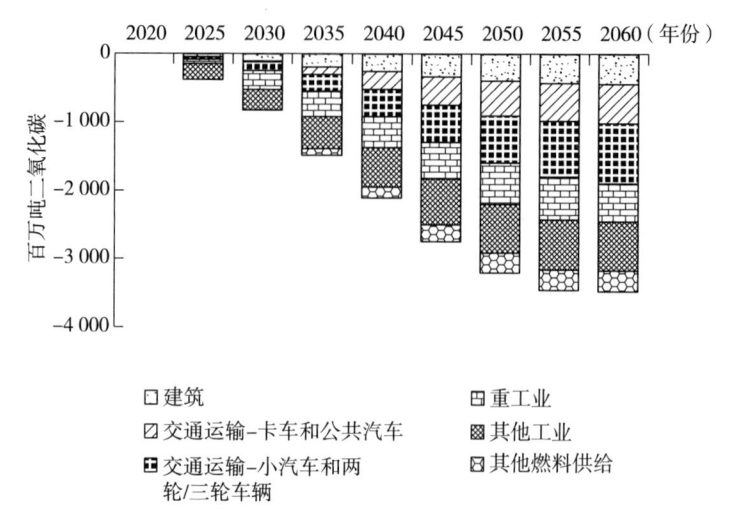

图 4.1　在承诺目标情景下，中国不同部门通过电气化实现的二氧化碳减排量

注：电气化避免的排放包括采用电气设备替代化石燃料而避免的排放，以及通过使用电气设备提高能效而避免的排放。

> 从现在到 2060 年电气化避免的累计排放量中，约 45% 发生在工业部门，35% 在交通运输部门，12% 在建筑部门。

在承诺目标情景下，从目前到 2060 年，电力技术的部署将带来电气化和能效提高，由此实现的二氧化碳减排量中，工业领域的比重最大，达到 45%，工业电气化增效减排的驱动因素包括：轻工业的中低温加热需求将由工业热泵和电锅炉满足，替代传统的化石燃料；以废钢为原料的电弧炉炼钢将扩大规模。此外，交通运输部门将占电气化减排量的 35%：初期减排主要来自轻型车辆的直接电气化，长期减排将主要来自重型车辆转用电池动力（使用电解氢和氢衍生燃料也会间接促进交通运输减排，特别是在 2040—2060 年）。电气化也是建筑部门中的重要趋势，中国将逐渐停止使用煤炭和其他化石燃料进行供热和烹饪。燃料供给的电气化将贡献从现在到 2060 年减排量的 10% 左右，主要通过直接使用电解氢和生产氢基燃料来实现。

> **专栏 4.1　电力系统的目标和政策**
>
> 在扩大发电能力和减少一次能源供给中煤炭的比重方面，中国已连续达到并超额完成了前几个五年规划中设定的目标。2021—2026 年"十四五"规划的重点发生了转变，强调"大力提升"太阳能和风能发电规模的重要性，并进一步规划核电装机容量从 2021 年中期的 52 吉瓦增加到 70 吉瓦，以及非化石燃料在一次能源用量中的比重从 2020 年的略低于 16% 增加到 2025 年的 20%。"十四五"规划为未来 5 年在核电装机、海上风电、输电网等方面的投资绘制了蓝图，旨在推动太阳能和风能发电规模在 2025 年后不久即超过水电，成为继煤炭之后的第二大主力发电技术。规划还认可了天然气在满足高峰负荷、灵活应对波动性可再生能源发电量波动方面的作用。虽然"十四五"规划没有明确规定煤炭产能扩张的上限，但着重强调了清洁高效用煤的必要性，并且没有排除不久后对煤炭实施消费上限的可能性（NDRC, 2021）。
>
> "十四五"新目标在正式宣布之前就已经影响到了电力部门的投资决策。2021 年初，中国国家电网公司宣布，计划在 2021—2025 年投资 3 700 亿美元（2.4 万亿元）支持以下项目（State Grid, 2021）：
>
> - 建设总容量为 56 吉瓦的 7 条特高压直流输电线路；
> - 将区域间输电能力提高到 300 吉瓦，其中一半可用于输送"清洁"电力；

第四章　能源转型的技术需求

- 2025年前新建50兆瓦的抽水蓄能设施；
- 新建削峰燃气电厂和分布式太阳能装置，后者到2025年将达到180吉瓦（2020年为72吉瓦）；
- 发展电动车充电能力，包括高速公路快速充电设施和176座城市中的充电网络。

中国的国家排放交易系统于2021年中期开始交易，初期涵盖燃煤和燃气电厂，并根据碳强度基准设定配额。

在电力部门脱碳的同时，中国也一直力争提高终端用能部门的电气化程度。2016年八部委联合发布的《关于推进电能替代的指导意见》，以及《能源生产和消费革命战略（2016—2030）》，都将城乡电气化列为重塑能源消费的关键领域（Government of China, 2016）。"十三五"期间，中国设定的目标是到2020年电力在终端能源消费中的比重提高到27%（2015年为25.8%），并且在各终端用能部门采用电力替代燃料，使电能替代用电量达到450太瓦时。

"十四五"规划将推进煤改电，扩大充电基础设施，并在北方地区发展清洁取暖和工业熔炉管理。据国家电网估计，"十四五"期间改用电力的潜力可达600太瓦时（接近2020年全年电力消费的9%），而中国电力企业联合会预估，到2035年电力在终端能源消费中的比重将可能高达38%（State Council Information Office of the People's Republic of China, 2020）。

在交通运输部门，中国的《新能源汽车产业发展规划（2021—2035年）》提出了包括电动车在内的汽车技术创新战略。2020年底，中国汽车工程学会（China-SAE）设定了新能源汽车（电池、插电式和燃料电池电动车）在轻型车销售中的目标比重，这一目标比重后来得到了国务院确认：2025年前达到20%，2035年前超过一半（Randall，2020）。

在住宅领域，电气化工作的重点是在没有区域供热网络的地区替代独立型煤炉或燃煤锅炉。《北方地区冬季清洁取暖规划（2017—2021年）》的目标是北方地区清洁取暖覆盖率到2021年达到70%（2016年为34%）。为了解决北京、天津、河北、河南、山西和山东的空气污染问题，《北方地区冬季清洁取暖规划（2017—2021年）》为中国的28座城市制定了到2021年100%使用清洁能源取暖的具体目标。《北方地区冬季清洁取暖规划（2017—2021年）》的其他目标还包括扩大太阳能、生物质和地热供暖在建筑中的使用（Government of China，2017）。

工业方面，2016年《关于推进电能替代的指导意见》确定了电气化的重点部门和地区，确立了推广工业电锅炉来满足蒸汽需求的措施（特别是在东南沿海的纺织和木材加工行业），以及推进电炉在金属加工、陶瓷、矿棉、玻璃等行业应用的措施（Government of China，2016）。

注：清洁取暖包括利用天然气、电力、有污染控制措施的大规模煤炭设施、可再生能源和工业余热进行的取暖。

类似于其他国家的情况，中国经济加速电气化既反映了充分利用低碳可再生能源发电技术（主要是太阳能和风能）的目标，也反映了电力在终端应用中相对于其他低碳能源形式的环境和实践优势（例如许多电力技术的能效较高）。在承诺目标情景中，电力在中国终端能源需求总量中的比重将从2020年的25%[①]增加到2060年的55%。如果把间接使用电力制造其他最终形式的能源考虑在内（主要是电解制氢和合成燃料），2060年这一比重将达到66%。电力将成为所有终端用能部门的主要能源载体，不过它在不同部门中的发展趋势将有很大差异（见图4.2）。

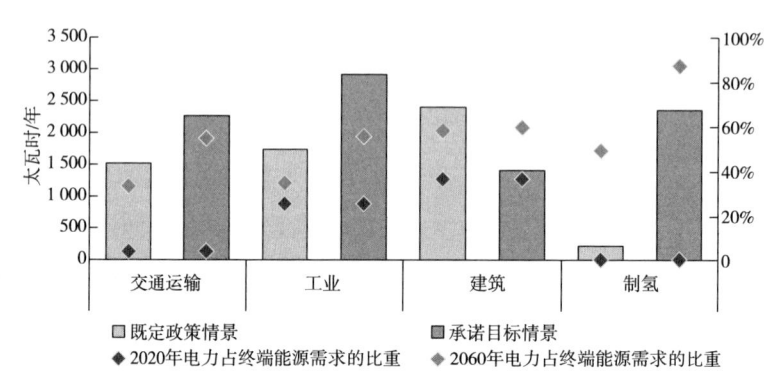

图 4.2　2020—2060年，中国不同部门和情景中的电力消费增长情况

注：这里的制氢只包括商品氢。

在承诺目标情景中，到2060年电力将满足交通运输和工业能源需求的一半以上、建筑终端能源需求的60%，以及制氢能源需求的近90%。

电力现今已经是中国工业部门的重要燃料，满足其能源需求总量的1/4左右。在承诺目标情景中，工业用电需求在2020—2060年将增长70%以上。直接用电的增长是为了满足轻工业制造、热泵和其他电热技术等的中低温热力需求。在轻工业领域，电动机存量也将迅速提升；然而，尽管能效等级较高的电动机所

---

① 由于计算终端能源消费总量的方法不同，本书中的比重与中国官方的统计数字有差异。本书终端能源消费总量包括工业高炉和焦炉消耗的能源，因此本书中的电力比重较低。

占比重将会增大，而且更多电动机将使用变速驱动技术，但总体电力需求仍将翻一番。在能源密集的钢铁和铝材行业，虽然产量将会下降，但利用废钢或废铝的再生产将是电力需求增长的重要推动因素。电力需求增长的另一个关键领域是一次材料生产的间接电气化（主要是在钢铁和化工部门），这一电气化转型是通过使用氢气来实现的：在钢铁行业中作为还原剂，在化工行业中作为氨和甲醇的生产原料。2060年承诺目标情景下中国工业消费的7 000太瓦时的电力中，约13%将用于电解制氢。

目前建筑是第二大用电部门；在承诺目标情景中，2020—2060年该部门的电力需求将增加60%以上，接近3 700太瓦时，其主要推动力是电器使用的增加，以及烹饪和水加热的能源从传统生物质和化石燃料转为电力。在承诺目标情景下，由于严格的建筑能源规范和电器能效标准，建筑部门的电力需求增速将低于既定政策情景下的水平，这一点与其他部门的趋势不同。由于建筑性能和设备效率逐步提高，空间采暖/制冷以及照明的电力需求增幅较小。

虽然中国在公路交通运输电气化方面领先世界（IEA，2021a），但目前中国交通运输部门约95%的终端能源需求仍由石油产品和天然气满足。这种现状将在承诺目标情景中发生巨大的变化：到2050年，电力将超过石油成为交通运输部门的主力燃料。随着电池技术的改进，电力到2060年将满足公路交通运输用能的近2/3。届时，乘用小汽车将以电动车为主，而许多卡车也将改用电动动力系统；不过，电动卡车的普及将比电动小汽车滞后10年以上：2060年，中型和重型卡车中的电动卡车比重将达到约50%。

技术成熟度

终端使用的低碳电力技术通常不如发电用的低碳技术成熟。电动车、热泵等技术现已商业化，但可能还无力与其他非电动技术充分竞争，因此这些技术的推广将取决于进一步通过创新来提高性能并降低成本。[①] 除此类技术外，其他终端使用的技术更加滞后，特别是在重工业和长途交通运输方面。例如，在原生钢生产中，利用电力进行电解炼铁制钢仍然处于研究和中试阶段。在航空领域，当今有几家企业正在开发和测试电动飞机原型，但由于受到电池能量密度低的相关技术限制，电动飞机距离商业化还比较远，即使是在只搭载少量乘客的短途飞行领域也是如此。

在承诺目标情景下，2020年基础上的累计二氧化碳减排量中，有85%将来自可再生能源和核电。这两个领域中的许多相关技术已经成熟，或已经在市场上稳步增长，然而随着部署的拓宽，这些技术仍将继续发展。同样，许多依赖电力的终端用能技术也已经进入市场，如建筑和工业用热泵、废钢炼钢、锂离子电池电动车，以及电炉灶。可是，其他终端用途的技术仍在开发之中。在承诺目标情景中，目前处于原型阶段的先进高能量密度电池将贡献从现在到2060年公路交通运输累计减排量的几乎一半。在重工业直接电气化方面，存在重大技术挑战，特别是对于有高温热力需求的工艺过程而言。这一领域的大多数技术现在还处于原型阶

---

① 低碳电力价值链的其他领域也需要在技术上取得更大进步。在低碳电力系统中，日益重要的一类创新是在按负荷调整供电方面，开发提供更高灵活性的有效手段。如今许多最有前景的技术正处于早期应用和大规模原型阶段之间。

段，例如，承诺目标情景中电力水泥窑的作用有限，将仅贡献从现在到 2060 年水泥业累计减排量的 1%（见图 4.3）。

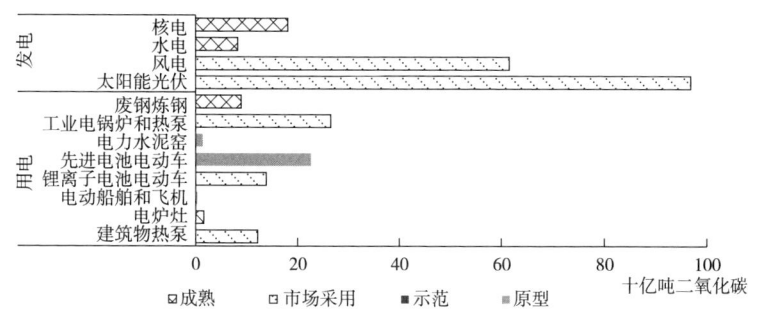

图 4.3 在承诺目标情景下，2020—2060 年中国不同成熟度的部分电力技术贡献的二氧化碳累计减排量

注：成熟度类别是根据国际能源署《清洁能源技术指南》（IEA，2020a）中对各个技术成熟度的详细评估来确定的。

> 实现碳中和所需的大多数关键电力技术现已进入市场，但需要进一步创新来拓宽这些技术的应用范围，特别是在电池和重工业过程方面。

关注电动车电池制造

电动车部署的核心在于电池技术进步。在承诺目标情景中，固态电池（目前处于原型阶段）将使电动车电池的能量密度在 21 世纪 20 年代增加到 350 瓦时/千克以上，比目前的水平高出约 50%。这将延长续航里程，增强电动车相对于传统车辆（特别是重型卡车）的竞争力。到 2060 年，电池的能量密度将超过 540 瓦时/千克，使短距离电动船和电动飞机具有可行性。2060 年，中国各类交通运输工具（其中绝大多数是公路交通运输工具）的电池需求总量将是 2020 年的 40 倍，耗能量将达到 3 太瓦时，这意味着中国需要建设超过 85 座产能为 35 吉瓦时的超级工厂，才能满足国内需求。

截至目前，中国的电动车电池产能居全球榜首，遥遥领先于其他国家（见图4.4）；2020年底全球660吉瓦时的产能中，中国占70%，即约470吉瓦时（Benchmark Minerals intelligence，2021）。中国的电池厂仍然以远低于产能的水平生产，因为2020年的电池安装量只有大约70吉瓦时。仅宁德时代新能源科技股份有限公司（宁德时代，CATL）一家企业就在2020年出口了约6吉瓦时的锂离子电池，满足了大约5%的全球需求。中国的电池制造业主要集中在东部省份，江苏省占了其中的1/3。

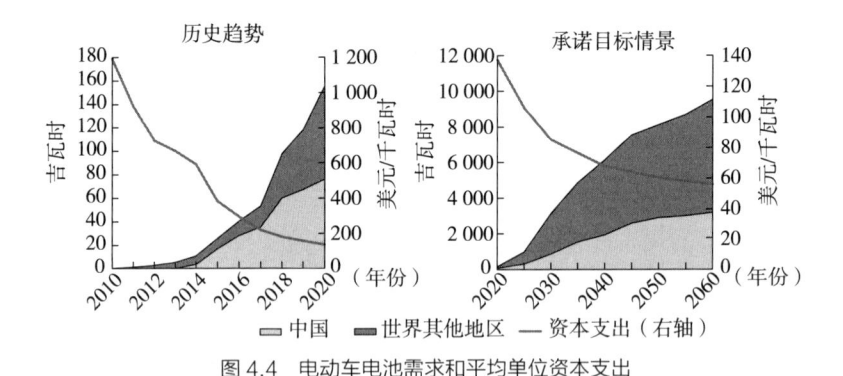

图 4.4　电动车电池需求和平均单位资本支出

资料来源：历史数据基于 IEA（2021a）。

当今全球电池产量中，有近一半用于满足中国需求；随着电动车需求迅速增加，各地区的电池生产成本都在下降。

2020年底，电网中用于储能的电池容量（主要由公用事业部门使用）已经达到10吉瓦时，是2015年的35倍，其中近5吉瓦时是在2020年安装的。尽管储能的增长幅度巨大，但储能用电池只占电池安装总量的7%。

当今中国生产和销售的大部分电池是锂离子电池，这种电池自20世纪90年代初发明以来，成本已经历断崖式下降。驱动成本走低的主要因素是中国制造规模的扩大和技术学习效应。锂离子电池最初用于消费电子产品，许多中国企业与美国和日本公司签订了技术协议，参与电池制造。21世纪初，一些中国电池制造企业开始研究和生产电动车电池，后来政府对电动车购买的补贴进一步鼓励了此类工作。2019年之前，中国国内的电池行业受到高度保护，只有使用中国汽车制造企业生产的电池的车辆才有资格获得补贴，而在中国开展业务的日韩电池制造企业不在补贴范围内。2014—2016年，锂离子电池的成本降低了50%，同期中国的电池需求增加了6倍，占全球电池需求增量的80%。如今，锂离子电池的生产成本在世界各地差别不大，但会受到不同技术所需原材料的影响，电池价格可能因汽车制造企业的订单量而异。

> **专栏4.2　中国的电动车电池制造**
>
> 　　中国两大电动车电池制造企业宁德时代和比亚迪2019年的产能分别为53吉瓦时和40吉瓦时，市场份额分别约为65%和15%。韩国和日本企业在中国也有大量产能。松下电器的58吉瓦时全球产能中有10吉瓦时位于中国，LG化学的70吉瓦时全球产能中有30吉瓦时位于中国，三星SDI的20吉瓦时全球产能中有10吉瓦时位于中国。大多数其他电池制造企业规模较小，专注于当地市场。
>
> 　　中国尤其重视磷酸铁锂（LFP）阴极电池（锂离子电池的一种）的开发和生产，"十一五"规划曾将该技术的研发列为优先

> 事项。几乎所有的磷酸铁锂电池都是由中国企业制造的。这类电池非常适用于公共汽车，原因有两个：一是磷酸铁锂电池的循环寿命较长，对利用率较高的车辆而言非常理想；二是相对于车辆重量来说，公共汽车有更多的空间可以用于安置电池，故电池能量密度对公共汽车而言并不像对乘用小汽车那样重要。到目前为止，中国拥有全球最大的电动公共汽车市场。中国企业在电池组架构（无模组技术，CTP）方面的创新也推动了轻型车用磷酸铁锂阴极电池的再次兴起。
>
> 中国是锂离子电池某些关键部件的最大生产国，并主导着电池金属矿物加工业：中国占全球精炼镍产量的35%、钴产量的65%和锂产量的58%。中国的矿物供应企业与电池制造企业之间有着紧密合作。

未来几十年里，中国可能继续主导全球电动车电池行业。在承诺目标情景中，中国的需求到2030年将达到0.85太瓦时，2060年将达到3太瓦时，约占2021—2060年全球电池累计需求的1/3。2030年，中国的需求中约85%是用于轻型车，其余大部分是用于卡车（10%）和公共汽车（5%）；2060年，卡车的电池需求将变得更加重要，约占总需求的45%。

中国生产企业计划在2030年前将产能扩大到2.2太瓦时（Benchmark Minerals intelligence，2021），满足全球3太瓦时预计需求的约3/4。中国对储能电池的需求在2030年将达到0.08太瓦时，2060年将达到3.7太瓦时（相当于年均新增容量120吉瓦时），在全国电池总需求中的比重低于5%。从长远来看，随着其他国家在公路交通运输电气化方面缩小与中国的距离，中国在全球电池需求中的比重将有所下降，但中国很可能继续扩大制造能力，以满足不断增长的出口需求。承诺目标情景中，到 2060 年全球需求将达到 10 太瓦时，是 2020 年水平的 50 倍。到 2060 年，如果中国要满足和现在同等份额的全球电动车电池需求，那么中国国内电池制造业的市场价值将达到 2 500 亿美元，即目前规模的 25 倍。

随着全球电池需求增加，以及在实践学习、查找学习和规模经济的作用下，电池成本将进一步大幅降低，而这在很大程度上得益于中国的创新。成本降低、性能提高既是全球公路交通运输电气化程度增加的结果，也是其驱动力。承诺目标情景中，全世界的电池平均成本到 2030 年将下降到 85~90 美元 / 千瓦时（586~621 元 / 千瓦时），2060 年进一步减少到 55~60 美元 / 千瓦时（379~414 元 / 千瓦时）。以上成本降低的前提是电池制造所需的原材料不发生重大短缺。中国对电池材料供给的影响重大，因此在供应链管理、制造工艺持续创新方面需要发挥独特的作用。未来 10 年内中国的作用将尤其关键，而世界其他地区也将在这段时期内发展各自的电池制造供应链。

关注热泵

过去几年来，热泵（提供空间采暖、空间制冷或两者兼有的蒸汽压缩装置）的使用量在中国迅速增长，主要由空调需求驱动。自 2010 年以来，中国制冷需求的增速高于世界其他国家，中国的制冷需求现已占到全球制冷用能总量的 23%。2020 年，全球空调销量的 40% 以上在中国（ChinaIOL，2021）。对空间采暖和水加热热泵（以空气源热泵为主）的需求也在增长，特别是在住宅和农村建筑中。可逆式热泵（冷热两用热泵）也逐渐在全国各城市普及。国产热泵占中国热泵销量的大部分，近年来产量稳步增长。同时，中国还制造全球70%以上的室内空调（LBNL，2020）。

中国政府采用多种政策手段提高中国制造和销售的热泵的效率。最低能源性能标准（MEPS）覆盖各类热泵。政府收紧了变频热泵的最低能源性能标准，并于2012年出台了支持购买高能效热泵的补贴方案，推动了能源性能在2013—2014年大幅提升。随着部分类型热泵的能效提高速度在2017年进入平台期，最低能源性能标准有了进一步收紧的空间（IEA，2019）。2020年7月，最低能源性能标准GB 21455—2019实施，首次将低温空气源热泵纳入了标准管理范围。

随着气温上升、经济繁荣，人们对温度舒适的需求增加，中国的热泵需求无疑将持续增长。在承诺目标情景中（见图4.5），热泵容量[①]在2020—2060年几乎将翻两番，达到5太瓦左右，相当于世界总容量的30%。电热泵占建筑空间采暖能耗的比重将在2030年达到7%，2060年超过20%，而目前的比例不足3%。拥有至少一台空调的家庭比例也将从现在的70%增长到2050年的90%以上。2060年，中国采暖/制冷热泵的用能总量将达到800太瓦时，约占全球建筑用能总量的13%、中国建筑部门用电总量的60%。

热泵需求的增加使制造企业能够利用规模经济，助推热泵平

---

① "热泵"包括所有提供空间采暖和空间制冷的蒸汽压缩循环技术，不包括地源热泵。"容量"是指输入容量。

均成本到 2030 年下降 5%，2060 年下降近 15%。制冷领域的研发和技术学习（例如制冷剂控制系统、压缩机、低全球变暖潜能值或天然制冷剂，以及混合蒸汽压缩循环）也有助于降低供热用泵的成本（IEA, 2020b）。

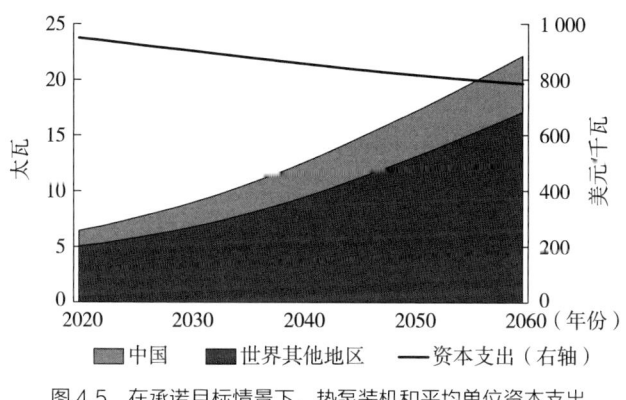

图 4.5 在承诺目标情景下，热泵装机和平均单位资本支出

从现在到 2060 年，中国将占全球热泵新增装机的 1/5 以上，规模经济和通过实践学习将驱动热泵成本降低 15% 以上。

供应链基础设施需求

承诺目标情景下，未来 40 年中国的电力需求预计将大幅增长，这就要求对电网进行大规模扩展和改造。据预计，随着化石燃料发电量下降，要确保电力系统灵活、可靠、安全运行，就要具备可调度电力的替代来源、增加短期和季节性储电能力、实行需求响应、强化网络，以及增进相邻系统间的互联（以便利用更大的地理区域来帮助调配各地区的负荷变化）。

终端电气化将减少对化石燃料的依赖，但为了推广低碳电力部署，对相关基础设施和设备制造所需的金属和矿物的需求将会增加。铜、锂、钴、铂在能源转型中居于核心地位：输配电线路需要铜，锂离子电池需要锂和钴，燃料电池需要铂。其中钴的供应链最为脆弱，因为钴资源在地理上高度集中，全球一次产量的近 2/3 都来自刚果民主共和国。中国所需的纯钴全部来自进口。2018 年钴价格大幅上涨，凸显了供应链风险，因而促使电池生产企业设法减少电池中的钴含量。此后，低钴电池经历了快速增长。锂很可能始终都是关键材料，因为锂的物理特性使其非常适合用于高能量密度电池，且难以被其他材料取代。

目前，铜的应用领域包括建造、车辆制造和电力系统（包括特高压输电线路等电缆）。2020—2060 年，中国对铜的需求预计将显著增长，但速度低于整体电力需求增速：由于交通运输方式转变以及车辆制造和建造过程中材料利用效率提高，铜的需求量将会相应减少，大幅抵消加快各类终端用途电气化所造成的需求增长。另外，在电动车快速普及、电力部门电池储电量增加的推动下，用于制造锂离子电池的锂、镍和钴的需求到 2060 年将分别增加到 2020 年的 50 倍、44 倍和 22 倍（见图 4.6）。

部分上述关键材料在中国的储量巨大，并且中国拥有全球相当大比例的矿物加工和精炼能力，例如用于电动机和风力涡轮机的稀土，中国的开采能力占全球的 60%。中国还拥有全球 65% 的钴加工和精炼能力，超过 55% 的锂加工和精炼能力，以及超过 35% 的镍加工和精炼能力。从已规划的项目来看，中国很可能将在较长时期内保持全球关键材料供给的领先地位，居于能源转型全球供应链的中心（IEA，2021b）。

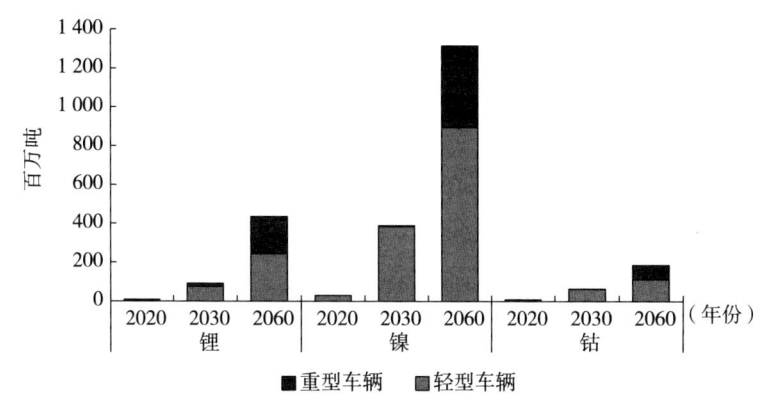

图 4.6　在承诺目标情景下，中国对电动车所需部分关键金属的需求

由于需要锂离子电池的电动车数量快速增加，并且电力部门也需要用电池储电，所以对锂、镍、钴的需求将飞速增长。

碳捕集、利用与封存

碳捕集、利用与封存在能源转型中的作用

过去 10 年来，中国在碳捕集、利用与封存方面取得了长足进展，为迅速加快部署奠定了基础，在运营或规划中的碳捕集、利用与封存项目不断增多。目前，中国至少有 21 个中试、示范或商业项目正在开展，年二氧化碳捕集能力合计超过 200 万吨；其中许多项目涉及二氧化碳驱油（CO_2-EOR），即通过二氧化碳注入来提高石油产量。这些项目中最大的是中国石油天然气集团有限公司（中石油，CNPC）在吉林的二氧化碳驱油商业项目，该项目每年从天然气加工过程中捕集的二氧化碳达 60 万吨。另有两个商业规模的项目正在建设：一个是位于鲁东的中石化齐鲁炼油厂的 70 万吨/年二氧化碳捕集项目，另一个是陕西延长石油集团的 40 万吨 / 年煤化工二氧化碳捕集项目。这两个项目捕集的二氧化碳将分别在胜利油田和鄂尔多斯盆地用于驱油。所有碳捕集、利用与封存项目都位于华北或华东，这些地区的煤基化工和电力生产比较集中，也有较好的二氧化碳驱油机会和专用地质封存条件。

> **专栏 4.3　碳捕集、利用与封存部署目标和政策**
>
> 　　过去 10 年的政策和监管发展表明，碳捕集、利用与封存在中国愈加得到重视。自"十二五"规划起，中国已将碳捕集、利用与封存纳入国家碳减排战略和国家自主贡献。"十四五"规划首次提及了大规模碳捕集、利用与封存示范项目的发展。若干部委已发布指导文件，支持通过研发和示范来开发碳捕集、利用与封存技术，例如《应对气候变化领域"十三五"科技创新专项规划》。在地方层面上，对碳捕集、利用与封存的关注也不断增加，全国省级行政区中已有 29 个发布了碳捕集、利用与封存相关政策（Xian, 2021）。
>
> 　　2019 年，科学技术部社会发展科技司和中国 21 世纪议程管理中心（ACCA21）联合发布了《中国碳捕集利用与封存技术发展路线图（2019）》（ACCA21, 2019）。这份路线图以五年为一个阶段，设定了到 2050 年的若干目标。这些目标包括：2030 年碳捕集、利用与封存可以用于工业，并且年运输能力高达 200 万吨的远距离陆上二氧化碳管道可以投入使用；到 2030 年二氧化碳捕集成本和能耗减少 10%~15%，2040 年减少 40%~50%；

> 到 2050 年，碳捕集、利用与封存技术将得到广泛部署，并得到全国各地多个工业碳捕集、利用与封存枢纽支撑。
>
> 迄今为止，中国的碳捕集、利用与封存政策主要集中在科研和创新层面，推动相关技术取得了重大进步。然而，中国尚未颁布具体法律来鼓励部署碳捕集、利用与封存并克服新项目障碍，为此需要出台法律和政策框架，实施市场激励措施，包括旨在解决大型项目高资本和运营成本问题的二氧化碳定价和补贴机制（Jiang et al., 2020）。

在承诺目标情景下，碳捕集、利用与封存将在中国碳中和转型中发挥重要作用，这在很大程度上是由中国现有能源基础设施的结构和煤炭在当今能源结构中的巨大作用所决定的。二氧化碳捕集将部署到工业、燃料转化和发电领域，捕集的二氧化碳将得到永久封存或通过多种方式加以利用。中国现有的许多电厂和工厂都是近期才建成的，将来它们可以在完成碳捕集、利用与封存改造后继续运行，从而避免因提前退役而耗费大量资本。利用碳捕集、利用与封存，还可以进行生物质能碳捕集与封存以及直接空气捕集与封存，后两类技术都可以减少大气中的二氧化碳净含量，从而产生负排放。

从现在到 2060 年，碳捕集、利用与封存将总计贡献中国二氧化碳累计减排量的 8%，且贡献量随着时间的推移而不断增加。在承诺目标情景中，中国要达到 2020 年宣布的《巴黎协定》下国家自主贡献的更高近期目标，只需要在 2020—2030 年小幅增加二氧化碳捕集总量。中国将利用这段时间来建立广泛部署碳捕集、利用与封存所必需的有利环境，包括先进的监管框架以及交通运输和封存基础设施。如图 4.7 所示，2030 年以后，碳捕集、利用与封存技术将加速部署，支持电力、工业和燃料转化等部门的减排量到 2060 年增加到 26 亿吨。2060 年，通过生物能源碳捕集与封存、直接空气捕集结合二氧化碳封存，将有约 6.2 亿吨二氧化碳得到移除，占二氧化碳捕集总量的 25%，完全抵消工业和交通运输部门的剩余排放。

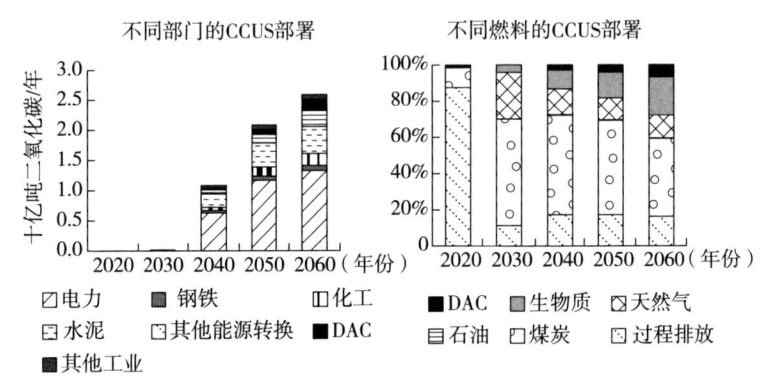

图 4.7 在承诺目标情景下，中国不同部门和排放源的碳捕集、利用与封存部署情况

注："其他能源转换"包括燃料转化、化石燃料的提取，以及采矿。碳捕集、利用与封存能力不包括化工生产中对捕集到的二氧化碳进行内部利用。

> 碳捕集、利用与封存初期的重点在于减少现有资产的排放，但未来将在通过 BECCS 和 DAC 结合封存从大气中移除碳方面发挥越来越大的作用。

为了减少现有电力和工业资产的排放，碳捕集、利用与封存的使用将日益增加，在大多数应用中，能够以相对较低的额外成本实现高达 99% 的二氧化碳捕集率。燃煤和天然气发电厂的二氧化碳捕集率日后将越来越高：在燃煤发电和天然气发电领域，平均总捕集率在 2030 年将分别达到 96% 和 95%，2060 年均达到约98%。

整个预测期内，碳捕集、利用与封存的部署主要由发电行业驱动。到2060年，电力部门捕集的二氧化碳将约为13亿吨，占各部门二氧化碳捕集总量的一半。如此高的捕集量在很大程度上反映了煤电厂的排放规模。2060年中国电力部门较2020年的减排总量中，碳捕集、利用与封存的贡献将占7%。

碳捕集、利用与封存在工业部门也将迅速发展，特别是在水泥和化工生产行业。碳捕集、利用与封存在工业减排方面具有至关重要的作用，因为它是少数可以用于减少水泥、钢铁和化工生产过程排放的技术之一。在承诺目标情景下，到2060年，捕集的所有二氧化碳中，有超过8.2亿吨（32%）来自重工业。在水泥和化工行业中，碳捕集、利用与封存对2060年相对于2020年的二氧化碳减排总量的贡献比重分别高达33%和13%。

低碳燃料转化和二氧化碳移除技术在后几十年间将发挥重要作用。到2060年，生物能源碳捕集与封存的二氧化碳将达到5.05亿吨左右，直接空气捕集并封存的二氧化碳为1.15亿吨。在2060年捕集的所有二氧化碳中，25亿吨（96%）将被永久封存，1.2亿吨（4%）主要用于制造航空燃料。

在承诺目标情景中（见图4.8），在实践学习和规模经济的推动下，中国和世界其他国家的碳捕集、利用与封存部署成本将有所降低，同时，随着碳捕集、利用与封存加大部署，牢固的知识基础、熟练的劳动力基础，以及大量的技术能力将得以强化。到2060年，中国在化石发电、化工、水泥和直接空气捕集领域的碳捕集、利用与封存部署将占到全球同行业碳捕集、利用与封存捕集能力的 50%~75%，在钢铁行业的比重将约为 40%[①]。碳捕集、利用与封存在国内的部署将为中国提供输出高价值知识和能力的机会。

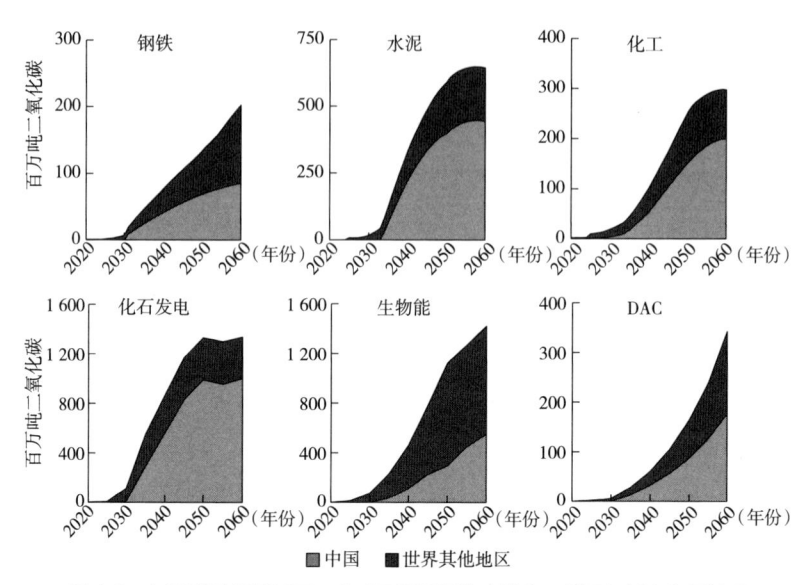

图 4.8　在承诺目标情景下，全球不同部门的碳捕集、利用与封存部署情况

注：承诺目标情景考虑到了世界各国已经做出的净零排放承诺，预计碳捕集、利用与封存在这些国家以外的部署有限。在承诺目标情景中，中国部署生物能源碳捕集与封存和直接空气捕集不是为了抵消其他国家的剩余排放量，而只是用于抵消到 2060 年的国内剩余排放量。碳捕集、利用与封存部署不包括化工生产中对捕集到的二氧化碳进行内部利用。

> 在承诺目标情景中，2060 年中国占全球化石发电、化工和水泥行业二氧化碳捕集量的 2/3 以上。

---

① 相对于世界其他地区，中国的 CCUS 部署占全球的比重较大，这在一定程度上反映了承诺目标情景考虑到了已做出净零排放承诺的国家的情况，以及这些国家之外 CCUS 部署有限。例如，2060 年水泥产量有一半将来自有净零承诺的国家，另一半来自没有净零承诺的国家；在有净零承诺国家的水泥总产量中，中国占 70%。因此，2060 年在有 CCUS 的水泥产量中，中国占 2/3 以上，但中国只占全球水泥总产量的 35%。

技术成熟度

碳捕集、利用与封存将为中国实现碳中和做出多大贡献，取决于捕集技术在各个部门能否快速发展和商业化，以及二氧化碳运输和封存网络在多大程度上得到扩展。目前，中国碳捕集、利用与封存技术的成熟度因技术类型和应用而有较大差异。虽然大多数技术已经在全球范围内进行了示范，但由于中国相关政策和监管支持不足，这些技术没有得到充分部署。在承诺目标情景中（见图4.9），从现在到2060年的碳捕集、利用与封存累计减排量中，约有45%来自目前处于原型或示范阶段的二氧化碳捕集技术。中国只有加快示范和商业规模的项目开发，才有可能实现碳中和。

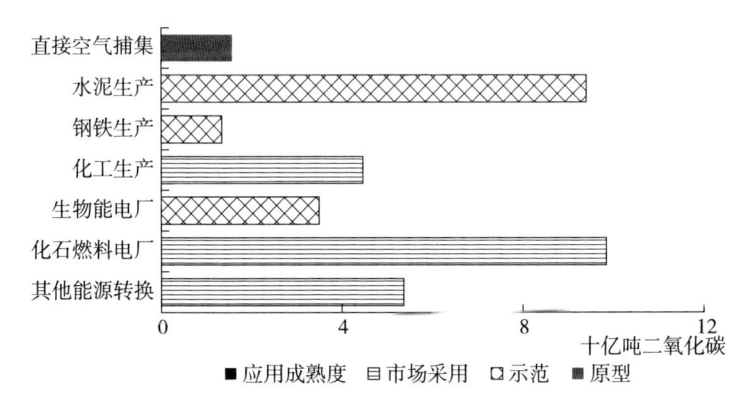

图4.9 在承诺目标情景下，2020—2060年中国不同成熟度的碳捕集、利用与封存技术在部分应用领域贡献的二氧化碳累计减排量

注："钢铁生产"是指使用碳捕集、利用与封存的创新型冶炼还原路线。"应用成熟度"是指某一部门以二氧化碳封存为目的的二氧化碳捕集技术的成熟度。成熟度类别是根据国际能源署《清洁能源技术指南》（IEA, 2020a）中对各个技术和碳捕集、利用与封存系统成熟度的详细评估来确定的。

> 二氧化碳捕集技术在水泥、生物能源发电、钢铁等一些部门仍处于示范阶段，而这些部门将需要二氧化碳捕集技术以实现大规模减排。

二氧化碳捕集

在某些工业和燃料转化（如合成氨生产和天然气加工）过程中，二氧化碳捕集已有数十年历史，但在水泥、燃煤电厂等应用领域，二氧化碳捕集尚未广泛部署。目前中国已投运的二氧化碳捕集能力总计为 200 万~300 万吨[①]，其中至少 45 万吨/年在燃煤电厂，90 万吨/年在煤化工厂，其余则在天然气加工、炼油和其他部门，包括水泥部门的一个示范项目（Cai et al., 2020）。自 2019 年以来，至少 6 个项目投入运营，年产能从 2 万吨到 15 万吨。

目前最先进、使用最广泛的捕集技术是化学吸收和物理分离。其他技术包括目前处于原型阶段的膜分离和循环（钙和化学循环）。在中国，每吨二氧化碳的捕集成本如下：燃烧前捕集 36~62 美元（250~430 元），燃烧后捕集 43~65 美元（300~450 元），富氧燃烧捕集 43~58 美元（300~400 元）（ACCA21, 2019）。中国政府已经制定了目标，即到 2030 年将捕集成本降低 30%~40%，到 2050 年降低 60%~70%（ACCA21, 2019）。

中国正在为全球二氧化碳捕集研发工作做出重大贡献。例如，CHEERS 国际合作项目为期 5 年，出资方为欧盟"地平线 2020"科研创新框架计划和中国科学技术部，目标是在精炼厂中示范集成捕集功能的化学链燃烧系统。该项目计划在中国创建以石油焦为燃料的原型，生产二氧化碳用于驱油。又如，中国华能和跨国资源公司嘉能可（Glencore）合作的 CTSCo 项目，该项

---

① 这里不包括化工部门在进行合成氨和尿素的正常作业时从过程排放中捕集的二氧化碳。2020 年，中国化工部门为此目的捕集了约 4 000 万吨二氧化碳。

目将利用华能的技术来捕集澳大利亚 Millmerran 燃煤电厂的二氧化碳排放。此类国际项目既表明了中国技术具有出口潜力，也可以支持未来二氧化碳捕集技术在国内外燃煤电厂中的推广。

二氧化碳运输

是否有基础设施可以将二氧化碳从捕集地安全可靠地运输到封存地或用户工厂，对碳捕集、利用与封存技术的部署至关重要。截至目前，中国至少有 2/3 的碳捕集、利用与封存项目主要使用罐车来运输二氧化碳。罐车的运输成本为 0.13~0.20 美元/吨千米（0.9~1.4 元/吨千米）（Cai et al., 2020）。此外，已有示范项目表明，采用驳船在内陆运输二氧化碳的成本约为 0.04 美元/吨千米（0.30 元/吨千米）（ACCA21, 2019）。虽然短距离、小批量运输可以使用罐车、铁路和驳船，但对长距离、大批量运输而言，管道和轮船通常更加经济。

中石油吉林油田的二氧化碳驱油项目是中国少数采用管道运输二氧化碳的碳捕集、利用与封存项目之一，其管道长度超过 53 千米，成本为 0.04 美元/吨千米（0.30 元/吨千米）（Cai et al., 2020）。此外，还有一条在建管道，启用后将运送中石化齐鲁炼油厂捕集的二氧化碳到胜利油田用于驱油。管道运输成本在很大程度上取决于流速，例如，3 500 万吨/年的管道的平准化成本只有 100 万吨/年的等长管道的不到 1/10（Wei et al., 2016）。运输成本也因各地区的地形而异，中国华中地区的成本最低，其次是华东、东北、华北、西北和南方（Wei et al., 2016）。

《中国碳捕集利用与封存技术发展路线图（2019）》提出的目标是：到 2025 年建设两条 100 万吨/年的陆上管道，到 2050 年二氧化碳运输总能力达到 10 亿吨 / 年，管道长度超过 20 000 千米（ACCA21，2019）。随着管道基础设施扩大和产业集群发展，规模经济和共享基础设施建设将推动二氧化碳的运输成本下降。将碳捕集、利用与封存价值链中的捕捉、运输和封存环节分离经营的商业模式也有助于降低风险和成本。

世界范围内，若干轮船运输二氧化碳的商业碳捕集、利用与封存项目正处于开发后期阶段。例如，挪威的"北极光"项目将开展第一批大规模的二氧化碳航运作业，从欧洲港口收集二氧化碳，并将其经海路运到挪威海岸，再从那里用管道将二氧化碳输送到海洋封存点。目前，在中国还没有针对碳捕集、利用与封存二氧化碳运输制定具体的规划，不过，ACCA21 已将航运列入《中国碳捕集利用与封存技术发展路线图（2019）》中，计划到 2040 年建成 500 万吨 / 年的运输能力。

二氧化碳利用

二氧化碳可以作为原料用于制造一系列产品：既可以直接使用（二氧化碳分子不发生化学变化），也可以将其转化为燃料、化工产品或建材。当今捕集的二氧化碳大部分用于二氧化碳驱油和化工产品制造，少量用于电子和食品饮料行业。相关研发示范工作主要集中在探索新的转化途径上。在承诺目标情景中，利用二氧化碳制造化工原料和交通运输用燃料将发挥重要的作用，但目前这方面的技术仍处于原型阶段。只有从现在就开始加强创新和政策支持，才能确保此类应用在未来 10 年内实现商业化。二氧化碳的其他用途正在得到大规模应用或示范，包括用于固化混凝土和制造矿化建筑材料。这两种用途都可以有效长期封存二氧化碳。

目前中国每年约有10万吨二氧化碳用于合成高价值化学品，年产值约为5 800万美元（4亿元），以及每年5万吨二氧化碳用于合成材料，年收入达2 900万美元（2亿元）（ACCA21，2019）。中国拥有世界上首个商业化尾气制乙醇项目，于2018年在河北省京唐钢厂投入运营，年产乙醇4.6万吨（每天16万升），使用的是生物反应器而不是传统的二氧化碳捕集技术（LanzaTech，2018）。该项目将厌氧菌与炼钢厂尾气混合，使尾气流中的一氧化碳和二氧化碳发酵，产生乙醇。一部分由生物方式产生的二氧化碳被制成食品和饲料，转化为化学品或用于制造肥料，但数量不大。

二氧化碳驱油在世界部分地区已有50多年的使用历史，出售石油的收入支撑了目前约3/4的在运大型碳捕集、利用与封存项目的发展。在二氧化碳驱油项目的生命周期中，注入的绝大部分二氧化碳都被永久封存于地下，而且通过适当调整二氧化碳驱油实践，还可以确保二氧化碳的长期封存（IEA，2015）。在中国，当油价超过每桶70美元时，二氧化碳驱油就会具有经济效益（Cai et al.，2020）。中国认为二氧化碳驱油能够刺激碳捕集、利用与封存的推广和二氧化碳管理行业的发展（ACCA21，2019）。中国的大型能源企业正在开发若干新的二氧化碳驱油项目。虽然二氧化碳驱油在短期内可以推动碳捕集、利用与封存，但应把它作为一个实现普遍专用封存前的过渡步骤。从长远来看，随着石油需求下降和价格下滑压低石油产量，二氧化碳驱油的作用将会大幅缩水，而对专用二氧化碳封存的需求将会增加。

二氧化碳封存

二氧化碳可以永久封存于陆地和海洋的深部咸水层或枯竭油

气藏中。中国目前还没有专门的商业封存设施。最大的示范项目是由神华集团于 2011—2014 年在鄂尔多斯盆地开展的,向咸水含水层注入了约 30 万吨二氧化碳（Cai et al., 2020）。虽然该项目现已停止二氧化碳注入,但仍在积极开展二氧化碳监测。与之相比,其他示范项目的二氧化碳注入量要小得多。在世界其他地区,目前共有五座大型在运设施,每年向咸水层注入约 800 万吨二氧化碳。在枯竭油气藏中封存二氧化碳尚处于中试示范阶段,但荷兰、英国等已有计划开发相关商业封存设施。

据估计,中国有相当大的二氧化碳封存潜力,陆上盆地的理论封存容量超过 3 250 亿吨,海洋盆地为 770 亿吨（Guo et al., 2015; Kearns et al., 2017）。[①] 中国的北部、西部和中部偏东地区,包括内蒙古、宁夏、新疆和陕西,有丰富的陆地咸水层封存资源,而大部分沿海地区都有海洋盆地,海洋盆地的勘测程度通常较低,但可能适合封存。鄂尔多斯、渤海湾、松辽盆地等地的油气田一旦枯竭,也可能适合封存二氧化碳,这些地区也是目前使用二氧化碳驱油的主要地区。对现有二氧化碳驱油地区的咸水含水层进行特征分析,可以在继续油气生产的同时刺激专用封存设施的发展,从而可能为二氧化碳运输基础设施的共享创造必要条件,并鼓励二氧化碳驱油向专用封存过渡。

利用海上油气勘探和生产过程中收集的数据对海洋封存资源

---

① 与其他地区一样,中国的理论封存潜力因评估方法而异。根据 Wei 等人 2013 年所做的估计,基于技术、地理和社会条件,18%（7 460 亿吨）的陆地咸水含水层容量可能高度适合二氧化碳封存。Kearns 等人 2017 年估计,陆地和海洋封存资源的范围区间分别为 3 250 亿~22 870 亿吨和 770 亿~5 440 亿吨。

进行特征分析，可以助推海洋封存加速发展。然而，考虑到额外的成本和复杂性，以及海上二氧化碳运输在中国仍处于概念阶段，中国海洋封存资源的大范围发展可能会比陆地封存资源的发展滞后几年（ACCA21，2019）。

据估计，中国每吨二氧化碳的封存成本（包括在封存点关闭后进行20年持续监测）如下：陆地咸水含水层8.70美元/吨（约60元/吨），海洋咸水含水层43.48美元/吨（约300元/吨），枯竭油气田50元/吨（约7.25美元/吨）(ACCA21，2019)。《中国碳捕集利用与封存技术发展路线图（2019）》设定的目标是到2030年将咸水层封存成本降低约1/5，达到5.80~7.25美元/吨（40~50元/吨）；到2050年降低一半，达到3.62~4.35美元/吨（25~30元/吨）。

二氧化碳移除

二氧化碳移除技术涉及直接或间接（通过生物质吸收二氧化碳）从大气中采集二氧化碳并将其永久封存。在实现中国气候中和目标的过程中，基于碳捕集、利用与封存技术的二氧化碳方法将发挥重要作用。生物能源碳捕集与封存与直接空气捕集相比更为成熟，更接近大规模商业化；在承诺目标情景中，生物能源碳捕集与封存对中国的减排贡献较大，主要在2040年以后发挥作用。

目前世界上唯一在运行的大型生物能源碳捕集与封存设施是美国伊利诺伊州的工业碳捕集与封存工厂。该厂自2017年投入运营以来，每年从乙醇生产过程中捕集100万吨二氧化碳，并将其封存在咸水含水层中。生物能源碳捕集与封存还可以应用于电力部门，将二氧化碳捕集装置与生物质燃烧锅炉相结合（英国的 Drax 发电站正在试验该工艺），或与变废为能工厂相结合（如挪威的 Fortum Oslo Varme 正在开发的相关技术）。变废为能的过程会产生化石和生物质两种来源的二氧化碳（具体比例取决于工厂使用的原料），因此无法充分发挥负排放潜力。[①] 鉴于中国广泛使用废弃物进行发电和供热，第一批生物能源碳捕集与封存的机会可能存在于变废为能的工厂中，前提是工厂的原料中生物质占比较高。

直接空气捕集工厂直接从大气中捕集二氧化碳（而不是从点源捕集），需要大量的低碳能源。目前全球已有几个小型中试规模的工厂正在运行，这些工厂捕集的二氧化碳用于商业化设施。在美国，一座大规模的直接空气捕获设施正在开发中。对于旨在移除二氧化碳的直接空气捕集而言，最佳选址是在具有低成本可再生能源或核电电力，以及二氧化碳封存资源的地区。四川盆地同时拥有水电和二氧化碳封存资源，因此四川省已被列为直接空气捕集高潜力地区（Pilorgé et al., 2021）。中国东北的松辽盆地兼具二氧化碳封存资源和风能、太阳能资源，也是一处直接空气捕获潜力较好的地区（Pilorgé et al., 2021）。

基础设施需求

要想通过碳捕集、利用与封存将中国的排放量减少到承诺目标情景所预期的程度，需要建立广泛的二氧化碳运输和封存

[①] 政府间气候变化专门委员会认为，焚烧城市固体废弃物产生的二氧化碳总量中，一般有 30%~50% 来自化石（IPCC, 2006）。

网络。这一基础设施的部署将需要区域和国家两个层面上的政府协调和支持。对项目进行集中跟踪和报告将有助于做好协调工作。

最初，碳捕集、利用与封存相关活动预计将以开发二氧化碳封存资源为主，开发地点将靠近大型工业港口和产业集群（如华东）。有五大地区可以成为陆地封存枢纽（见表4.1）。这些地区汇聚了许多现有的煤化工装置、天然气加工设施和二氧化碳驱油项目。制氢很可能将集中在这些地区，因为它们的风能、太阳能和化石燃料资源也很丰富。随着石油生产和二氧化碳驱油活动减少，这些地区的部分劳动力可以参加再就业培训，转行从事二氧化碳管理工作，因为后者所需的很多技能与转行前一致。

表4.1 中国潜在的二氧化碳封存枢纽

封存资源	省/区/市	二氧化碳来源	现有的碳捕集、利用与封存活动
渤海湾盆地	北京、天津、河北（华北）	电力、化工、精炼、钢铁、水泥	胜利油田和中原油田的二氧化碳驱油
准噶尔和吐鲁番—哈密盆地	新疆（西北）	电力、精炼、化工、水泥、钢铁	新疆油田的二氧化碳驱油（新疆碳捕集、利用与封存枢纽）
鄂尔多斯盆地	山西、陕西（华北）	电力、精炼、化工、水泥、钢铁	关闭后正在监测的永久封存试点；靖边、安塞、吴起和济源油田的二氧化碳驱油
松辽盆地	黑龙江、吉林（东北）	电力、精炼、化工、水泥、钢铁	吉林油田的二氧化碳驱油
四川盆地	四川（华中）	电力、精炼、水泥、钢铁	—

注：所有的二氧化碳源都在50千米以内。新疆碳捕集、利用与封存枢纽是油气行业气候倡议组织（OGCI）Kickstarter项目的组成部分。据估计，四川盆地的潜在封存能力比表中列出的其他盆地有限。
资料来源：国际能源署基于自身研究工作和ACCA21（2019）的分析。

陆地和海洋的二氧化碳封存点既可以接收单一来源的二氧化碳，也可以接收多来源的二氧化碳。如果封存点可从多个捕集设施接收二氧化碳，则将可以受益于规模经济和较低商业风险，并有助于激励二氧化碳管理行业的发展。荷兰的 Porthos 和挪威的"北极光"项目都是采用多源模式的实例。

尽管二氧化碳的海洋封存比陆地封存昂贵，但开发位于现有（高排放）工业港口附近的海洋封存资源，可能比长途运输二氧化碳进行陆地封存更好。这是因为从港口通往内陆的新建管道路线可能需要穿越人口密集地区，相关挑战可能高于从现有工业区建设通往海洋的管道。中国政府计划分阶段开发海洋封存项目，逐步验证其可行性（ACCA21，2019）。2021 年 8 月，中国海洋石油集团有限公司宣布计划建设连通到南海恩平 15-1 油田的中国首座海洋封存设施，其年封存能力将高达 30 万吨二氧化碳。

中国现有的排放密集型作业大部分位于华东和华中，特别是沿海地区和长江、黄河流域。基于目前排放源的位置，估计现有电力和工业设施中有 45%（排放量 33 亿吨/年）在 50 千米半径范围内至少有一处潜在的封存资源，64%（排放量 47 亿吨/年）在 100 千米半径范围内至少有一处潜在的封存资源。这表明，在承诺目标情景中，捕集的大部分二氧化碳都可能来自临近封存资源的工厂，除非排放地点在未来几十年内发生变化。[①]

二氧化碳运输管道被广泛认为是从源到汇输送碳排放的最经济且可扩展的方式。从经济效益角度来看，用高容量干线覆盖或连接不同区域可能要比在同一地理范围内使用多组低容量管道更

---

① 此处删减了 IEA 原报告中的图 4.10。——编者注

好。全国各地的大规模排放源集群可以通过干线与最近的二氧化碳封存资源连接起来，连接方式类似于天然气配送。运输二氧化碳所需的管网布局很可能类似于现有天然气、原油、精炼产品等的管道路线。将来可以逐渐将这些现有管道中的一部分改用于运输二氧化碳，或者也可以在现有管道旁边建设大型二氧化碳干线，以充分利用现有的管道通过权和工程勘测信息。

要想优化二氧化碳运输干线，可以采用输送服务运营商的模式，在这种模式下，受监管的区域或国家输送系统由某一实体来经营，供多个用户使用。许多天然气管网都是以这种方式运营的。该方法可以鼓励超大型干线的建造，从而尽可能避免管道在投运后不久就因需求增加而需扩建。加拿大的阿尔伯塔碳干线就是一个实例。国有企业或其他具有管道运营专业知识的企业可以牵头规划并开发共享型二氧化碳管道基础设施。

下文为中国干线部署提出了三种潜在策略（见表4.2）。这些策略在2060年的干线总长度各不相同，并且侧重于不同的考量因素：对海洋封存的投资规模、源和汇的位置与能力匹配程度，以及将排放源迁至封存资源附近或同一地点的区域和国家策略。源–汇匹配可以优化运输，并确保封存地点与捕集设施相互匹配。由于干线较长的系统中存在更多冗余，所以匹配的重要性随干线长度的增加而降低，然而，一般来说较短的运输距离对应较低的运输成本。地方和区域部署策略对海洋封存部署的依赖度较高。

在承诺目标情景下，到2060年可能需要总长度超过15 000千米的二氧化碳干线管网来连接产业集群和封存资源。这大约是美国和加拿大现有二氧化碳管网长度的两倍。如果中国采用国家部署策略，建立能够支持高流量的大型干线网络，将可以受益于规模经济。该策略还可以在系统中增加冗余，以确保在封存点容量已满、关闭维修或经历其他作业延迟的情况下，捕集的二氧化碳仍然能够被输送到其他封存地点。

在发展二氧化碳管理基础设施时，需要考虑到促进搬迁或退役大型碳密集型工厂和发电厂的国家和区域战略，也应考虑到氢能和可再生能源的部署规划。与华东或华中地区相比，中国西部的封存资源丰富，人口密度较低。然而，西部的重工业较少，因此大规模排放源也较少。如果将排放密集型产业、碳移除设施或氢能装置建在西部的封存资源附近，将可能为该地区创造经济和社会效益。

表 4.2　到 2060 年的二氧化碳运输干线部署策略

策略	源汇匹配优化	海洋封存能力	管道路线再利用	规模经济	系统冗余	潜在的容量限制
地方策略 盆地内 <5 000 千米	●	●	●	◐	◐	●
区域策略 盆地内线路和有限的盆地间连接 10 000~15 000 千米	●	◐	●	●	●	◐
国家策略 全国网络 >15 000 千米	◐	○	●	●	●	◐

●高　◐中　○低

注：在所有情况下，都假定干线以共同承运人或输送服务运营商的模式运营，即干线接收任何来源的二氧化碳，并收取固定的运输费用。国际能源署对管路的分析是基于中国天然气管路布局，分析中假设二氧化碳管道与天然气管道平行建设，或天然气管道改为二氧化碳管道这两种做法的成本效益高于规划全新管路。

资料来源：国际能源署的分析是基于自身研究、中国科学院提供的封存数据，以及 Berman（2017）的天然气干线信息。

氢能

在能源转型中的作用

氢能是一种类似于电力的能源载体,在某些终端用能部门中,特别是长途交通运输、化工和钢铁生产中,氢能是为数不多的脱碳方案之一。随着波动性可再生能源在发电结构中的比重不断增加,需要在长达数天、数周甚至数月的期间内储存大量电力,而氢能是能够满足这一要求的少数技术选项之一。氢能可以产自各种能源,包括天然气、煤炭、石油、可再生能源和核能,并且可以转化为化工原料,或者与二氧化碳结合转化为交通运输部门的合成碳氢化合物燃料。

在承诺目标情景中,从现在到2060年制氢产生的二氧化碳排放量将急剧下降。部分现有的化石制氢厂也将进行碳捕集、利用与封存改造,以减少排放。直接排放(即不包括使用尿素和甲醇等氢能衍生产品所产生的下游排放)将从2020年的约3.6亿吨下降到2040年的3亿吨和2060年的0.6亿吨,剩余的少量排放来自配备了捕集设施的工厂。在中国,通过使用低碳来源的氢气和氢基燃料,从现在到2060年将可以累计避免近160亿吨的二氧化碳排放。依靠这些燃料减排最多的行业是工业(特别是化工和钢铁),占承诺目标情景下避免的排放量的50%以上,航运用氢和氨以及航空用合成煤油共占20%,公路交通运输用氢占13%(见图4.10)。

在承诺目标情景中(见图4.11),氢气和氢相关燃料对中国能源转型的贡献将在2021—2060年逐步增大,2030年以后尤为显著。从现在到2030年,氢能需求总量将增加20%,达到3 100

万吨，到2060年增加两倍以上，达到9 000万吨。2060年，氢气和氢衍生燃料将占中国终端能源需求的6%[①]，其中近20%是氨（主要用于航运）和合成碳氢化合物燃料（主要用于航空）。氢能占终端能源使用的比重在交通运输部门最高。尽管电动车因其高效优势将在公路交通运输中占主导地位，但氢和氢衍生燃料在公路货运、航运和航空中将得到大量使用。总体来看，氢和氢衍生燃料在2060年可以满足交通运输能源总需求的近1/4。工业部门中，氢能占用能总量的10%（包括现场制氢）；在化工和钢铁生产领域，这一比重更高，分别为15%和20%以上。在建筑部门，氢能的比重仅有不足3%（几乎都是通过新建的专用管道或改造后的天然气管道提供的纯氢）。

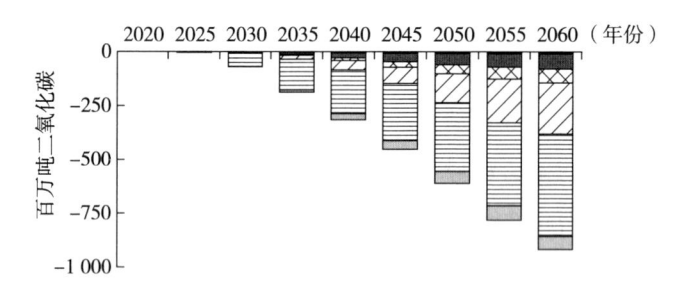

图4.10 在承诺目标情景下，中国各部门通过使用氢能而避免的二氧化碳排放量

通过使用低碳氢能和富氢燃料实现的减排量中，80%来自重工业和长途交通运输。

---

① 这里不包括工业部门的现场制氢和用氢，工业现场制氢和用氢消耗的能源占目前工业能源需求的8%左右。如果将工业现场制氢和用氢包括在内，则在承诺目标情景中，氢能和氢基燃料到2060年将满足中国终端能源需求的10%。

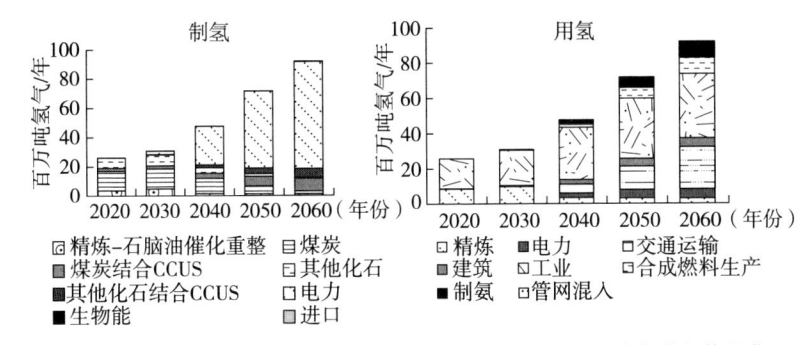

图 4.11　在承诺目标情景下，中国的各种制氢路线以及不同部门的氢能需求

从现在到 2060 年，氢能需求量将增加两倍以上，几乎所有的氢产出都是以电解氢为主的低碳氢。

只有通过低碳能源生产的氢能才有助于减少二氧化碳排放。对于使用氢和一氧化碳生产的合成燃料来说，要实现碳中和，一氧化碳必须产自生物源的二氧化碳或使用直接空气捕获技术从大气中捕集的二氧化碳。短期内，尽管电解氢比化石燃料结合碳捕集、利用与封存制氢成本更昂贵，但低碳氢的大部分增量仍将来自电解氢。考虑到发展二氧化碳运输和封存基础设施所需的时间，以及中国目前只有两个正在开发的碳捕集、利用与封存制氢项目（相当于每年捕集 110 万吨二氧化碳），碳捕集、利用与封存制氢路线在 2030 年前上线的可能性不大。相比之下，电解在中国的发展势头强劲，现有大量项目正在开发中。这类项目虽然产能相对较小，但由于电解装置可以大规模生产，且对配套基础设施的依赖程度较低，因此开发时间要短得多。在承诺目标情景中，电解氢在 2030 年将已经可以满足约 7% 的氢能总需求，其中近 90%来自化工（生产电解氨和甲醇）以及钢铁行业（氢气直接还原铁）。2030 年后，工业化石燃料制氢（特别是煤制氢）或将进行碳捕集、利用与封存改造，或将被快速扩展的电解制氢所取代。到 2060 年，几乎所有的氢能需求都将由低碳技术来满足，其中近 80% 是电解氢，届时电解氢生产路线将具有较强的竞争力。

氢能在中国碳中和能源转型中的作用将适配中国的资源禀赋和工业基础。需要氢气的现有工厂（如氨和甲醇生产厂、精炼厂）必须做出权衡：是利用可再生能源电解氢为氢气供应脱碳，还是对化石燃料制氢进行碳捕集、利用与封存改造。决定各地区最经济生产路线的因素包括与良好风能和太阳能资源的距离、与二氧化碳封存地点的距离，以及与附近工厂建立枢纽的潜力。在承诺目标情景中，氢能提供了一种储存和运输可再生能源的手段，可以从可再生资源丰富的内蒙古、新疆（陆上风能和太阳能光伏）或福建、广东沿海（海上风能）等地区，运送数千千米到达可再生资源潜力较小但氢能需求较大的内陆地区产业集群（陕西、重庆）。不过，在河北和山东两个省，利用煤炭合成氨和甲醇的工厂厂龄很低，而产业集群又临近枯竭的油气藏，因此这两个省份可能会考虑对现有工厂进行碳捕集、利用与封存改造。还有一些地区，如江苏，既有巨大的可再生能源潜力（海上风电），又有较好的二氧化碳封存潜力。[1]

技术成熟度

低碳氢的价值链包括生产、运输、储存和使用低碳氢所需的许多技术，而这些技术的成熟度并不相同。利用低碳电力电解制

---

[1] 此处删减了 IEA 原报告中的图 4.13。——编者注

氢的技术已经商业化，但需要扩大部署范围，才能将成本降低到足以与传统生产路线竞争的水平。同样，天然气重整或煤炭气化结合碳捕集、利用与封存都已经得到实践验证，但由于成本原因，尚未广泛部署。中国目前已有三个在运的碳捕集、利用与封存示范工厂，捕集的二氧化碳都用于驱油：克拉玛依敦华石油技术股份有限公司的碳捕集、利用与封存二氧化碳驱油项目，每年从石油制甲醇过程中捕集10万吨二氧化碳；长庆油田的一座小型煤炭制甲醇厂（每年捕集5万吨二氧化碳）；以及中原油田的一座煤炭制氨厂（每年捕集10万吨二氧化碳）（IEA，2021c）。此外，还有两个在建的示范项目已于2021年投入运营：延长石油集团碳捕集与封存一体化示范项目，该项目在利用煤炭制氢的同时，每年将捕集41万吨二氧化碳；以及淄博市的齐鲁石化碳捕集和储存项目，计划每年从一座制氨厂中捕集并封存高达70万吨的二氧化碳。

在制造氨和甲醇方面，氢气的用量已经很大，2020年达到1 700万吨，但低碳氢作为化工生产原料和钢铁还原剂的用量至今仍然很小。电解氢在重工业过程中的使用如今正处于示范阶段。在化工行业，利用波动性可再生电力电解氢生产氨和甲醇的技术比较成熟，一些小规模的商业化前甲醇项目已经投产，还有若干大型制氨示范项目正在世界各地建设。中国宁夏宝丰能源集团已安装30兆瓦的电解装置，用来提供部分原料生产甲醇，该装置将为集团在宁夏地区的煤炭制烯烃项目供给制甲醇所需的部分原料（BNEF，2021）。该集团正在着手将电解制氢装机容量扩大到100兆瓦，未来这座电解厂将成为世界上最大的专用电解制氢厂。在钢铁行业，利用高配比氢气（最高达100%）还原铁矿石的工艺还处于早期开发阶段，预计要到 21 世纪 20 年代末才能开展大规模示范。中国最大的钢铁生产企业宝钢已承诺到 2050 年实现净零排放，实现这一目标的手段之一是发展氢气直接还原铁，该公司计划于 2035 年开始大规模氢气直接还原铁生产。第二大钢铁生产企业河钢集团已经建立了一座小型商业规模的氢气直接还原铁工厂，将氢气以 70% 的配比与焦炉煤气混合。

工业部门以外的终端用氢技术也处于不同的发展阶段。在交通运输部门，目前市场上的燃料电池技术可用于乘用小汽车、轻型车辆和公共汽车，但需要进一步发展才能支持燃料电池卡车扩大部署。为建筑提供空间采暖和发电的氢能锅炉和燃料电池虽已实现商业化，但面临着热泵等能效更高技术的强烈竞争。在电力生产方面，分布式发电用燃料电池和富氢气体燃料燃气轮机已经面市，制造企业有信心在 2030 年前推出纯氢燃料标准燃气轮机。在承诺目标情景下，氢基燃料的其他用途（如航运燃料氨和合成航空燃料）对中国实现碳中和也将发挥重要作用，但相关技术仍处于示范前阶段并有待攻克一些障碍，例如毒性、使用氨时产生的一氧化二氮排放，以及较高的生产成本（特别是合成燃料）。

氢运输和配送技术对扩大氢能使用规模至关重要，其成熟度也不相同。氢气管道已经成熟，其部署能否扩大（特别是长距离部署）将取决于氢能是否得到更广泛使用，以及低碳氢能市场是否能发展出足够的竞争力，从而鼓励工业用户从市场上购买商品氢而不是选择现场制氢。罐车短途运输液态氢的技术也已经成熟，但仍然需要做出改进（如减少液化过程的能源需求以及尽量减少沸腾），并且需要降低成本。加氢站（HRS）也已成熟，其部署正在中国迅速推进。2021年，中石化宣布计划于2025年前部署1 000座加氢站。然而，船舶长途运输氢、氢气混入天然气管网等其他技术仍在进行原型测试，或处于商业示范项目阶段。这些领域的活动在中国仍然非常有限。

在承诺目标情景下（见图4.12），2020—2060年中国由于采用氢能技术而避免的二氧化碳排放量中，90%都涉及目前处于示范或更早期阶段的技术。在将会做出重大贡献的终端使用技术中，现在只有燃料电池乘用小汽车已经实现商业化，但该技术成本较高。电解氨和甲醇生产需要在21世纪20年代初得到广泛示范，以促进其从21世纪20年代末开始快速部署。航运用氢和氨以及航空用合成燃料都处于非常早期的发展阶段，需要获得强有力的创新支持才能在21世纪30年代实现商业化。

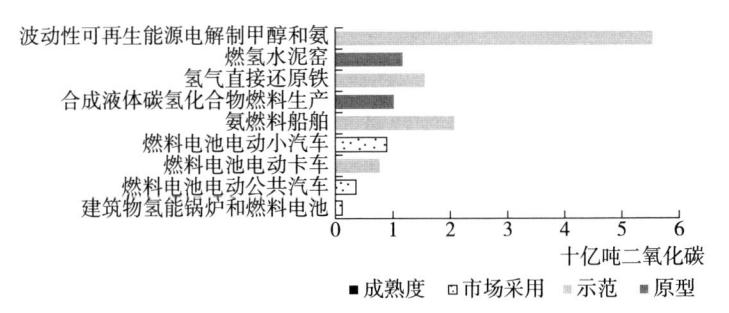

图4.12　在承诺目标情景下，中国部分低碳氢能技术的成熟度及其累计避免的二氧化碳排放量

注：成熟度类别是根据国际能源署《清洁能源技术指南》（IEA，2020a）中对各个技术成熟度的详细评估来确定的。

> 氢能技术所避免的排放量中，90%都涉及目前处于原型或示范阶段的技术，其中用于化工生产的波动性可再生能源电解技术占避免的排放总量的40%。

第四章　能源转型的技术需求

关注制氢电解槽的制造

电解利用直流电来驱动、非自发化学反应,是一种相对成熟的技术,在某些工业过程中已得到长期使用,如在氯碱法制氯中(产生副产品氢气)。电解水可以得到纯氧和纯氢。电解槽有不同类型:碱性电解槽和聚合物电解质膜(PEM)电解槽已经商业化,而固体氧化物电解池(SOEC)仍处于商业化前阶段,阴离子交换膜电解槽则处于更早的开发阶段。

过去几年中,中国有关方面对电解制氢的关注显著增加。2020年,电解制氢的装机容量翻了两番,达到18兆瓦(占全球新增装机的1/4)。目前在建或计划建设的装机容量超过2吉瓦(包括宁夏宝丰能源的100兆瓦工厂)。与智利、欧盟等国家和地区不同,中国并没有设定电解槽部署的目标。尽管如此,预计装机容量在未来几年将持续增长,不过增速可能慢于其他地区。一旦中国能源系统对可再生能源的消纳达到一定水平,中国对电解槽的需求可能会加速上升。最终,电解槽市场的发展将需要国家氢气战略作为支撑,为投资者提供有关氢能需求前景的指导。近几期五年规划刺激了可再生能源发电的部署,但也造成了电网拥堵,因为大量产能(特别是内蒙古的产能)距离需求中心较远。因此,政策决策者正在努力促进这部分可再生能源在本地消纳,其中可能包括将氢气用于重型交通运输或工业。

专栏 4.4　中国在全球氢气价值链中的作用

过去几年里，使用电解法进行专用氢气生产的做法有所增加，但尚未在世界任何国家普及，碱性电解和 PEM 电解大致各占一半（固体氧化物电解池仍限于小型示范项目）。2018 年起，电解制氢的部署连年创下新高。2020 年，全世界有超过 60 兆瓦的电解装机容量上线，总装机超过 300 兆瓦。在投资用于专用氢气生产的电解槽方面，中国起步较晚，但已开始追赶世界其他国家。

当今全球的电解槽制造产能约为 3 吉瓦。中国不仅是其他低碳技术如电池或燃料电池的制造大国，也是电解槽的制造大国，拥有全球 1/3 的产能（其余大部分在欧洲）。中国最大的电解槽制造企业是中国船舶集团有限公司（PERIC）第七一八研究所，其次是考克利－京利氢和天津市大陆制氢。这三家企业传统上专注于氯碱工艺，因此生产的电解槽都是碱性电解槽。

在可以预见的未来，碱性电解技术将很可能继续主导中国专用氢气生产，因为上述企业正在迅速扩大各自的产能，并有良好的知识基础可以借鉴。中国缺乏 PEM 制造企业，所以有意使用 PEM 技术的项目开发商只能寻求与外国制造企业合作。例如，国家电力投资集团正在与西门子北京分公司合作开发 1 兆瓦的示范项目，用于生产交通运输用氢气，该项目已于 2021 年下半年上线（Siemens，2020）。

在降低碱性电解槽成本方面，中国领先于世界其他国家，目前中国每千瓦的成本为 750~1 300 美元 [包括电力设备、气体处理、辅助系统，以及设计—采购—施工（EPC）]，不过也有其他来源的信息显示，中国每千瓦的成本为 500 美元，而世界

> 其他地区则约为1 400美元（China EV100, 2020；MOST, 2021）。电解槽的可靠性和耐久度对工厂制氢的全生命周期最终成本有重要影响，各国的情况也不相同。然而，中国的电解槽制造业正在迅速完善。几年前，中国制造企业需要进口若干电解槽制造部件，通过规模经济降低成本的能力有限。如今，更多的部件在中国生产，仍在进口的部件也将很快在中国生产；因此，产业集群在发展过程中，可以通过复制以前的成功经验来降低制造成本。

在承诺目标情景中（见图4.13），电解制氢装机容量迅速扩张，到2030年将接近25吉瓦，约占全球装机的15%。其中90%以上的装机用于工业设施（主要是钢铁制造和化学品合成），其余的则用于生产商品氢，以满足交通运输和精炼部门的需求。2030年以后，将出现新的电解氢需求来源，新需求以制造航运燃料氨所需的氢气为主。到2060年，中国的电解制氢装机容量将达到750吉瓦，占世界总量的近40%。从现在到2060年，全球新增电解制氢装机预计将增加约700倍，而成本将大幅下降。全球平均每千瓦装机的资本投入成本到2030年将低于600美元，而目前约为1 400美元。成本降低的驱动因素包括规模经济、自动化和制造技术进步（通过实践学习）、更完善的设计（如碱性电解槽），以及技术供应企业之间的竞争加剧。

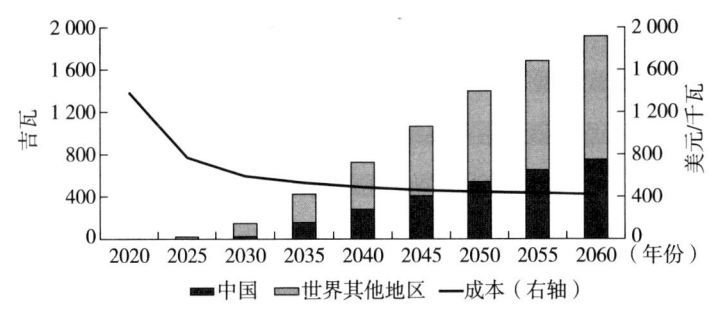

图 4.13 在承诺目标情景下，全球专用氢气生产的电解槽装机容量和平均单位资本支出

注：电解槽成本包括电气设备、气体处理、辅助系统，以及设计—采购—施工。

中国到 2030 年将占全球电解制氢新增装机的 15% 左右，到 2060 年占 40%，帮助推动成本降低 70%。

关注车用燃料电池

要实现承诺目标情景所预测的交通运输部门脱碳速度，将需要迅速扩大道路车辆燃料电池的需求和生产。道路车辆燃料电池车的使用量仍然很小，并且仅限于卡车和公共汽车，不过中国在此领域已处于世界领先地位：截至 2020 年底，中国在运的燃料电池公共汽车接近 5 300 辆，而世界其他地区约为 360 辆；中国在运的燃料电池卡车超过 3 100 辆，而世界其他地区还不到 100 辆。关注公共汽车和卡车具有战略意义：这类车辆有预定的行驶路线，需要的加注基础设施比较少，而且利用率比乘用小汽车高。2020 年，燃料电池电动卡车（包括轻型商用车辆）的销量首次超过燃料电池电动公共汽车的销量（AFC TCP，2021）。如今，大多数在用车辆使用的燃料电池都比较小（30~50 千瓦，而常规的燃料电池公共汽车为 75~150 千瓦），其作用是增加续航里程，而不是用作主要能源。

部分省市推出的区域性举措和中央政府几年前出台的一项方案，推动了中国重型卡车利用燃料电池提升续航里程，只要燃料电池容量达到30千瓦，就有资格按规定获得补贴。2020年，一项新的奖励方案出台，旨在加快城市群的区域性氢能示范项目的发展。新方案向市一级政府提供财政支持，而不是直接补贴购买此类车辆的企业或个人。到2023年，将向每个城市群拨发约2.45亿美元（17亿元）的财政支持，以资助燃料电池电动车和关联技术的研发示范。各市政府将根据其在刺激全价值链创新和实现各种绩效目标方面的成就，得到相应奖励。市政府将负责奖励专业制造燃料电池关键部件（如膜电极组件和双极板）的龙头企业，以及中重型燃料电池电动车的买家，条件是满足某些技术和运行门槛（如最低续航里程和保修标准）。此外，为降低加氢站的氢气价格，还将为氢气生产、运输和配送企业提供补贴，在既有补贴的基础上加大补贴力度。

> **专栏4.5　中国的区域氢能燃料电池电动车战略**
>
> 在燃料电池电动车的具体目标和实施措施方面，中国尚未制定国家级的氢能战略或路线图。然而，山东、河北、吉林、辽宁、贵州、广东、陕西、甘肃、广西、内蒙古、北京和上海已经宣布或正在制定各自的氢能战略，旨在促进区域经济发展、能源多样化，以及减排。这些战略涵盖各类技术，包括电力制氢、可再生电力储存、交通运输用氢，以及天然气管网掺氢（Energy Iceberg，2021）。燃料电池电动车是大部分战略的重点，目标是到2025年燃料电池电动车总数达到6.3万辆，其中北京、上海

和山东各有 1 万辆。

广东的珠江三角洲工业枢纽就是部署燃料电池电动车区域战略的一个例子,该地区被誉为中国硅谷,汇集了许多率先开发燃料电池电动车的企业。在 2020 年燃料电池电动车销量排行榜中,广东省位居第一,佛山市和广州市在各城市销量排名中位居前五。截至 2020 年底,广东的加氢站总数达 30 座(Chunting, 2021)。广东省在燃料电池电动车行业领先地位的背后,是当地政策和地区制造基地竞争力的有力支持。2016 年,佛山市率先成为中国第一个运营氢燃料电池公交线路的城市。广东省的最大城市广州设定的目标是:在 2022 年前部署 3 000 辆燃料电池电动车,并在 2025 年前将市内至少 30% 的公交车改换为燃料电池电动车。

燃料电池电动车的快速部署促进了当地供应链的发展。广东省的燃料电池系统制造企业包括爱德曼氢能源装备、重塑能源和国鸿氢能,这几家企业至少满足了中国总需求的 40%。氢气的供给主要来自残余气体流中包含氢气副产品的工业过程(如焦炭生产),但可以实现二氧化碳减排的电解示范项目也已被列入计划。

在低碳制氢和燃料电池电动车使用方面,另一个区域发展实例是北京市及其相邻的河北省。多个低碳氢和燃料电池电动车大型示范项目在这两个区域启动,包括为北京市与河北省合作主办的 2022 年冬奥会和残奥会而启动的项目。河北省拥有丰富的风力资源,在可再生能源电解制氢项目方面领先全国。该省已宣布十多个此类项目。燃料电池主要由总部位于北京的制造企业亿华

> 通提供,该公司的主要工厂位于张家口,使用的技术是亿华通与丰田的合资企业(成立于2020年)共同开发的。
>
> 科学技术部与山东省政府近期签署了山东省"氢进万家"科技示范工程框架协议。该项目旨在示范氢能在工业园区、社区建筑、公路交通运输和港口的使用,并将开发专用氢气运输基础设施。"十四五"期间,对该项目的总投资将超过300亿元,用于部署100座加氢站和1万辆燃料电池电动车,并在2025年前每年推动氢能需求增加约5万吨。

目前,中国的燃料电池制造能力约为每年7.5万套系统。制造设施大多位于湖北、山东、山西、广东等省的燃料电池电动车需求中心附近。这些省之所以成为需求中心,离不开当地的采购等政策扶持,也得益于本地区制造基地的竞争力。近年来,中国制造的燃料电池系统的价格已经下降了约1/3,随着此类电池的产量为满足需求而上升,生产成本应不断下降。从当前情况来看,中国的燃料电池和燃料电池电动车在国际市场上并没有真正的成本优势。然而,考虑到中国多个地区的燃料电池电动车部署目标,中国制造企业可能会在未来若干年中享有规模经济带来的成本优势。然而,目前的地区性部署方式可能造成市场隔阂:地方政府优先采购当地生产企业的产品,可能导致低效投资,而且由于各地都扶持本地的多家小型制造工厂,产能扩大的潜力有限,无法充分利用规模经济。在承诺目标情景中,中国每千瓦的平均成本将从现在的175美元(1 207元)下降到2030年的约80美元(552元),2060年降至50美元(345元)。

燃料电池生产企业已宣布,到2022年合计产能将扩大到每年 20 万套，远远高于对国内燃料电池电动车销量的最乐观预期。中国汽车工程学会的目标是上路行驶的燃料电池电动车到 2025 年达到 5 万辆（低于各地区计划的合计目标，即 6.3 万辆），到 2030 年达到 100 万辆。其中，轻型车用电池的比重很可能不断提高，这就要求做出额外投资来建设分布更广泛的加注基础设施。在承诺目标情景中（见图 4.14），中国道路上的燃料电池电动车总数在 2030 年将达到 75 万辆，2060 年达将到 4 800 万辆。

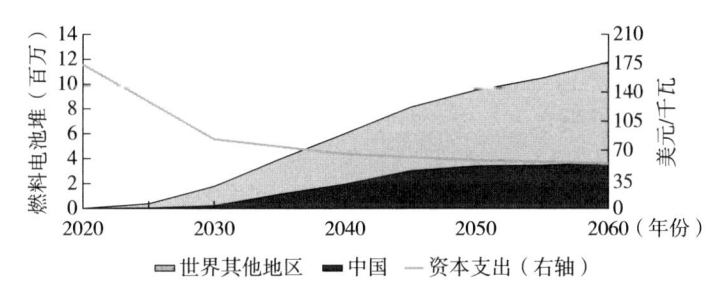

图 4.14 在承诺目标情景下，交通运输用燃料电池的全球需求和平均单位资本投入成本

2030 年，中国将占全球燃料电池汽车需求的 10% 以上，这有助于降低燃料电池的成本。

随着中国和世界其他地区的燃料电池电动车部署不断扩大，全球对铂和钯［即铂族金属（PGM）］的需求将会增加，因此需要考虑未来的供给瓶颈问题。铂族金属具有催化剂作用，在燃料电池中催化氢气和氧气转化为热量、水和电力。传统内燃机车辆（ICEV）的催化转化器也使用铂。目前燃料电池电动车对铂需求量高于内燃机车辆，不过前者的需求量近年来有所下降（IEA，2021a）。例如，丰田 2020 年推出的第二代 Mirai 汽车的铂用量比 2014 年的第一代减少了约 1/3。在日、美等国，进一步减少燃料电池的铂用量是许多燃料电池公共研发和示范项目的关键目标。如果成功实现这个目标，那么中国和世界其他地区改用燃料电池电动车的做法将可以大幅减少全球对铂族金属的需求。假设铂用量随着创新持续减少，我们估计，中国部署燃料电池电动车将使2060年全国对铂族金属的需求比2020年减少80%以上。如果没有此类创新，即使内燃机车辆改用替代性传动系统，对铂族金属的需求几乎完全消失，2020—2060年铂族金属的需求仍将增加约140%。

基础设施需求

要在中国普及氢气和氢衍生燃料作为低排放能源载体，就需要改造现有基础设施，并开发新的基础设施将这类燃料配送给最终用户。这些基础设施包括氢气管道、加氢站、大型储氢设施，以及港口接收站。如今中国只有约100千米的专用氢气管道，这些管道都是位于产业集群的私有管道。如前所述，各地区最适合什么样的基础设施取决于多个因素：主要工业终端用户的位置，该地区附近是否有丰富的可再生资源和充足的二氧化碳封存地点，以及氢能分布式需求的增长速度和范围。开发基础设施将需要时间和细致规划，但也存在一些短期的机会，如使用罐车短途运输液态氢。在发展氢气专用基础设施的同时，可以通过在现有的天然气管网中混入氢气来增加低碳燃料供给。一旦低碳氢供给基础设施完成建设，将能够向终端用户提供纯氢。目前只有吉林省考虑将氢气混入天然气管网，因为到目前为止，氢气使用的重点是交通运输部门，而这类用途需要纯氢（Energy Iceberg，

2021）。如果要将氢气混入天然气，就需要制定国际统一安全标准和国家法规，规定天然气管网中混入氢气的最大配比。

中国的另一种可选方案是在技术可行的情况下，将现有高压气体输送管道改用于输送纯氢。这种做法有助于建立全国性的氢气管网，连接各个需求中心。然而，中国的天然气管网比较年轻，并且仍在扩大以满足不断增长的需求，因此，要将某些管线改用于输送氢气还有待时日。可见，中国有必要规划开发新的天然气管道，确保潜在的大型氢能中心（如河北、山西、陕西或沿海城市等地区的现有工业枢纽和精炼厂）与低成本制氢潜力较大的地区（如西部）之间建设的天然气管道按照氢气就绪的要求设计，以便将来能够改用于输送氢气。

中国还需要开发新的专用氢气管道。在需求集中的产业集群（例如西部和华北地区的内蒙古、山西、山东和陕西）附近建设这些管道，可以保证管道输送能力利用率较高，是一种比较保险且经济的选择。目前，中国用于合成氨和甲醇的氢气需求中，约有50%集中在这些地区。在部署新的专用氢气管道方面，可以采用与交通运输部门类似的发展模式：加氢站最初部署在工业枢纽，由于化工部门产生大量副产品氢气，并且商业燃料电池电动车对燃料的使用比较密集，确保了加氢站得到充分利用。

氢能基础设施的另一个重要组成部分是加氢站。中国拥有全球第二大加氢站网络，目前在运的加氢站有100多座（而电动车公共充电站超过80万座），仅次于日本（130多座加氢站）。鉴于中国大力支持城市燃料电池电动车试点项目和新建加氢站计划，很可能不久就会成为全世界加氢站最多的国家（IEA，2021a）。例如，中石化宣布计划在2026年前安装1 000座新的加氢站（Sinopec，2021）。承诺目标情景下，加氢站部署量到2030年将达到2 700座，2060年达到27 000座。

在承诺目标情景中，要增加中国的氢能用量，还需要大力推广低碳发电，以满足电解槽的用电需求。到2060年，制氢所需的电力将接近3 300太瓦时，相当于中国发电总量的1/5。所有新增电力都将来自低碳能源。虽然以如此大规模扩大发电能力是一项十分艰巨的任务，但这也是利用低成本波动性可再生能源的契机，因为氢能实际上是一种储能方式。在实践中，可再生能源发电量中有很大一部分可以专门用于制氢。核电也可以专门用于电解制氢，中核集团已经启动了这方面的若干示范项目（Energy Iceberg，2020）。工业枢纽其他捕集应用的协同作用，以及可能开发出的二氧化碳运输和封存共享基础设施，将推动化石燃料结合碳捕集、利用与封存制氢（包括对一部分现有工厂进行二氧化碳捕集设备改造）的部署，这种制氢途径在2060年将贡献氢气总产量的15%。

生物能源

在能源转型中的作用

现代生物能源技术（即可再生生物质原料衍生的气体和液体生物燃料，或在电力和热力生产中直接燃烧生物质）有潜力为中国能源系统脱碳做出重要贡献。生物能源有一项重大优势，那就是它可以转化为某些能源形式，兼容于依赖化石燃料燃烧的现有能源技术：生物能源既可以在现有煤电厂中与煤炭共燃，又可以用作化工行业的原料，还可以使用现有的汽车燃料网和天然气管网。虽然中国在获取可持续生物能源[①]方面存在一些障碍，但通过开发国内丰富的生物质废弃物和剩余物资源，以及在边缘土地上种植非粮食能源作物，可以增加生物能源的供给。收集粪便、作物剩余物等农业废弃物以及林业剩余物，既不涉及任何土地用途改变，也不涉及水的消耗，但应评估其对土壤水分保持的影响。

中国已经在对废弃物和剩余物进行大量利用。自2017年以来，中国在建设生物能源发电厂方面一直领先于世界，2019年贡献了全球新增装机的60%。这些装机中大约一半是以城市固体废弃物（MSW）为主要燃料的变废为能（WTE）电厂，它们集中在人口稠密地区，使用的城市固体废弃物包括一部分生物质材料，如厨余垃圾、木材、纸张和纸板。其余的装机是以农业和林业剩余物为燃料的发电厂，以及较小部分以沼气为燃料的发电厂。此外，中国也大量使用固体生物质和沼气来供热。中国生产的木颗粒约占全球产量的1/3，在国内用于大型供热系统。而沼气大多由家庭生产和消费，主要用于烹饪。中国还是仅次于美国和巴西的世界第三大液体生物燃料生产国，乙醇主要来自东北三省的玉米，可再生柴油则来自地沟油（IEA，2020c）。

由于种植能源作物的土地供给有限，生物能源在中国净零排放能源转型中能够发挥的作用无疑将受到限制。2007年，政府制定了生物能源发展的指导原则："不与人争粮、不与粮争地"，

[①] 可持续生物能源是指在开发生物能源时，避免对生物多样性、淡水系统、粮食价格和土地供应产生负面影响（IEA，2021c）。

不得在可耕地上种植能源作物。指导原则还规定，促进生物燃料生产的工作应侧重于多使用农场和林业剩余物，在不对水和其他资源造成太大压力的前提下，允许在边际土地上有限发展非粮食能源作物种植（Ministry of Agriculture，2007）。

> **专栏 4.6　生物能源部署目标和政策**
>
> "十三五"规划设定的生物能源目标涉及三大领域：电力、热力和交通运输。在电力部门，目标是在 2020 年前生物能源新增装机 15 吉瓦；实际新增装机超过 25 吉瓦，超额 50% 完成了目标。这些发电厂中约有一半以城市固体废弃物为燃料，其余的则利用林业剩余物、农作物剩余物和牲畜粪便。2020 年 1 月，中国政府新出台了生物质发电厂补贴方案，基于电厂的规模和预计全生命周期利用率提供补贴。此外，国家发展改革委、财政部和国家能源局联合发布规划，旨在加快此类发电厂的建设，同时继续侧重于利用农业和林业剩余物，以及城市固体废弃物的有机部分，以期解决废弃物管理和环境污染问题，并促进可再生能源产生（NDRC，2020）。
>
> 在全国各省级行政区当中，山东省厂龄 20 年以下的燃煤电厂装机排名第四，山东省能源局于 2021 年 3 月颁布政策，鼓励既有煤厂采用生物质共燃。此后，在一定的限度内，发电厂一年间每 1 万吨生物质与煤炭共燃，就会获得一定的优先运营小时数。这项制度将持续执行到 2025 年。
>
> 在供热领域，中国在 2016—2020 年的颗粒燃料用量几乎增加了两倍，估计达到了 2 200 万吨煤当量，但与"十三五"规划中 3 000 万吨的目标仍有差距。2021 年 1 月，国家能源局公

布了下一阶段的生物质能供热战略，重点是将生物质发电厂升级为热电联产，并优先为热电联产提供补贴。该战略还鼓励发展沼气等其他形式的生物能源用于供热，但建议不要使用生物质与煤炭、非生物源城市固体废弃物和其他非生物源废弃物共同燃烧，以免增加二氧化碳排放。生物甲烷方面，中国到2020年仅实现了五年规划最初目标的1%。

在交通运输领域，中国最初制定的全国乙醇混合配比规定为10%（E10），于2020年生效并在七省全面实施、在其他省市部分实施（NDRC, 2017）。由于遇到多种困难，包括玉米库存减少、产能欠缺，相关部门已放松这一规定（NEA, 2020）。纤维素乙醇生产技术取得了一些进展，但目前并没有纤维素乙醇使用的目标（IEA, 2021d）。

总体而言，在承诺目标情景中（见图4.15），可持续生物能源（无论是否结合碳捕集、利用与封存）使用的增加，从现在到2060年将贡献累计二氧化碳减排量的近7%。生物能将与风能并列在2060年成为中国继太阳能和核能之后的第三大一次能源。生物能在能源需求总量中的比重将翻一番以上，达到略高于13%。从体量来看，一次生物能源需求将增加9艾焦，于2045年达到近20艾焦[①]的最高峰，然后到2060年小幅下降至16艾焦。至关重要的一个问题是，如何以可持续的方式满足这一增长，避

---

① 20艾焦的生物质资源用作生物能，符合近期文献对中国可持续生物质资源潜力的估计。Nie等人（2018）估计当前的可持续生物质潜力为25艾焦，而Kang等人（2020）估计2050年为24艾焦。这两组数字都考虑到了能源体系以外的生物质使用。

免其对社会、环境或经济产生不利影响。① 据估计，中国目前每年可收集用作生物能源的废弃物和剩余物（玉米秸秆、稻草、小麦秸秆、森林剩余物和动物粪便）生物质资源达 10~18 艾焦，相当于 2020 年中国一次能源需求总量的 6%~12%。

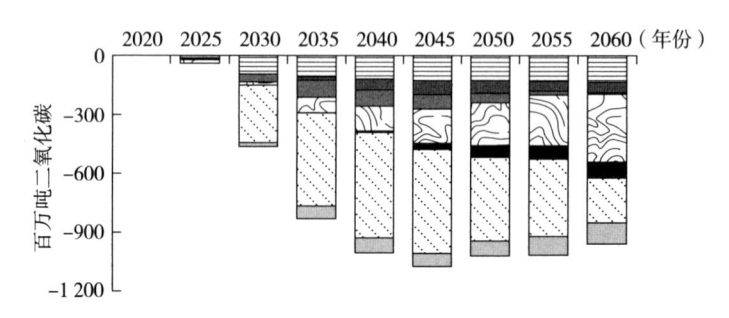

图 4.15 在承诺目标情景下，中国不同部门通过使用生物能实现的累计二氧化碳减排量

到 2060 年，在生物能将累计避免的 320 亿吨二氧化碳排放中，发电和重工业几乎占到 3/4。

生物质原料的大部分潜力存在于中国的东半部，即从东北的黑龙江到南方的云南及以东地带。山东和河南的作物剩余物和粪便资源丰富，生物质原料潜力最大（3 艾焦/年），密度最高（>75 吉焦/年/公顷），粪便可用于生产沼气，而沼气可以升级并注入本地区现有的天然气管网中。西南地区的四川和云南两省的生物质潜力为 2.4 艾焦/年，主要是农业和林业剩余物。

---

① 废弃物和剩余物的利用既受到收集工作的技术可行性的影响，也受到将剩余物用于其他非能源目的的需要的影响，如保持土壤有机碳含量。

在边际土地种植能源作物方面，潜力最大的是华南，其次是北方地区。四川尤其适合引领全国的生物能源碳捕集与封存部署，因为川东的二氧化碳封存潜力大，并且生物质资源丰富（1.4艾焦/年）。潜在封存地点附近的既有天然气干线可以改用于输送二氧化碳（Kang et al., 2020; Nie et al., 2018）。

在承诺目标情景中（见图4.16），生物能源的消费方式也将发生明显变化。今天，传统固体生物质能约占最终生物能源用量的70%、一次生物能源用量的42%，这种形式的生物质能会引起室内空气污染和其他问题，对人类的健康和福祉有害。在中国，传统固体生物质能的使用到2030年将被完全淘汰，部分原因是固体、液体或气体生物质能的使用效率通过现代炉灶、锅炉等将得到提高。2060年，大部分生物能将用于发电和供热（包括工业），其中相当一部分将结合碳捕集、利用与封存。用于发

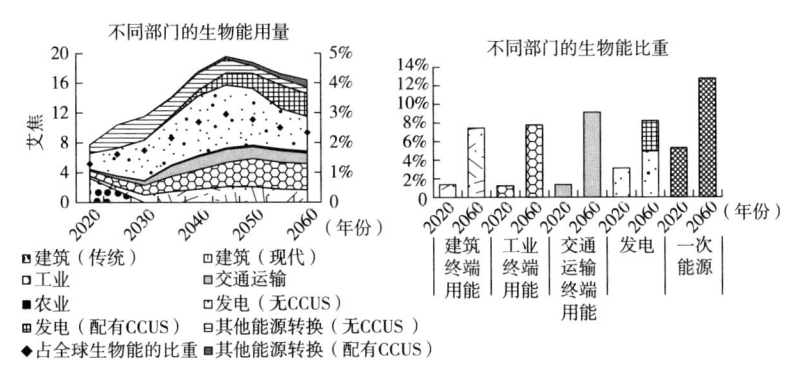

图4.16 在承诺目标情景下，中国不同部门的一次生物能源需求及其在能源需求总量中的比重

到2060年，生物能源在中国一次能源总需求中的比重将增加一倍多，达到13%；几乎一半的生物质能消费是在电厂中燃烧，这些电厂中近一半配备有碳捕集、利用与封存。

电的生物能将对早期的电力脱碳做出重大贡献，占 2030 年生物能源相关二氧化碳减排总量的 65% 以上。2020—2060 年，生物能在国家电力结构中的比重将增加近两倍，从 3% 增加到 9%；作为可调度的发电能源，生物质将发挥重要作用，支持电力系统消纳更多的波动性可再生能源，并且在和生物能源碳捕集与封存相结合的情况下将产生负排放。

在承诺目标情景中，生物质作为清洁燃料和原料在工业部门中的使用比重将从 2020 年的仅 1% 上升到 2060 年的 8%。2060 年中国生物能供给总量中，1/5 将由工业消耗。生物能可以替代高温工艺过程使用的化石燃料；特别是在水泥行业，生物能将提供该行业终端能源的 1/4。在钢铁行业，生物能作为煤炭的替代品也将发挥重要作用，在 2060 年满足该行业能源需求的 8%，并且贡献该行业从现在到 2060 年累计减排量的 11%。2060 年生物能贡献的二氧化碳减排量中，约有 37% 来自重工业。

在承诺目标情景下，液体生物燃料在交通运输部门的使用也将显著增长，但此类燃料在 2060 年仍将只占该部门一次生物能源使用总量的 8%；随着道路车辆转型为电池电动车和燃料电池电动车，生物燃料将逐步转向航空。2060 年，航空用生物燃料将贡献 5 500 万吨二氧化碳减排量，占生物能源相关二氧化碳减排总量的 6%。

技术成熟度

在中国和世界其他地区，生物能价值链各环节（从生物质资源的收集、转化，到最终使用）的技术成熟度有相当大的差异。

小规模供热和烹饪、变废为能发电厂等许多供热和发电技术，已经进入了市场采用或商业化阶段。这类技术将提供承诺目标情景中2020—2060年生物能源累计二氧化碳减排量的近90%（图4.17）。与公路交通运输和工业加热有关的一些技术同样处于市场采用或早期商业化阶段。例如，玉米乙醇、脂肪酸甲酯生物柴油和加氢处理植物油（HVO）柴油在中国已有商业化生产，其中前两种技术的使用历史已达数十年。在收集用作液体生物燃料原料的地沟油方面，中国领先于全球。通过在这些部门扩大使用生物能源，可以快速减排，为氢能和电气化等其他技术途径赢得更多的发展时间。

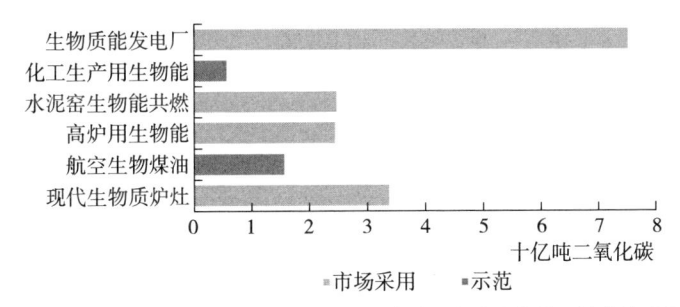

图 4.17　在承诺目标情景下，2020—2060年中国部分生物能源技术的成熟度及其累计避免的二氧化碳排放量

注：成熟度类别是根据国际能源署《清洁能源技术指南》（IEA，2020a）中对各个技术成熟度的详细评估来确定的。

> 从2020年到2060年，生物能源贡献的累计二氧化碳减排量中，近90%来自现已商业化的技术。

其他生物能技术仍处于示范甚至原型阶段。这些技术包括使用木质原料的先进可再生柴油和生物煤油技术，特别是纤维素乙醇、费托生物质气化（费托生物燃料），以及可再生醇基航空燃料（ATJ）煤油。在承诺目标情景下，上述技术中的可再生柴油技术在长距离交通运输脱碳中的作用最为重要，特别是在重型卡车和航运中：从 2055 年起，仅重型卡车就将占可再生柴油需求的一半以上。中国没有在运的费托生物燃料厂，但计划开展若干生物质气化项目，其中两个位于东北，主要用于发电和供热。这两个东北项目中，一个在黑龙江省，以多种废弃物和剩余物为燃料，运营一座 40 兆瓦的热电联产厂，另一个在吉林省，在既有的 660 兆瓦粉煤发电厂中，使用 20 兆瓦的生物质气化装置与煤炭共同燃烧。此外，这两个省份目前还有两家纤维素乙醇厂在运，都以玉米作物剩余物为原料，每年生产的纤维素乙醇总量为 1.2 亿升。

与欧洲相比，中国的生物甲烷生产和将生物甲烷注入国家天然气管网的工作仍处于起步阶段。在承诺目标情景中，生物甲烷混合配比将在 2060 年达到 15%。生物甲烷混合既面临技术难题，也面临行政障碍，包括难以确保天然气管网的公平市场准入（IEA，2021d）。目前中国在运的两座生物甲烷工厂采用不同的生产途径。山西省的商业化工厂以农业废弃物厌氧消化产生的沼气为原料，通过去除二氧化碳和其他污染物对沼气进行升级，每年的生物甲烷产量略高于 700 万立方米。江苏的试点工厂则通过生物质气化和甲烷化生产生物甲烷［也称为生物合成天然气（BioSNG）］，日产量为 1 万立方米（年产量略高于 300 万立方米）。

在承诺目标情景中，由于航空业缺乏潜在的替代燃料，该行业通过生物煤油脱碳对中国和世界其他国家实现碳中和的长期作用更加关键。近期来看，氢化酯和脂肪酸是最有希望的技术路线，而长期最具前途的技术则是费托生物燃料和可再生醇基航空燃料。仅生物煤油一项，就将占到2060年航空燃料消费总量的40%，并在2021—2060年累计减少16亿吨的二氧化碳排放。这凸显了中国生物煤油生产技术创新的重要意义。中国现在至少有一家加氢处理植物油工厂具有生产氢化酯和脂肪酸生物煤油的能力，而在生物煤油或其他可持续航空燃料方面还没有其他项目。

目前处于示范阶段的另一关键生物能源领域是用于制造甲醇、乙烯等化学品的生物质原料技术。从现在到2060年，这类途径将合计贡献近5.7亿吨的累计二氧化碳减排量。全世界范围内，目前还没有已知的生物质制氨厂，只有少数几个生物质制甲醇项目正在运行。最大的生物质制甲醇工厂使用城市固体废弃物作为原料，由加拿大Enerkem公司经营。这一过程中的关键技术仍是生物质气化。

基础设施需求

生物能源的一大优势是能够作为普适性燃料使用，在利用既有的天然气管网、车辆、发电厂、过程加热设备等基础设施时，几乎不要求对这些设施进行任何改造。然而，各类生物能源的扩展将需要不同规模的大量额外基础设施。

就生物燃料而言，将需要大量的生物质原料储存设施，特别是针对分散且密度较低的农作物和林业剩余物的储存设施，以便通过"辐射式枢纽"的方式收集原料，并将原料配送至大型工厂。生物质原料的储存之所以至关重要，是因为生物燃料生产需要有持续的原料供应，而农作物或林业剩余物可能只能在一年中的某些时段进行收集。在中国的多个纤维素乙醇原料厂示范项目中，出现了供应链不可靠的问题。此外，还需要废弃物和剩余物原料的大规模分类和清洁设施。例如，用于生产沼气的生物源城市固体废弃物必须与非生物源材料分开，而农作物和林业剩余物在运往生物燃料厂之前需要进行清洁，去除其中的污垢、石块和其他污染物。

生物甲烷方面，需要新建配送管道和注入点，以便与天然气混合。由于废弃物和剩余物原料（如粪便和作物剩余物）较为分散且运输成本高，生物甲烷工厂很可能位于原料来源附近，这就增加了对管网连接的需求。对于小型生物甲烷厂（如目前中国的大多数沼气池），一种经济合理的做法是：与当地其他生产方签订合作协议，各方先将各自生产的生物甲烷汇总到一起，再运送到共享的注入点。此外，可以从相关工厂收集有机肥料（沼气生产过程中厌氧消化的副产品），配送给当地的农场。

在碳捕集、利用与封存方面，需要建立基础设施来支持生物能源碳捕集与封存在生物燃料生产和发电中的部署。例如，当生物甲烷生产（沼气升级或生物质气化）结合生物能源碳捕集与封存时，可能比较合理的做法是在建设二氧化碳管道的同时建设生物甲烷配送管道，特别是在生物甲烷原料潜力较大、现有天然气管道和潜在二氧化碳封存地点较多的省份，如四川和河南，以及东北的黑龙江和吉林。

第五章

加快能源转型的路径

- 碳达峰的时机和水平，以及达峰后的减排速度，对于中国实现碳中和的长期目标至关重要。中国拥有所需的技术能力、经济手段和政策经验，可以在 2030 年前实现比承诺目标情景更加迅速的清洁能源转型。
- 与承诺目标情景相比，加速转型情景从现在到 2030 年将在三个关键领域加强政策努力：加快减少电力部门和工业部门的煤炭使用量；提高可再生能源、电动车、热泵等低碳技术的部署；提升终端用能部门的能源和材料利用效率。
- 由于许多额外措施需要一定时间才能起效，因此从现在到 2025 年，上述两种情景下的能源体系二氧化碳排放轨迹将大致相同；而在 2025—2030 年，加速转型情景下的二氧化碳排放将每年下降 4%，到 2030 年达到 95 亿吨左右，比承诺目标情景低 19%。在较承诺目标情景进一步减少的 2030 年总体排放量中，发电部门将占 60% 左右，工业和交通运输将共占 30%。
- 2030 年，加速转型情景中煤炭的需求量将在承诺目标情景的基础上进一步减少近 20%，主要归功于加速电力市场改革和加强排放交易系统所降低的发电部门需求。煤电占发电的比重将在 2030 年下降到 38%（约 3 900 太瓦时），比承诺目标情景低约 10 个百分点。

- 加速转型情景将带来许多社会经济效益，对中国在全球清洁能源技术价值链中的核心地位和清洁能源的创新都将起到促进作用。从目前到 2030 年，与清洁能源供应有关的工作岗位将增加 360 万个，而化石燃料供应和化石燃料发电厂所流失的工作岗位将有 230 万个。而在承诺目标情景下，工作岗位的同期净增加额将仅有 40 万个左右。脱碳进程的加快还将进一步减少污染，带来公共健康效益。

- 在加速转型情景中，一些瓶颈和新兴的经济社会问题预计将在短期内出现，为转型带来重要挑战。长期来看，加速转型的好处是将以更加有序的方式实现碳中和，为市场、企业及消费者的调整和适应留出更多时间。与承诺目标情景相比，加速转型情景在 2030—2060 年的年均减排速度将放缓 20%。从现在到 2060 年，承诺目标情景中 2030 年之前新建的电力部门和工业部门长寿命资产的锁定排放中，将有超过 200 亿吨在加速转型情景下得到避免，为提前实现碳中和创造了可能。

· · ·

抓住机遇，加速 2030 年之前的转型

中国的"双碳"承诺显示出中国气候雄心显著增强。承诺目标情景描述了实现中国长期目标的一条能源途径，旨在遵循中国

2020年宣布的《巴黎协定》国家自主贡献强化目标。然而，正如第二章所述，承诺目标情景是实现中国既定目标的一条路径，而不一定是唯一路径。根据长期技术进步和国内技术偏好及优先事项等因素的变化，其他路径也可能可行。

近期内的政策行动是另一项关键的不确定因素。中国已经承诺在2030年之前实现二氧化碳排放达峰，但这个峰值的时间和水平，以及达峰后的下降速度都是不确定的，因为它们取决于未来几年的政策决策，以及这些政策对企业和消费者投资和支出决定的影响。中国拥有所需的技术能力、经济手段和政策经验，可以从现在到2030年实现比承诺目标情景更加迅速的清洁能源转型。事实上，在实现国家自主贡献中到2030年非化石燃料占能源需求比重达20%的目标方面，中国已经取得了快速进展，因此已将该目标提高到了25%。在21世纪20年代持续取得这样的成功符合中国的利益：二氧化碳达峰越早，峰值就会越低，就会有更多的时间来实现碳中和，从而使能源转型更加顺利，成本效益更高。

中国政府高度重视碳中和，认为有必要尽快减缓排放增速、尽早达峰。本章将探讨中国在2030年之前超越目前官方目标要求、加快能源转型（21世纪20年代后期排放加速下降）的机遇，以及加速转型对中国和世界其他地区的长期广泛影响。

加速转型情景

近年一些关键指标的趋势表明，中国加快能源转型存在相当大的空间，特别是在提高能源系统的整体效率和加快部署成本效益高的现有清洁能源技术方面，包括太阳能光伏、风能、电动车和热泵。在承诺目标情景下，从现在到2030年的能源转型在某些方面相当于维持甚至放缓近年来脱碳进程的实际步伐。例如，承诺目标情景中设想GDP的一次能源强度以年均2.9%的速度下降，比2011—2020年已实现的水平要低。就太阳能光伏和风能而言，在过去10年中，实际年均新增装机增速达20%以上；而承诺目标情景假设从现在到2030年，该增速只需再增加10%，就能达到非化石燃料占一次能源需求25%的官方目标。同样，钢铁生产的煤炭强度在过去10年中年均下降了3%，在过去5年中年均下降了5%；而在承诺目标情景中，煤炭强度从现在到2030年每年将下降不到1%。在某种程度上，随着增效或低难度减排的机会被用尽，一些指标放缓是不可避免的，但在近期内进一步提高的潜力仍旧巨大。

为探讨2030年前中国提升近期气候政策目标将对能源系统和排放所产生的影响，我们提出了加速转型情景。加速转型情景并不要求彻底改变当前的政策优先事项。在新的气候"领导小组"正在制定的"1+N"政策体系的十个核心行动领域中，大多数领域已有政策到位，包括减少煤炭使用、提高资源利用效率、提升能效、建立低碳交通运输体系、促进清洁能源技术创新、发展绿色金融、出台配套经济政策、完善碳定价机制，以及实施基于自然的解决方案。

加速转型情景设想，政府将在承诺目标情景的基础上迅速加强和巩固关键领域的政策，具体如下：

- 加快降低电力和工业部门的煤炭用量。

- 促进现有低碳技术的部署，特别是可再生能源发电、新能源汽车（主要是电动车）和热泵。
- 提高工业、建筑和交通运输部门的能源和材料效率。

正如中国指出的，控制煤炭的使用对于遏制中国的二氧化碳排放至关重要。目前，电力部门和工业部门用煤在中国煤炭消费总量中的比重接近95%，加快降低电力和工业部门的煤炭用量仍有巨大空间。自"十二五"规划以来，中国一直在淘汰小型低效的煤矿、老旧低效的燃煤电厂和工业设施，以及住宅用燃煤锅炉。加速转型情景假设，所有剩余的低效产能将在2021—2030年退役，与此同时，电力部门和工业部门的能效将每年增长2%~4%（承诺目标情景中只有1%~3%）。排放交易系统也将得到强化，将通过更严格的配额分配、更快地引入拍卖机制、扩大系统等措施来覆盖更多的能源密集型产业，为企业提高能效和改换燃料提供激励。

更加有力的政策也将推进可再生能源和电动车等其他清洁能源技术的发展。近年有些太阳能光伏和风能项目可以把发电成本降低到省平均煤电价格以下，这表明具有竞争力的太阳能光伏和风能发电项目还有进一步快速部署的空间。在加速转型情景中，电力市场的加速改革将为电力调度的市场化运作、长期购电协议的达成以及基于成本的零售电价的制定提供必要条件，促进对太阳能光伏和风能的投资。电网基础设施将加快扩展，连接更多远离需求中心的太阳能光伏和风能项目，并促进省际电力贸易。国家和各省将制定更加严格的燃料经济性目标并明确逐步淘汰内燃机车辆的目标日期，在这两项政策的双重促进下，电动车的销量将上升。

提高能源效率在中国的政策决策过程中一贯受到重视，十多年来为缓和能源需求和控制二氧化碳排放增长做出了巨大贡献。承诺目标情景中，能源和材料效率的共同提高将是遏制能源需求增长的关键，将贡献2030年减排量的1/4左右。尽管如此，在2030年，能源和材料效率进一步提高仍有相当大的经济潜力。加速转型情景假设，旨在提高工业、建筑和交通运输部门能源和材料效率的更严格政策将很快出台，包括收紧现有的最低能源性能标准和出台新标准，从而达到禁止销售能效最低的技术的效果。此外，还可以通过改造建筑物、优化工业生产过程（特别是能源密集型生产过程）用能，以及使用更高效的交通运输方式（包括促进城市交通和货运模式的转变）等一系列措施，来提高能源和材料效率。

能源和排放趋势

以上这些由政策驱动的措施将对二氧化碳排放的中期前景产生巨大影响（如图5.1所示）。2030年，加速转型情景中的排放量为93亿吨，比承诺目标情景的排放量低19%。由于许多额外措施需要一定时间才能起效，因此从现在到2025年，上述两种情景下的排放轨迹将大致相同；而在2025—2030年，加速转型情景下的二氧化碳排放将每年下降4%。历史上，排放量有所下降的年份只有3年：2014—2016年（由于能源需求放缓，以及大量核电和可再生能源投入使用，遏制了燃煤发电的需求）。

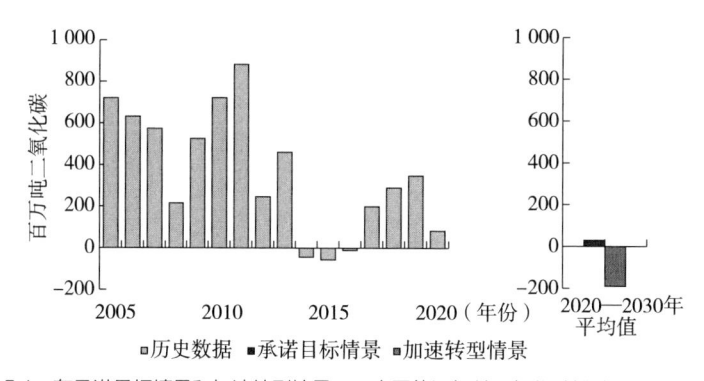

图 5.1　在承诺目标情景和加速转型情景下，中国能源相关二氧化碳排放量的年度变化

> 现在到 2025 年，加速转型情景与承诺目标情景中的排放轨迹将大致相同，在之后的 5 年中，加速转型情景中的排放量将以年均 4% 的速度下降。

2020—2030 年 GDP 的二氧化碳强度在加速转型情景下将平均每年下降 6%，而在承诺目标情景下将年均下降 4%；加速转型情景中之所以下降速度更快，是由于经济发展的能源强度及能源供应的二氧化碳强度的降低速度较快。同期，GDP 的能源强度在加速转型情景下将平均每年下降 4%，而在承诺目标情景下将年均下降 3%。加速转型情景中，非化石燃料在一次能源结构中的比重将从 2020 年的 15% 增加到 2030 年的 26%（而承诺目标情景中为 23%）。[①] 2030 年，在加速转型情景较承诺目标情景进一步减少的能源体系二氧化碳总体排放量中，发电部门约占 60%，工业和交通运输部门共占 30%，剩余 10% 由建筑、燃料转化和农业部门贡献（见图 5.2）。

---

① 如采用中国的部分替代法进行能源核算，则这组数值在 2030 年加速转型情景下为 29%，承诺目标情景下为 26%。

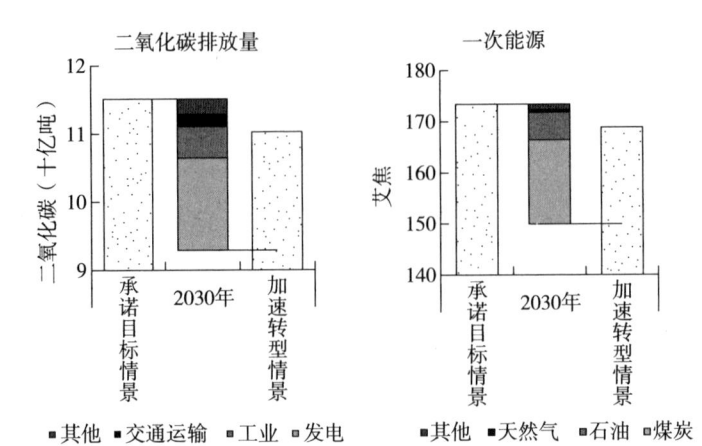

图 5.2 与承诺目标情景相比，加速转型情景下 2030 年中国能源体系不同部门产生的二氧化碳排放量的变化，以及使用不同一次能源产生的二氧化碳排放量的变化

2030 年加速转型情景与承诺目标情景的减排差额中，大约 60% 来自发电部门，另外 30% 来自工业和交通运输部门。

在加速转型情景较承诺目标情景进一步减少的排放量中，有大半要归功于煤炭用量的降低。如图 5.3 所示，加速转型情景中，煤炭消费量在短期内将上升，但随后将在 2030 年回落到 70 艾焦，比承诺目标情景低近 20%。2030 年，在加速转型情景较承诺目标情景减少的煤炭用量中，近 70% 来自发电部门：在加速电力市场改革和强化排放交易系统的共同作用下，2030 年的燃煤发电总量将降至约 3 900 太瓦时，较承诺目标情景减少 20% 以上。加速转型情景中，煤电在总发电量中的比重将从 2020 年的 63% 下降到 2030 年的 38%，比承诺目标情景低 9 个百分点。2030 年较承诺目标情景减少的煤炭需求量中还有 25% 来自工业：其中钢铁生产用煤约占 40%，其次是水泥生产。加速转型情景下推动工业用煤量降低的因素有：中国经济结构重心进一步转向高附加值产业和服务业;采用更严格的法规提高能源和材料利用效率;成功按照设想扩大排放交易系统,实现对能源密集型产业的覆盖。

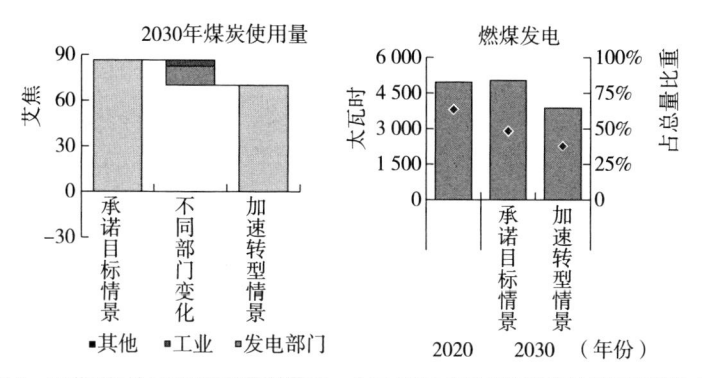

图 5.3 承诺目标情景和加速转型情景下,中国 2030 年的煤炭消费总量和燃煤发电量

2020—2030 年,燃煤发电的体量在加速转型情景中将下降 20% 以上,而在承诺目标情景中将上升 1%。

专栏 5.1　加速能源转型对化石甲烷排放的影响

在加速转型情景下,加快减少电力部门和工业部门的用煤量将为降低化石甲烷的排放带来重要助益,一些旨在降低化石燃料生产排放强度的重大举措也将投入实施。与承诺目标情景相比,2030 年加速转型情景下的化石甲烷排放总量将减少近 60%。从 2020 年到 2030 年,加速转型情景下化石燃料作业的甲烷减排量相当于同期承诺目标情景下全球范围内化石燃料作业甲烷减排总量的 70% 左右。在限制近期内甲烷对全球变暖的影响方面,中国可以起到关键性的作用。

从现在到 2030 年，加速转型情景中超过 85% 的化石甲烷减排量将与煤炭开采有关。加速转型情景中（见图 5.4），2030 年与煤炭有关的甲烷排放量将比 2020 年减少近 60%，而承诺目标情景中只减少 1%。加速转型情景中，甲烷减排措施在石油和天然气作业中加速实施，因此从现在到 2030 年，油气开采与加工行业的甲烷减排量将是承诺目标情景中的 4 倍左右。要实现这些减排量，需要强有力的政策支持，从而确保大多数现有的减排措施将在 2030 年前得到充分部署。

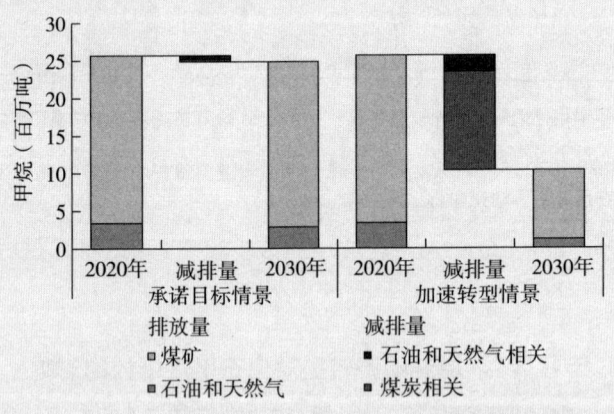

图 5.4 在加速转型情景和承诺目标情景下，中国的化石甲烷排放量

在加速转型情景中，随着 21 世纪 20 年代后半期可再生能源和其他现有的商业化清洁能源技术加快部署，煤炭用量也将下降。在加速转型情景下，由于风能和太阳能光伏在全国范围内的竞争力不断增强，再加上一系列的市场改革将为并网提供助力，2025—2030 年对风能和太阳能光伏技术的投资较承诺目标情景将提高约 15%，达到每年 1 250 亿美元（每年 8 000 亿元），年均

新增总装机将达160吉瓦，比承诺目标情景高出约40吉瓦。这种变化不仅要归功于设想中的电力部门改革和排放交易系统演进（它们都将有利于可再生能源发展并鼓励更快实现电气化），还要归功于其他促进电力需求的政策措施——其中特别值得一提的是，2030年电动车的销售份额将较承诺目标情景增加15%，热泵的市场份额也将增加近25%。由此造成的电力需求增加将由高能效电器、空调、照明和工业设备所节省的电力部分抵消。在供给侧，需采取更有效的可再生能源消纳措施来助其突破瓶颈，实现成功部署；这些措施包括实现电力调度的市场化运作、达成长期购电协议，以及制定基于成本的零售电价等。

到2030年，加速转型情景中所假设的更强有力的政策行动将在承诺目标情景的基础上，进一步大幅提升能源和材料的利用效率（见图5.5）。这些提升将在气候变化直接相关的效益范畴以外，带来其他重大的经济、环境和社会效益。提高能源和材料的利用效率受到中国政策决策者的高度重视，迄今为止在该领域已取得巨大的成效。例如，在2008年全球金融危机之后，中国的4万亿元（5 850亿美元）经济刺激计划中，5%用于节能、减少污染物排放和环保项目。在提高能效方面，中国投入了超过400亿元，主要是通过十大重点节能工程。通过这些努力，2010年的煤炭消费量下降，中国国内的节能服务和技术（如节能锅炉、电动机和照明）市场也得到扩大。除此之外，中国还在积极推行最低能源性能标准（MEPS），目前该标准已经覆盖了近2/3的终端用能领域，是全球平均水平的近两倍，而2010年的覆盖率只有1/3。

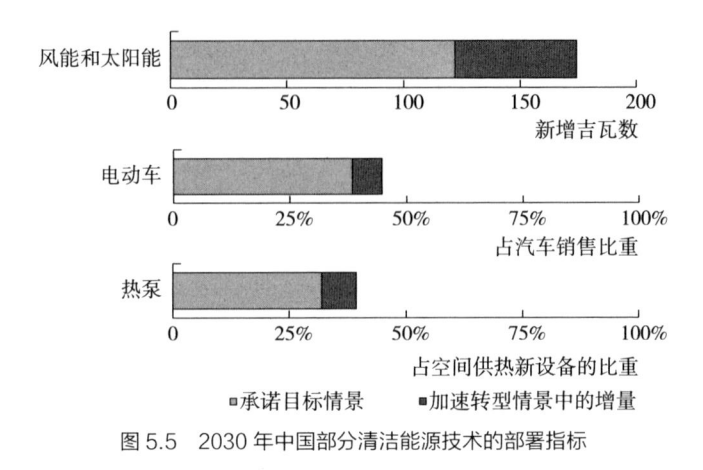

图 5.5 2030 年中国部分清洁能源技术的部署指标

现有清洁能源技术将在加速转型情景中得到更快的部署。

工业

加速转型情景中,能效的提高将有助于所有终端用能部门加速减排。在工业方面,钢铁与铝生产中废钢和废铝使用比重增加,熟料—水泥比例下降,这两个因素将共同推动 2020—2030 年单位增加值能耗下降 32%。这一下降速度略快于承诺目标情景中的 25%,但明显低于 2005—2020 年任何一个五年规划期间所实现的最高速度。由此可以看出,该领域的很多进展已经完成(其中很大一部分是过去几期五年规划的目标)。中国部分终端用能指标的平均表现见表 5.1。

加速转型情景与承诺目标情景相比,工业能源强度的降低速度略快,加速转型情景中,相关领域的额外减排将通过改造排放最密集的工艺过程来实现。随着现有最佳技术和强化工艺集成(例如在高炉和水泥窑中)普及,能效将发挥重要的作用。不过,有两个因素将在一定程度上抵消由此节省的能源:普及碳捕集设备,以及采用排放密集度较低,但能源强度较高的低碳替代燃料。

表 5.1 中国部分终端用能指标的平均表现

指标	2020 年	2030 年承诺目标情景	2030 年加速转型情景
建筑中新供热设备的能效	122%	233%	245%
建筑中新制冷设备的能效	412%	464%	602%
新冰箱的能源强度(千瓦时/年)	205	174	159
新 LED 的光效(流明/瓦)	103	117	123
新轻型商用车的燃料经济性(兆焦/吨·100 千米)	336	249	187
新中型卡车的燃料经济性(兆焦/吨·100 千米)	111	72	66
钢铁生产的煤炭强度(吉焦/吨)	15.6	14.3	13.7
成功避免的水泥生产(百万吨/年)	—	—	125(-5%)
成功避免的钢铁生产(百万吨/年)	—	—	67(-6%)

注:成功避免的水泥和钢铁生产是 2030 年加速转型情景与承诺目标情景比较而言的。

提高材料利用效率,可以在维持服务水平的同时减少各终端使用部门对大宗材料的消耗,从而将对减排起到关键作用。在加速转型情景中,2030 年中国的水泥和钢铁产量将比 2020 年低 2% 左右;而这些材料的产量在承诺目标情景中将增长 4%。两种情景下,总产量的达峰时间都将在 20 世纪 20 年代中期。在加速转型情景下,发展轻量化、提高产品合格率、增加水泥和钢铁在国内市场的回收和再利用等材料效率策略,都将有助于降低材

第五章 加快能源转型的路径

料产量。在"十三五"规划所提出的《工业绿色发展规划》的经验基础上，这些措施将得到进一步加强。通过提高建筑的改造率来延长其使用寿命，将降低对材料密集的新建设项目的需求，从而有力地提高材料利用效率。例如，在加速转型情景中，由于建筑领域更加重视结构优化、预制化、预铸和低碳材料的选用，并且更加注重通过建筑物翻新和再利用来延长其使用寿命，2030年建筑施工所需的水泥和钢材将比承诺目标情景下减少10%以上（见图5.6）。

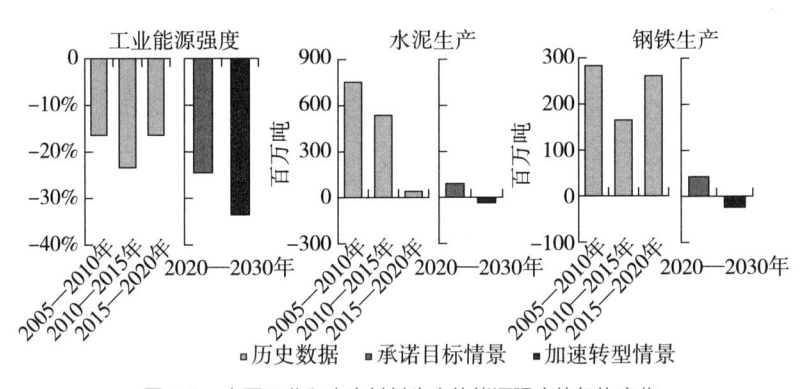

图5.6 中国工业和大宗材料生产的能源强度的年均变化

注：能源强度以工业单位增加值能耗来衡量。

> 加速转型情景下，尽管将会推广部署能源强度更高的创新技术，但材料和能源效率的提高将进一步降低工业能源强度。

交通运输

在交通运输部门中，加速转型情景假设2030年之前将在两大气候政策领域加强措施，以加快减排：

- 减少城内和城际出行的次数及距离，或者采用碳强度较低的出行方式。
- 加快向低碳替代燃料转型，特别是加快公路和铁路货运的电气化转型。

在避免或减少非必要或低价值的出行并转用低碳出行方式方面，目前正处于设计和建设阶段的城市面临的机遇最多。使用公共交通以及步行和骑自行车出行的鼓励措施正在现有的基础上得到扩展。城市和交通运输规划也将得到更好整合，从而减少对机动车交通的需求：例如，建设较小的住宅街区并在周边增设商业和其他服务，以减少开车或乘车出行的需求。要实现这些转变，就要改革现行的激励制度，如改革奖励快速建设的制度，改变将大片土地出售给一家开发商的典型做法，以及修改法律以改变新的"巨型街区"开发项目并入城市街道网络的方式。同样的机遇也存在于既有城市中，不过相对较少。既有城市的地区改造项目可以从世界各地的项目中获取灵感，例如，韩国首尔清溪川沿线的一条公路经成功改造，已成为一条适宜步行的走廊和多模式公共交通枢纽（Development Asia，2016）。在承诺目标情景和加速转型情景下，2030年中国不同交通运输方式的燃料使用情况见图5.7。

在加速转型情景下，要在近期内减少长途出行，主要将依靠对轨道车辆、城际路网及高铁网络的现代化改造。轨道车辆的提速和服务扩展将降低碳密度较高的公路和航空交通运输的吸引力。在更新铁路动车与机车，重铺、维修和改善轨道，以及提高城际客运列车的最大巡航速度方面，都存在很大的机遇。与承诺目标情景相比，使用率高的传统线路将在更大程度上得到升级，并得到高速铁路的补充。

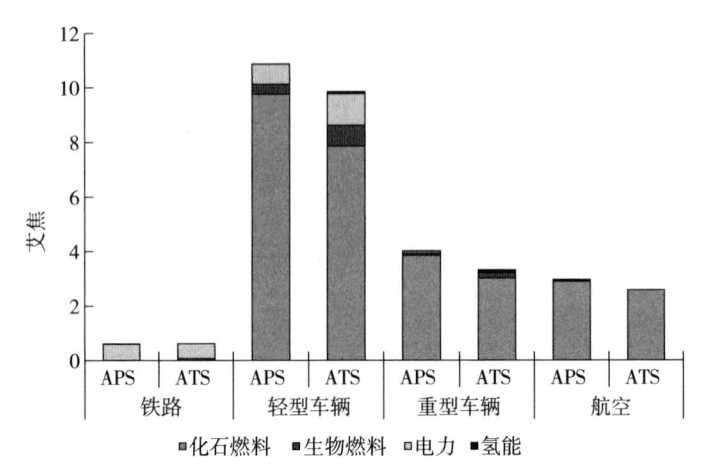

图 5.7　在承诺目标情景和加速转型情景下，2030 年中国不同交通运输方式的燃料使用情况

注：APS 为承诺目标情景，ATS 为加速转型情景。

> 2030 年，以减少车辆出行并增加低碳模式的吸引力为宗旨的城市和交通系统设计，将在承诺目标情景的基础上进一步将化石燃料用量降低近 20%。

在加速转型情景下，为鼓励更快地提高车辆能效和转用电动车，在轻型车辆和城市公交车上证明有效的政策将扩展至其他交通运输用车辆。这些政策包括更严格的车辆能效标准、卡车和城际客车的新能源汽车强制性规定，以及逐步淘汰两轮车和三轮车用内燃机的明确目标。此外，还将加快其他政策的出台，以推动剩余的柴油铁路作业电气化，加速燃料电池电动公共汽车、卡车和轨道车辆部署，为 21 世纪 30 年代更早实现脱碳创造条件。

建筑

加速转型情景中，更加严格的政策措施将促进建筑能源需求降低，2030年建筑能源需求较承诺目标情景将减少5%，直接排放将减少16%。特别值得一提的是，煤炭用量将下降75%以上。鉴于建筑的使用寿命较长，为最大限度地减少建筑对环境的影响，从现在到2030年是中国采用可持续建设与翻新实践的关键时期。

由于"十四五"规划对能源性能标准的收紧，2021—2030年完工的建筑一般都将比近年建成的建筑更加节能。尽管如此，承诺目标情景中能做到零碳就绪的建筑寥寥无几。加速转型情景中，在已经出台严格标准的基础上，对零碳就绪建筑的重视程度将大大加强。已出台标准的一个例子是《绿色建筑评价标准》（GB/T 50378—2019），它涵盖了材料、能源和水的使用，以及室内空气质量和建筑运行管理（China Legislation Standard, 2019）。到2030年，零碳就绪建筑在总建筑存量中的比重将达到16%——是承诺目标情景中的4倍多，2020年的6倍以上。零碳就绪建筑的能效更高，改用低碳能源运行更容易，无须任何升级就可实现零排放。由于中国2000年之后完工的建筑占建筑存量的2/3，因此对现有建筑物的深度节能改造将至关重要。2030年，住宅建筑每年完成的零碳就绪达标改造将占存量的1%，即5亿平方米，是承诺目标情景的2倍以上（见图5.8）。

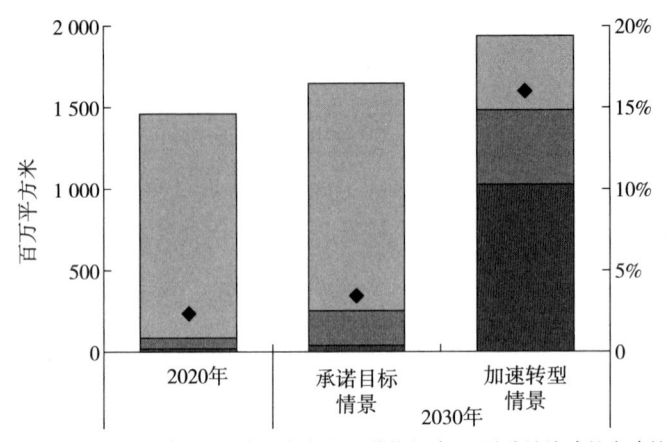

图 5.8 中国改造和新建的零碳就绪住宅建筑

加速转型情景中,到 2030 年零碳就绪建筑在总建筑存量中的比重将达到 16%,是承诺目标情景中的 4 倍多。

在加速转型情景下,加快转用低碳供热技术也将促进建筑减排。到 2030 年,燃煤和燃油锅炉的销售量将分别减少 95% 和 50%,而天然气锅炉在供热系统销售中的份额将降至 15% 并继续下滑。热泵、区域能源系统和其他直接基于可再生能源的技术（主要是生物质锅炉、太阳能热力和地热）将占 2030 年新装供热系统的 75%,即剩余份额中的绝大部分（承诺目标情景中为 60%）。在减排的同时,终端能源需求也将下降,这是因为加速采用高效热泵（其效率在 2030 年将达到 450%）将推动新供热设备的平均能效从 2020 年的约 120% 飙升至 2030 年的 245%（承诺目标情景中为 230%）。

加速转型的好处

如果按照加速转型情景的设想,从现在到 2030 年加速清洁能源转型,将不仅有助于中国缓解气候变化的相关影响,还将带来一系列社会和经济效益。

建设清洁能源技术的制造中心

如果各国都能响应 2021 年底《联合国气候变化框架公约》第二十六次缔约方大会(COP26)的号召,按照新的国家自主贡献来提高 2030 年的气候目标,那么全球的清洁能源技术市场将会扩大。中国完全有条件参与相关市场的竞争。过去 10 年中,中国在许多清洁能源技术的制造领域已经占据全球领先地位,产品销往国内市场和世界各地。中国是太阳能电池板、电池和电动车最主要的生产国和消费国。例如,2020 年,中国企业在国内完成的制造量已占全球电池制造能力的 70% 以上,即每年 480 吉瓦时(Benchmark Mineral Intelligence,2021);在欧洲和其他地区,这些企业也在建设新的超级工厂,扩大国际覆盖。如图 5.9 所示,中国企业在 2020 年还制造了全球 60% 以上的太阳能光伏模块(产能超过 100 吉瓦)、近 80% 的光伏电池,以及超过 95% 的硅晶片(IEA PVPS,2020;CPIA,2021)。中国不仅某些关键矿产资源储量丰富,矿物加工和精炼能力也在世界上占很大比重。许多清洁技术所需的多种关键原矿都在中国生产,包括锂(全球 57% 的加工能力)、稀土金属(全球 60% 的采矿产能),以及钴(全球 65% 的加工能力)。

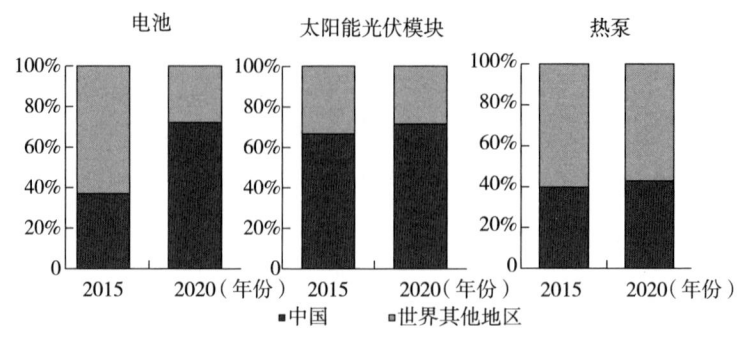

图 5.9　部分清洁能源技术的全球制造能力

资料来源：改编自 Benchmark Mineral Intelligence（电池）、IEA PVPS 和 CPIA（光伏模块），以及 ChinaIOL（热泵）。

2020 年，中国占全球太阳能光伏模块和电池制造能力的 70% 左右，占全球热泵制造能力的 40% 以上。

中国既是清洁能源技术的开发国和生产国，也是使用国，加快能源转型将巩固中国在全球清洁能源技术价值链中的核心作用。在中国清洁能源体系全球影响力这一重要因素的驱动下，清洁能源技术在中国国内市场和全球范围内得到发展和部署。技术学习可以稳步降低成本、改进性能及制造工艺。对于可以标准化和大规模生产的紧凑型技术而言，技术学习尤其迅速，技术贸易也因此更加容易。电池、太阳能光伏电池、燃料电池、电解装置、热泵等都属于这一类技术范畴。承诺目标情景下到 2060 年所避免的累计排放量中，将有 35%（即 1 700 亿吨二氧化碳）得益于这些技术的共同推动，而加速转型情景下甚至将会更多。通过出口这些技术，可以更快地扩大生产，从而可以利用规模经济来促进技术进步并降低成本。

在实现碳中和目标的技术方面，中国正力争成为其所需的所有主要技术的全球领导者,这一目标对以上趋势应起到加强的作用。中国在全球电动车电池、太阳能光伏和热泵市场上已经占据主导地位,也完全有条件扩大在燃料电池、电解装置等新兴技术价值链中的参与。例如,到 2060 年,如果中国要满足和现在同等份额的全球电动车电池需求,那么中国国内的电池制造业价值将达到 2 500 亿美元,大约是目前规模的 25 倍。中国拥有丰富的关键矿产资源,从中可以提炼出制造这些技术产品所需的金属,这为中国提供了巨大的国际竞争优势,例如,全球 60% 的锂和 35% 的镍(电池中使用的主要金属)的精炼产能都在中国。

在加速转型情景中,低碳技术的制造能力将加速扩大,为中国和世界其他国家带来更多利用规模经济的机遇。从现在到 2030 年,加速拓展中国的清洁能源技术制造能力将有助于实现中国工业结构调整,从重工业转向能源强度较低的高附加值产业,也有助于巩固中国在清洁能源领域的全球领先地位,促进清洁能源发展并增加相关工作岗位。这将为中国在关键技术领域获得战略优势创造机遇,例如,要增加波动性可再生能源在发电结构中的比重,就有必要开发新的电力管理系统、扩大储存能力,并升级电网以促进负载均衡。

加快清洁能源创新

在加速转型情景中,加快清洁能源转型将促进中国不同领域的清洁能源创新,如用于重工业与长途交通运输业的氢能和合成燃料的生产,或碳捕集、利用与封存。未来 10 年碳捕集、利用与封存和氢能将发挥越来越重要的作用。2030 年,二氧化碳捕集量将达到

3.6亿吨,而承诺目标情景中只有2 000万吨;低碳氢产量将增至近800万吨,而承诺目标情景中只有300万吨。

由于对新兴低碳技术的需求起步较早,加快清洁能源转型将为中国的新兴低碳技术示范项目吸引更多的国内外投资。这将为中国提供技术领先的机会,并有可能扩大出口。

在中国经济从低价值的制造业向高价值的创新技术转型战略中,成为全球创新的领导者是一个目标。清洁能源和关键矿产是中国的两大创新优先事项。全球清洁能源转型为中国提供了机遇:中国一方面可以拓展技术前沿,另一方面可以保持自身在能源相关电器和设备方面的市场份额。这类商品的全球市场将迅速增长,但竞争也将十分激烈:其他国家正在大力增加研发开支并为氢能等新兴技术领域开发价值链。为促进中国和世界其他国家向碳中和转型,需要在开发和部署清洁能源技术方面加强国际合作。在承诺目标情景和加速转型情景下,2030年中国部分创新性清洁能源技术的部署指标见图5.10。

中国庞大的国内市场仍将是开发和部署清洁能源技术的基础。在中国,国内市场不仅规模大、一体化,而且法规和技术要求基本统一,对国内创新者很有吸引力(这些创新者可以依托国内市场来为国际最佳解决方案开发产品、筹资并实现商业化),从而为研究人员和制造商提供了大多数其他国家所没有的强大竞争优势。中国可以继续作为领先的试验平台,引领出口前景好的新技术发展。鉴于国内市场的规模,中国预计将在重工业领域保持突出的主导地位;此外,中国还将引领电网、汽车充电网络、长期储能、低排放船舶与轨道车辆等能源相关的基础设施技术,以及道路车辆低碳燃料和数字家电等消费品生产技术。

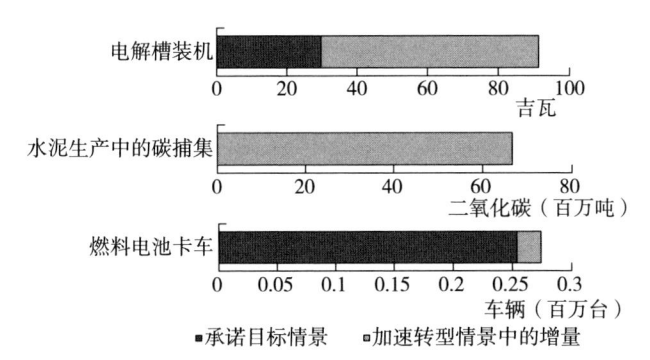

图 5.10　在承诺目标情景和加速转型情景下，2030 年中国部分创新性清洁能源技术的部署指标

在加速转型情景下，与承诺目标情景相比，到 2030 年处于开发阶段或新面市的清洁能源技术将得到更大的发展。

在更有力政策的支撑下，现在还未商业化的创新技术将于 2030 年之前在中国得到部署。例如，加速转型情景中，2030 年配备了碳捕集、利用与封存的水泥厂在总产量中的比重将达到 4%，而在承诺目标情景中，这项技术 2030 年在中国还没有商业化部署。氢能原生钢产量在加速转型情景中将达到国内产量的 1%，而这项技术在承诺目标情景中直到 21 世纪 30 年代初才得到商业化部署。在交通运输部门，使用可持续航空燃料（生物煤油或合成氢基燃料）的飞机在加速转型情景中将占 2030 年中国航空能源需求的 15%，而在承诺目标情景中将仅占 2%。

创造更多更好的能源就业岗位

和世界其他国家一样，中国向碳中和转型将为能源和能源相关部门带来更多的工作岗位。这些岗位大多薪酬优厚，工作条件与传统能源体系工作（特别是采煤工作）相比更加优越和安全。这些变化如果能与其他较大规模的劳动力变化趋势相协调，将有助于中国人均 GDP 较低的地区调整工业结构、实现发展社会经济的更广泛目标。

加速能源转型将加快创造就业岗位。我们估计，2020 年中国大约有 1 100 万人直接在石油、天然气、煤炭、可再生和生物能源供给以及能源网络领域工作。在承诺目标情景中，到 2030 年清洁能源供给及相关行业（如电池制造和能效改造）的工作岗位将增加 220 万个，而石油、天然气和煤炭燃料供给以及化石燃料发电厂的就业岗位将减少 180 万个，能源工作岗位将净增约 40 万个。与之相比，加速转型情景中的变化要显著许多：同期清洁能源供应领域的工作岗位将增加 360 万个，而化石燃料行业的工作岗位将减少 230 万个，净增 130 万个工作岗位。

无论是否采取更强有力的政策来加快能源转型，中国煤炭行业的就业都将持续萎缩（见图 5.11）。在过去 10 年间，煤炭开采和洗选行业的岗位已经在减少；自 2013 年以来，该行业的岗位削减了 200 万个，如今剩余约 300 万个。[①] 造成这种现象的主要原因是正在开发和运营的煤矿数量下降，以及机械化推动煤炭生产率提高了近 80%。到 2030 年，承诺目标情景下所有的煤炭开采行业（包括上游的采矿设备供应商）将进一步损失 160 万个工作岗位（45%），加速转型情景下将进一步损失 190 万个岗位（55%）。这些岗位的流失在很大程度上可以归结于生产力提

---

① 中国对煤炭开采和洗选行业的官方就业估计数据只包括在工商部门注册的法人单位的员工，未包括这些行业的非正式就业人员。

高（占承诺目标情景下岗位流失的近 45%，加速转型情景下的 35%），以及新矿开发持续减少和现有小煤矿关闭。到 2030 年，承诺目标情景下中国的煤炭产量将仅下降 2% 左右，而在加速转型情景下将下降 20%。煤炭需求加速下降而造成的岗位流失将只占加速转型情景下煤炭岗位流失的 15%。通过关闭年产量低于 30 万吨的低效煤矿（目前占中国煤矿的 40% 左右），生产力将得到提高。

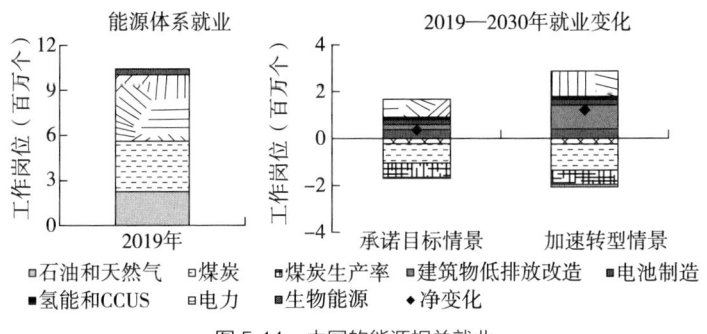

图 5.11 中国的能源相关就业

注：由于与能源相关活动（如能效）直接有关的就业信息不足，2019 年的就业估计数据只包含能源供给行业。选择 2019 年作为建模的基准年是因为新冠肺炎疫情对就业的影响较大。就业变化不包括工人在工作单位内部转岗（如从传统汽车制造岗转到电动车岗）所填补的岗位，因此，对承诺目标情景和加速转型情景下所创造的新岗位总数的估计很有可能偏低。

> 在加速转型情景下，清洁能源工作岗位将增加 360 万个，而化石燃料工作岗位将减少 230 万个，净创造的工作岗位达 130 万个，比承诺目标情景下多近 100 万个。

中国不同煤炭产区的现代化水平有明显差异。在小矿多、采煤机械化水平低的省份，如山西、河南、山东、安徽、黑龙江和河北，工作岗位的流失将更加显著；而内蒙古、陕西和新疆等省区采用更现代化采矿方式或露天采矿的比重较高，所以劳动生产率更高。随着全球向清洁能源转型，对锂和稀土金属等关键矿产的需求将迅速增加，中国不同地区将可能出现新的采矿就业机会，不过这些机会很可能不足以弥补煤炭开采领域所流失的全部岗位，因为所有采矿行业都要提高生产率并削减过剩产能。①

其中一些受影响的省区拥有多元化经济，可以为失业矿工提供更多在新行业就业的机会。许多低技能的煤矿工人和油气行业所裁减的高技能工人都有可能迁往城市，在其他工业或服务行业就业。技能型员工可能会在批发贸易、金融、会计和法律服务（包括碳管理）行业中的类似岗位上找到新的机会。设立培训项目可以在帮助这些工人进行转型的同时，为中国的新能源经济培养一支高技能的劳动力队伍，提高中国企业的国际竞争力。中国已经试行了一个转型支持项目，对煤炭和钢铁行业的失业工人进行再培训和补偿。该项目自 2016 年开始实施，预算为 140 亿美元（1 000 亿元），预定在未来几年内结束。进一步完善该项目可以确保有针对性的培训直接提供给工人，而不是通过企业来落实。这种完善方式可以使中国劳动力准确定位，为实现经济结构从重工业向更高价值的技术和服务业转型、激发私营部门活力等更广泛目标做出贡献。在承诺目标情景中，将有 2 000 多万工人

---

① 重工业也在加大提高生产率和削减工业产能，但在时间上比煤炭行业的衰退要晚很多。不过，这些都是中国第一产业和重工业更大规模转型的一部分，其驱动力是中国的经济改革和精简国有企业经营的努力。2015—2019 年，第一产业和重工业的就业人数减少了约 2 500 万，第二产业减少了约 1 500 万，而服务业的就业人数增加了近 4 000 万（China National Bureau of Statistics，2020）。这一趋势预计将在当前的五年规划期间（2021—2025 年）继续。

离开重工业，到其他行业工作；在加速转型情景中，这个数字将接近 3 000 万。在这些劳动力转型发生的同时，中国从现在到 2030 年的总就业人数将继续增长，其中服务业和第三产业的就业增长将相对较快。政策决策者应谨记：在整体劳动力变动中，能源行业只占一小部分——第一产业的岗位流失是化石能源行业的 10~15 倍，在培训项目的设计和经济转型政策的制定中都要考虑到这一点。

加快清洁能源转型也会促进相关行业增加就业，包括新能源汽车制造、高能效电器与设备制造，以及建筑业。如图 5.12 所示，在加速转型情景中，清洁能源及相关工作岗位将共计增加 500 万个，而承诺目标情景中将增加 330 万个。在这两种情景下的新增职位中，有超过一半是高技能职位，再次凸显了培训和再培训项目的必要性。由于中国已经成为清洁能源制造中心，在全球供应链中占有很大比重，所以世界其他国家加快转型也将推动中国清洁能源部门的就业增加。在太阳能和电池生产工艺的每一步中，中国都拥有全球 60%~80% 的制造能力，因此，近期内全球在该领域需求的任何增长都将为中国带来额外的市场份额和就业机会，但从长远来看，其他国家也很可能会提升各自国内的制造能力。

中国加快能源转型所带来的就业效益并不会自动在全国范围内平均分配。人口众多的沿海地区目前拥有许多制造业岗位，这些岗位在转型中所面临的风险较小。在加速转型情景下，欠发达的内陆地区将有较多的化石燃料开采岗位流失，但可再生能源和碳捕集、利用与封存等新兴技术以及采矿和加工领域的新增岗位数目将超额抵消前述流失。即使这些新行业对低技能劳动力的需求较少，环境复原和林业（没有包括在我们的预测中）对低技能劳动力的需求也有可能在转型期间的一定时期内增加。建议政府积极制定再培训和社区转型规划，将新的清洁能源设施安排在受岗位流失影响严重的地区。在城市化和人口老龄化的大背景下，这种做法可以在受影响极其严重地区缓解工作岗位快速流失的困境。

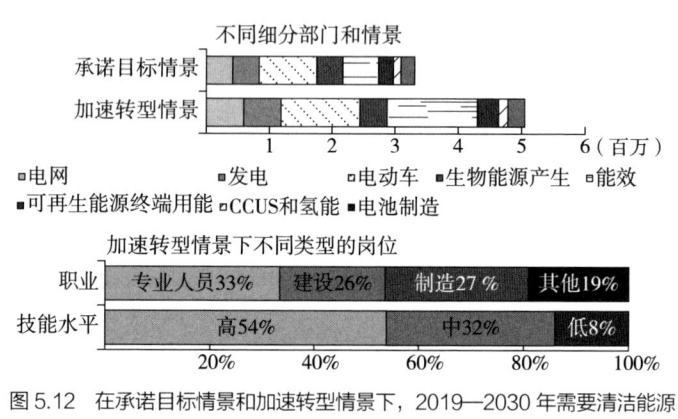

不同细分部门和情景

承诺目标情景
加速转型情景

1 2 3 4 5 6（百万）

■电网　■发电　■电动车　■生物能源产生　■能效
■可再生能源终端用能　■CCUS和氢能　■电池制造

加速转型情景下不同类型的岗位

职业　专业人员33%　建设26%　制造27%　其他19%
技能水平　高54%　中32%　低8%

20%　40%　60%　80%　100%

图 5.12　在承诺目标情景和加速转型情景下，2019—2030 年需要清洁能源技能或培训的新增工人

在加速转型情景下，到 2030 年将有 500 万工人需要掌握新技能才能胜任清洁能源部门的工作。该部门超过一半的新增职位将是高技能职位。

通过更加有序的转型来减少排放锁定

通过加速转型，将更有可能有序实现碳中和，为市场、企业与消费者调整和适应新环境留出更多时间。在承诺目标情景中，2030—2060 年二氧化碳的年均减排量将保持稳定，约为 3.85 亿吨/年。而加速转型情景中，2030—2060 年所需的年均减排速度将比承诺目标情景中低近 20%。

加速转型情景的一个重要好处是：对存在锁定风险的碳密集型长期资产的未来减排需求较低。如表5.2所示，在承诺目标情景中，电力和工业部门的这类资产在2021—2030年的累计排放量将接近1 000亿吨，其中同期投运资产的排放量约为130亿吨，即13%。在这些新资产中，有88吉瓦是新增燃煤发电装机（约占承诺目标情景下全球新增装机的45%），其中60%以上目前已经在建。鉴于这些电厂和工厂的运行寿命较长，到2060年，它们将持续排放大量的二氧化碳（平均约为4亿吨/年），除非这些设施退役或完成碳捕集、利用与封存或其他低碳技术改造。在承诺目标情景中，为确保在2060年实现碳中和目标，将需要大规模改造和关闭此类电厂和工厂。

表5.2 在承诺目标情景和加速转型情景下，
2021—2030年中国部分碳密集型能源资产的累计新增情况

2021—2030年新增情况	承诺目标情景	加速转型情景
无减排措施的煤电新增装机（吉瓦）	88	75
无减排措施的原生钢生产新增产能（百万吨）	275	258
住宅化石燃料锅炉安装量（百万台）	135	105
内燃机卡车销量（百万辆）	34	26

在加速转型情景下，由于电力和工业部门在2030年之前投入运行的长期化石燃料产能较少，与承诺目标情景相比，对这些产能的未来减排需求从现在到2030年将累计减少30亿吨（1/4），到2060年将减少约200亿吨（超过一半）。仅限制燃煤电厂新增装机一项所避免的排放量就将占从目前到2030年所避免的排放总量的近25%，其余大部分将由重工业贡献。在电力和工业部门以外，较短期资产的新增锁定排放也将减少。2030年，加速转

型情景中住宅化石燃料锅炉的安装量将减少 20% 以上，2021—2030 年累计减少的安装量达 3 000 万台。加速转型情景中，2030 年前内燃机卡车的累计销量也将较承诺目标情景减少 800 万辆，即 20% 以上。

增加能源体系对碳中和的贡献

通过加速清洁能源转型，中国在 2060 年达到碳中和的目标将更加容易实现。事实上，在 2060 年之前可能有必要让能源体系尽早达到二氧化碳净零排放。中国政府表示，2030 年前排放达峰目标的范畴是能源相关二氧化碳排放，而 2060 年的碳中和目标可能涵盖全经济领域的温室气体排放。中国温室气体总排放量的确切水平存在一些不确定性。根据估计，非二氧化碳温室气体的排放，包括能源体系的非二氧化碳排放和农业等非能源相关活动的温室气体排放，在 2020 年为 24 亿吨二氧化碳当量；林业和其他土地利用变化所带来的净负排放估计为 7 亿吨二氧化碳当量（He, J. et al., 2021）。而 2020 年能源体系的二氧化碳排放量超过 110 亿吨。

在 IPCC 编制的综合评估模型中，包含了在 21 世纪末将全球变暖水平控制在 1.5℃ 以内并限制温度超标的情景，在这些情景下，能源体系的二氧化碳排放大体上将比其他非二氧化碳温室气体的排放更早达到净零，剩余的非二氧化碳和非能源体系温室气体排放将通过碳移除来抵消，具体方法包括能源体系的技术（生物能结合碳捕集、利用与封存或直接空气捕集），以及基于自然的解决方案（IPCC，2018）。①这是因为消除某些非二氧化碳排放（如农业中的一氧化二氮排放）特别困难。由此可见，中国可能需要在2060年之前实现能源体系的二氧化碳净零排放，以便有更多的时间来减少非二氧化碳排放并促进到2060年实现整体碳中和。在实践中，这可能需要将目标日期提前，在2050年就实现能源体系的二氧化碳净零排放，并尽可能减少能源体系的排放量。如果按照加速转型情景的设想，2030年之前加快能源转型，则实现这一目标的难度将大幅降低，因为2030年之后所需的转型速度将相应减缓。

在加速转型情景中，2030年之前的加速转型将大大减少在此期间上线或整修的长期碳密集型资产的排放（见图5.13）。中国若要在2050年达到二氧化碳净零排放，这一变化较承诺目标情景将减缓2030年后所需的清洁能源技术的部署步伐。从现在到2030年，与承诺目标情景相比，加速转型情景预计每年将免增12吉瓦的太阳能光伏和风能装机（或每年新增装机的5%）。此外，每年可以避免部署的住宅热泵数量将约为100万台（10%），可以避免的低碳路线新增炼钢产能将达100万吨（4%）。

中国的加速转型将不仅有助于实现国内目标，对全球也将产生十分有益的影响。中国在全球二氧化碳排放中占有重要地位，其脱碳路径将对世界二氧化碳的排放轨迹产生重大驱动作用，对全球的气温变化产生关键影响。从2021年到净零年期间，中国

---

① 在气候减缓情景中，到2050年中国的非二氧化碳温室气体排放量预计将为12.7亿~17.6亿吨二氧化碳当量，较2020年减少30%~50%。同一时期内能源体系的二氧化碳排放量将减少75%~90%，与之形成了强烈对比（He, J. et al., 2021）。

的累计排放总量将有可能比预期低45%左右,具体取决于中国碳达峰或实现净零排放的时间点。

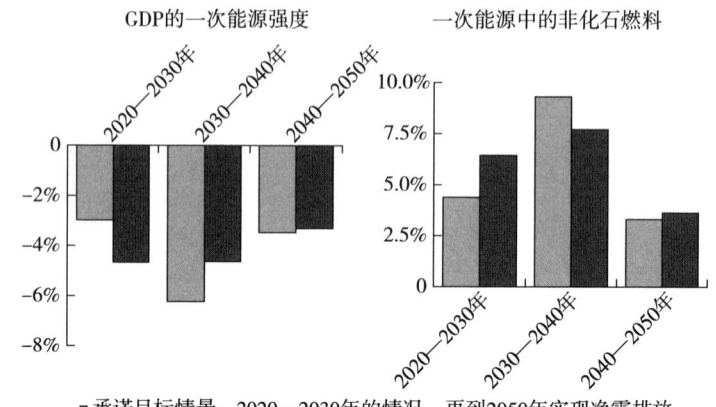

■ 承诺目标情景:2020—2030年的情况,再到2050年实现净零排放
■ 加速转型情景:2020—2030年的情况,再到2050年实现净零排放

图5.13 为使中国能源体系到2050年实现二氧化碳净零排放,一次能源强度、非化石燃料在一次能源需求中的比重分别需要达到的年均增长率

通过加速从现在到2030年的能源转型,在2060年之前提早实现能源体系二氧化碳净零排放和到2060年实现温室气体净零排放将变得更加容易。

第六章

能源转型的创新路径

- 中国现已跻身能源创新大国的行列。2015—2019 年，中国用于低碳能源研发的公共支出增加了 70%，目前占全球总支出的 15%。中国的专利数量在可再生能源和电动车两个领域分别占全球的近 15% 和 10%。过去几年里，中国的初创企业吸引了全球早期能源风险投资的 35%，而在 2010—2014 年这一比例仅有 5%。尤其值得一提的是，中国对太阳能光伏（PV）成本降低做出了巨大贡献，改变了世界能源创新的思路。
- 中国要实现碳中和目标，需要大力推动清洁能源创新。在承诺目标情景下，2060 年二氧化碳减排量中，约有 40% 来自目前尚处于原型或示范阶段的技术，这一比例在重工业和长途交通运输领域中最高。为了确保在 21 世纪 30 年代之前关键新兴技术能够面市，中国需要在 21 世纪 20 年代大力创新。
- "十四五"规划力求将技术发展的重点转向碳中和，并在中国特有的基础上采取新的政策方法。中国的能源创新体系具有世界其他国家很少能够同时齐备的五大政策特点：有能力调动资金支持国家战略使命；推动国有企业成为创新主体；鼓励各省市政府开展试验、相互竞争；发挥国内市场规模优势，分散风险并维持竞争；从国际合作（特别是企业间合作）中学习。这五大特点共同构建出中国的创新框架：目标的制定高度集中，目标的实现相对分散。

- 中国的低碳能源技术高度多样化（包括碳捕集、利用与封存，氢能，生物燃料，以及电气化价值链）。需要针对每项技术的情况，合理运用中国创新体系的不同特点。对于碳捕集、利用与封存，生物精炼等大规模技术以及网络基础设施的某些部分，可以通过中国的主要政策进行有效激励；而对于低碳消费品，中国的制造业优势提供了强大的依托。通过强有力的知识产权治理、公平的市场准入和非政治化的供应链来建立信任，将会减少清洁能源创新国际合作受阻的风险。

. . .

中国的清洁能源创新

本章简要论证了中国加强清洁能源创新的必要性，并探讨了多项实例和政策声明，以指明前进的方向。本章还回顾了中国在"十四五"开局之际的能源创新政策现状，并探讨了中国能源创新领域的五大特点，中国政府可以利用这些特点来加快碳中和必要关键技术的发展。

实现气候目标需要依靠创新

中国认识到，如果不大力加快清洁能源创新，就不可能到

2060 年实现碳中和。这样的创新预计不仅是未来几十年经济增长的主要驱动力，也是中国三大战略目标的汇合点。

- 技术领导力：到 2035 年跻身"创新型国家前列"，成为"世界主要科学中心和创新高地"（Xi，2021a，2021b）。
- 创新驱动增长：形成经济高质量发展"新动能"，推动科技成果进入"经济社会主战场"（Wang，2021）。
- 应对生态环境挑战：实现"生态文明"愿景，包括 2030 年前二氧化碳排放达峰，2060 年前碳中和，并解决空气、水和土地污染问题。

要实现净零排放，将需要在 2030 年后广泛使用目前仍处于原型或示范阶段的技术。如图 6.1 所示，在承诺目标情景中，到 2030 年需完成的二氧化碳减排量大部分可由当前已经市场化的技术来实现，但到 2060 年，40% 的减排量将来自目前尚在开发的技术。2060 年，目前处于示范或原型阶段的技术对重工业和长途交通运输的减排贡献比重最高，这两个领域的脱碳依赖于电气化、氢能、碳捕集、利用与封存，以及先进生物燃料。

为了确保在 21 世纪 30 年代之前碳中和的关键技术能够在中国和世界其他地区面市，需要在接下来的 10 年里大举创新。中国作为世界上最大的能源市场之一，以及清洁能源创新的新兴领导者，将在应对全球挑战中发挥核心作用。预期许多首创性的能源项目和产品将诞生在中国，特别是在重工业领域。中国近几十年来已成为清洁能源技术的出口大国。依托本国的研发资源和全球规模的企业，中国在先进低碳技术方面具有创新潜力，而这些技术也可以在其他国家（特别是新兴市场和发展中经济体）得到普及和本地适用。"十四五"规划的一系列配套承诺指出了国际合作与本章所强调的其他政策机制的重要作用。

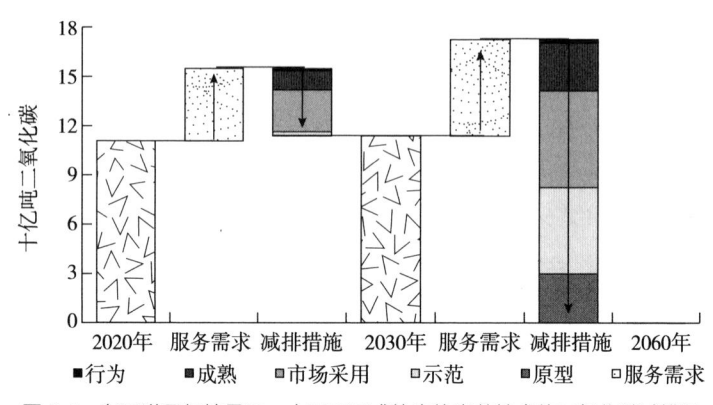

图6.1　在承诺目标情景下，中国不同成熟度的当前技术的二氧化碳减排量

到2030年，90%以上的二氧化碳减排量将来自目前已经面市的技术，而2060年相对于2030年的减排量中，约有一半来自目前仅处于示范或原型阶段的技术。

五年规划中的清洁能源创新

中国在能源和气候技术创新方面的宏图大略体现在五年规划中，并得到相关战略的支持，旨在确保企业参与整个战略价值链（Chipman Koty, 2020）。如表6.1所示，与以前的规划相比，"十四五"更加强调通过能源技术创新来支持脱碳工作（Li, 2021；Xinhua News, 2021a）。"十四五"还延续了"十一五"规划启动的技术转型，即技术发展的重点转向支持碳中和。这些规划共同决定了中国以何种方式促进清洁能源和相关领域的创新，包括中国已经开始在战略层面上关注的关键矿产（IEA, 2021a）。

表6.1 中国近几期五年规划中的技术发展和关键能源创新重点

时期	"十一五"规划（2006—2010年）	"十二五"规划（2011—2015年）	"十三五"规划（2016—2020年）	"十四五"规划（2021—2025年）
一般创新方式	加大技术制造力度，促进出口	重视国内市场和制造业创新	在优先技术领域寻求创新	保持制造业优势，重视突破性创新
能源创新的关键重点领域	核能、煤炭、汽车，以及新材料	太阳能、风能、电动车，以及充电	下一代可再生能源、储能、新能源汽车和电池、智能电网，以及建筑能效	下一代电池和新能源汽车，氢能和燃料电池，先进生物燃料，碳捕集、利用与封存，以及智能数字系统

注：创新的关键重点领域是指在高级别政策文件和指导方针中提到的创新技术。后一期五年规划通常会延续前一期五年规划的优先事项，本表侧重显示后一期五年规划相对于以前的新增内容。

资料来源：NDRC（2016）；NDRC and NEA（2016a, 2016b）；NEA（2016）；State Council（2016a, 2016b）。

自"十四五"规划发布以来，一系列配套文件描述了对能源创新的期望。《新时代的中国能源发展》白皮书根据中国新的碳中和目标，为强化"创新驱动"和发展新兴战略产业制定了高层指导方针（State Council, 2020）。白皮书倡导在石油和天然气、第三代和第四代核能、新能源汽车、智能电网、煤炭开采和使用、可再生能源、氢能和燃料电池以及储能领域开展重大科技项目；还提出依托科研院所、高校和企业合作，布局建设80余个国家能源研发中心和实验室。虽然白皮书提倡优先发展非化石能源，但也预见了技术在更高效利用化石燃料方面的重要作用。

科学技术部正在制定"碳达峰碳中和科技创新行动计划"，

2021年将出台配套的碳中和技术发展详细路线图，以及新研发和示范方案清单（ACCA21，2021，2020；MOST，2021a）。有迹象表明，与往期的五年规划配套措施相比，新一批举措将与承诺目标情景中的技术需求更加紧密契合。然而，也有迹象表明，煤炭等化石燃料将在2021—2025年并行发展，但体量将有所缩减。

中国要想成为全经济领域的技术创新先锋，需要出台新的政策方法，包括刺激技术开发企业之间的竞争，以及增进研究机构和企业的创新文化。根据"十四五"规划，预计将会有以下发展：

- 每年研发支出增加7%以上（高于2021年的GDP增长目标），研发预算将超过美国和欧洲，并将基础研究在公共研发中的比重提高到8%（2019年约为6%）。
- 集中资源发展战略性新兴能源领域，包括碳捕集、利用与封存，氢能，工业脱碳，数字和智慧能源，以及交通运输用先进生物燃料。
- 赋予研究人员更大的自主权，并通过增加青年科研人员参与公共资助项目的机会、使用以绩效为衡量标准的公开竞争机制（如新的"揭榜挂帅"机制和"颠覆性技术创新大赛"）来强化竞争（MOST，2021b）。
- 设立多家气候中和创新中心，以促进科研院所、企业和高校之间的合作。包括2021年4月在四川成立的中国首家碳中和技术创新中心（Li and Chen，2021），以及一家碳捕集、利用与封存创新中心。

- 鼓励企业增加研发支出，在全球清洁能源技术供应链中取得更大的市场份额，包括通过税收优惠或其他非传统财政政策工具进行激励。例如，"创新积分制"对国家高新区的创新型企业提供融资奖励（MOST, 2021c）。
- 加强治理，方式包括促使知识产权保护与国际最佳实践接轨、推进科技机构现代化、改善研发评价和监测机制，以及促进能源研发示范国际合作。

专栏 6.1 "揭榜挂帅"机制

为了支持"十四五"规划中的创新重点，中国国务院在 2021 年 5 月宣布启用新的"揭榜挂帅"机制，"为有能力的青年科学家提供更多机会，促进其研究成果商业化，帮助他们排除技术障碍，以满足国家的社会经济需求"（State Council, 2021; Xinhua, 2021b）。该机制自 2016 年起已在地方试点开展，主要针对非能源技术，将在全国推广（Zhihao, 2021a, 2021b）。"揭榜挂帅"机制已经确定了与清洁能源相关的若干领域，例如，名列榜单的专项有：关键矿产和稀土矿产，国拨经费 300 万美元（2 000 万元）；新能源汽车，800 万美元（6 000 万元）；储能和智能电网，500 万美元（3 300 万元）；氢能技术，800 万美元（5 500 万元）（Yezi, 2021）。

机制的细节尚未公布，但预计"揭榜挂帅"的方式如下：
- 政府公布研究课题详细榜单（课题由公共机构或私营企业提交）。
- 任何有能力的科研团队都可以申请揭榜攻关，项目对申报人的学历、职称不设门槛，对青年申请者予以优先考虑。

- 揭榜科研团队将获得政府资助和政策支持。
- 揭榜团队将在攻关质量和及时性方面接受严格考核。

以往的资助计划通常仅限于国有企业或政府科研机构申报，且资助课题的方向与各企业和机构的现有研究方向相同；而"揭榜挂帅"机制则是中国在科研项目管理方面迈出的全新一步。

中国在全球能源技术发展中的作用

自2000年以来，中国对能源技术的发展做出了重大贡献。中国是制造业的创新中心之一，通过创新对清洁能源体系产生了巨大影响，特别是推动太阳能光伏的成本自2005年以来降低了90%以上，促进汽车锂电池的成本自2010年以来降低了90%。可以说，太阳能光伏、电池和发光二极管的发展经历，普遍改变了人们对能源技术的期望，增强了人们对通过创新来克服经济和政治障碍、应对气候变化的信心。近年来，随着中国基础科研能力提高，中国在改进产品和设备方面的贡献也越来越大，特别是在超超临界煤炭（UCS）燃烧、煤炭转化、特高压输电、核能等领域。中国目前在太阳能光伏、电池、电动车、氢能、数字技术等领域，都处于技术进步前沿。与此同时，世界各地的研究人员和技术开发企业正在模块化、大规模制造的基础上，寻求能够遵循类似陡峭学习曲线的能源解决方案。

如图6.2所示，2020年中国的能源研发公共支出占全球的1/4，低碳能源研发支出占全球研发总支出的15%。① 在"十三五"规划期间，中国的能源研发公共支出从2015年的约68亿美元（472亿元）增加到了2019年的83亿美元（573亿元），中国因此于该年超过美国，成为世界上能源研发支出总量最大的国家，而单位GDP能源研发支出比例仅次于挪威和芬兰，位居第三。自从2015年在"创新使命"机制下做出承诺之后，中国的低碳能源研发支出在2015—2019年从24亿美元（168亿元）增加到了41亿美元（281亿元），增幅达70%，而同期的GDP增幅约为30%，低碳在能源研发总支出中的比重从35%提高到近50%。

随着中国清洁能源资金的增加，能源创新的重点也从公共部门主导的研发示范项目转向创新体系的其他要素（IEA，2020a），包括下放新技术研发部署责任，以及更重视科研人员之间以及跨产业的知识流动。

过去的20年间，中国在清洁能源技术专利申请国际活动中的比重明显提高。2018年，中国的发明者申请的照明技术专利占全球同领域专利数目的32%，采暖/制冷占23%，太阳能光伏占25%，风能占10%，其他可再生能源占12%，电池占13%，电动车和充电技术占8%。此外，大约从2015年开始，中国的风险投资活动激增，一大投资焦点是电动出行，出现过若干规模非常大的早期交易［超过1.5亿美元（约10亿元）］；而2005年中国能源体系中的初创企业还很少。2019年，能源领域吸引的风险投资与半导体或医药健康领域不相上下（MOST，2021d）。2018—2020

---

① 虽然关于创新投入的数据（如研发支出、企业家资助）和关于创新产出的数据（如专利）不足以完美反映出创新的质量和长期成果，但表明了中国对清洁能源创新的努力和重视程度提升。

年，全球清洁能源初创企业早期融资额当中，中国约占 35%。

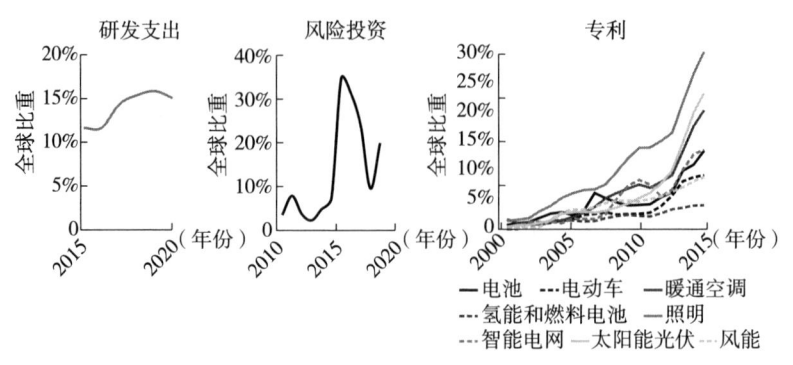

图 6.2 中国在低碳能源研发、风险投资和专利方面的公共支出占全球的比重

注：左图中研发支出包括政府和国有企业的预算估计。中图中风险投资包括对清洁能源初创企业的种子轮、A 轮、B 轮、赠款、成长股权、上市后私募投资、收购和晚期私募股权、代币发行等风险投资交易。右图中专利计数是指在至少两个地区办事处申请的能源相关气候变化减缓技术的专利数目。图中显示的是 3 年移动平均数。
资料来源：国际能源署基于以下数据的分析（2021）：IEA（2021b）；Cleantech Group（2021）；OECD（2020）。

中国的低碳能源研发支出占全球研发总支出的 15% 左右，中国的初创企业和专利活动在全球的份额不断提高。

中国的能源创新方法

人们往往将中国科技发展方案描述为自上而下的决策结果，但这种描述过度简化了中国鼓励快速创新的独特体系。在性质和规模方面，中国的创新体系具有多个全球其他国家无法比拟的特点。本节将重点讨论五大特点，评估它们对创新的影响，并与其他国家的做法进行比对：

- 调动资金支持国家战略使命；
- 推动国有企业成为创新主体；
- 鼓励各省市政府开展实验、相互竞争；
- 发挥国内市场规模优势，分散风险并维持竞争；
- 促进国际合作（特别是企业间合作）以加速学习。

中国过去10年优先考虑的能源技术，包括核能、高压输电、煤炭转化、电池、电动车和氢能，都在一定程度上受益于这五大特点。

这五大特点共同构建出中国的创新框架：目标的制定高度集中，目标的实现相对分散。在这一框架下，政策决策者和企业有着很大的灵活空间，可以快速、大规模开展实验（Xu, 2020）。在中央政府确定的目标范围内，国有企业、私营企业、高校和省市级政府有相当大的权限可以制定目标、承担风险，以及探索大多数其他国家不熟悉的技术路线。这种灵活性尤其得益于国家和各省经济的巨大规模，可以容纳多个项目同时开展；也得益于中国与美国等其他国家相比，需要以较低的预算完成项目的历史。

在中国当今的创新体系中，相关各方可以从各级政府监督下的多项努力中快速学习，对失败的容忍度高于世界其他地区。特别是在数字技术方面，考虑到中国的市场规模和新产品的普及速度，人们对颠覆性变革寄予高度期望，但中国尚未走到某些复杂能源技术领域的国际前沿。不过，这正是中国政府未来5年的目标。

调动资金支持国家战略使命

在中国，五年规划在中期范围内设定技术优先事项的共同愿景，并能确保为高层方针下的研发项目提供稳定的资金。一些能源技术目标已经上升为国家使命，具有重要的社会经济战略意义。这些目标涵盖超超临界煤电、核电、油田钻探，以及煤炭转化，相关技术在前几期五年规划中都得到了高层支持和大量资助，原因主要是对能源安全的关切，还有一部分环保原因。

"十一五"规划期间启动的超超临界煤电厂开发项目，很好地证明了中国在协调研究人员、开发企业和投资者共同实现技术目标方面的能力。"十一五"规划的目标之一是将单位 GDP 能耗降低 20%，二氧化硫排放量降低 10%（Chang et al.，2016）。为实现这一目标，中国在关停小型低效煤电厂的同时，迅速加大了先进燃烧的研发工作力度，包括对较老煤电厂进行测试。这项工作在"十二五"期间加速推进，促成了世界上最大的超临界循环流化床锅炉和首座 1 吉瓦超超临界空气冷却机组的建成。到 2016 年，中国共有 66 吉瓦的在运超超临界机组，其中的一套机组保持着 48% 的世界能源转换效率纪录（Wiatros-Motyka，2016）。在煤炭转化技术方面，特别是依赖石油和天然气进口的化工生产部门，中国也同样迅速调动资源，用于发展科学知识、投资示范工厂和后来的商业设施。

> **专栏 6.2　煤炭转化：中央协调下的大规模技术创新实例**
>
> 自 20 世纪 70 年代以来，中国政府一直致力于开发将煤炭转化为化学品和其他产品的技术，并于 21 世纪初加大了支持力

度（Xu, Liu and Li, 2020; Wei, Wang and Ding, 2019; Zhao and Gallagher, 2007）。《国家中长期科学和技术发展规划纲要（2006—2020年）》鼓励煤化工、煤液化和煤气化的发展，以减少中国经济增长所需商品生产对进口能源的依赖（State Council, 2006）。截至"十三五"末期，即2020年，中国已拥有世界上大多数大型煤化工厂（2016年全球40家大型煤化工厂中，有35家在中国），以及全球领先的多项煤炭转化技术，包括气化、间接煤液化和甲醇制烯烃。其中煤制甲醇制烯烃是中国特有的一项技术，它的实现依靠对整个创新价值链上各利益攸关方资金和动机的协调。

开发煤炭转化技术的关键行动包括：

- 2001年，科学技术部和其他主要有关方面（如国家能源局和中国科学院煤炭化学研究所）将煤炭转化列为重大科技项目，并每年划拨专项研发经费予以支持。
- 政府设定了长期资助期限和目标，表明政府支持将持续十年以上。在2006—2020年的规划发布之后，又出台了《煤炭清洁高效利用行动计划（2015—2020年）》《煤炭深加工产业示范"十三五"规划》，以及《能源技术革命创新行动计划（2016—2030年）》。
- 神华集团等国有企业成为国家煤炭技术领军企业。神华集团于2004年建立了示范点，现在则经营着全球最大的煤化工厂。2008年，国家开发银行提供了3.5亿美元（当时相当于24亿元）的十年期贷款，用于在内蒙古包头建立60万吨产能的煤制烯烃示范项目。

- 政府协调建立新的研发和试验设施，以便科研人员能够集中力量攻克特定的技术难关，其中一些项目汇集了高校和私营部门的专家共同合作。例如，2006年从中国科学院拆分出来的中科合成油技术股份有限公司，已建立三家专门从事费托合成的大型创新中心。
- 鼓励产煤区的省级政府共同投资新建设施和研发中心，并为这些设施提供低成本融资，从而促进了一大批新项目的涌现。
- 中国利用设备采购、许可协议、合资企业等多种方式来测试和学习欧美科研院所和企业的产品。例如，神华集团的首座煤液化厂使用的是进口技术，但到2016年，该集团已经开发出自有的煤液化技术，以及甲醇制烯烃改良技术。

中国在煤炭开采和化工生产领域的研发支出见图6.3。

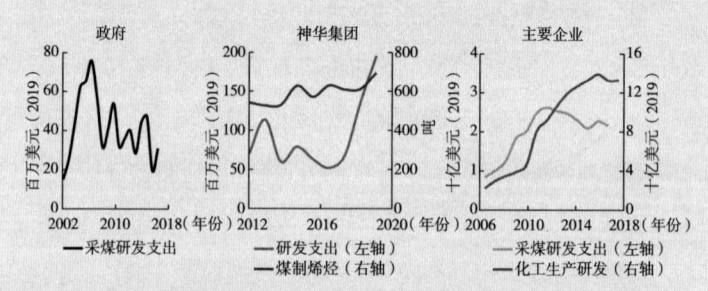

图6.3 中国在煤炭开采和化工生产领域的研发支出

注："主要企业"是指主营业务收入超过2 000万元（相当于2019年的290万美元）的企业。中国官方文件将这些企业称为"规模以上工业企业"。

资料来源：国际能源署根据《中国统计年鉴》（NBS，2020a）、《中国科技统计年鉴》（NBS，2020b）和神华集团年报（Shenhua Group，2020）中的数据进行的分析。

尽管依靠多方面协调的方法，煤炭转化取得了技术进展，但该项目还是遇到了挑战（Minchener, 2011）。值得注意的是，省政府投资基础设施的动机高于预期，特别是在煤炭价格低迷期间。尽管国家发展改革委在 2006 年发文要求谨慎行事，但在省政府的推动下，仍有一批大规模项目上马（Jia, 2008）。之后，随着国际油价在 2008 年达到顶峰后开始下跌，中央政府最终进行了干预，暂停新项目。到 2010 年，从黄河取水的做法显然加剧了内蒙古缺水的风险，部分煤化工厂还被发现违反了环境法规。2012 年，神华集团无限期推迟了旨在展示褐煤可以低排放转化的旗舰碳捕集、利用与封存集成项目。

中国政府已经意识到，近年来限制煤炭转化投资的难度比启动该创新项目时要大得多。2021 年 4 月，国家主席习近平在"领导人气候峰会"上提出，"中国将严控煤电项目，'十四五'时期严控煤炭消费增长、'十五五'时期逐步减少"。2021 年 7 月，中国因能耗问题暂停了国有陕西煤业化工集团有限责任公司的榆林煤化工项目建设。该项目原本预计于 2025 年投运并成为全球最大的同类项目，项目总投资为 200 亿美元（超过 1200 亿元）。自 2010 年以来，中国的煤液化和煤制烯烃作业将二氧化碳排放量推高了约 7.5 亿吨（比较的基线是利用石油生产同样产品的二氧化碳排放量）。

在超超临界和煤炭转化方面，中国政府采用了国家研发项目资助、税收减免、专利奖励、优惠融资等多种激励措施，此外，中国还鼓励产煤省进行投资，用这些新技术来帮助这些省份实现各自的 GDP 目标。"十四五"期间，中国将会继续采用这种确定能源技术重点领域并引导研究和投资注入的政策方法，也将继续开展煤炭相关研发。不过，早期信号显示，"十四五"确定的技术范围可能会更广，并且政府将加强研发计划的正式中期检查和监督机制。这些变化非常必要，否则，困扰煤炭转化的问题，包括过度投资和新的既得利益阻碍转舵的风险将持续存在。其他一些国家和地区也有长达数年的能源研究规划，但很少能比拟中国对战略技术领域的重点支持力度。例如，欧盟的规划期也比较长，每期多年度预算的跨度为 7 年。在能源和气候技术的重点领域，许多政府设定的范围比中国的重大科技项目更广泛，调整和技术中立竞争的空间更大。而日本则是重点领域较窄的实例，在面向 2050 年的国家能源和环境技术创新战略中，日本确定了2016—2030 年的 8 个具体技术领域（IEA，2016）。日本还设立了新能源和工业技术开发组织，专门负责协调大型示范项目的政府企业合作。未来几年，随着工业产能增速放缓，中国可能无法像之前一样依赖省政府的投资激励来示范重点新技术，届时可能需要运用以上协调机制以及基于绩效的项目选择方法。

推动国有企业成为创新主体

国有企业在中国能源行业中居于主导地位，并且在国家和全球的能源投资和创新中发挥重要作用（见图 6.4）。五大国有电力企业拥有全国近一半的电厂资产，中国国家电网公司（SGCC）和较小的国有中国南方电网公司则垄断了电网运营。从国有企业占国家总体发电能力的比重来看，中国高于大多数其他主要经济体。国有企业明确承担开发某些技术的责任，在重工业、化石燃料供应、发电等部门中，国有企业带头投入了大量资金发展可再生能源，作为买方几乎承揽了新技术的全部最初市场。

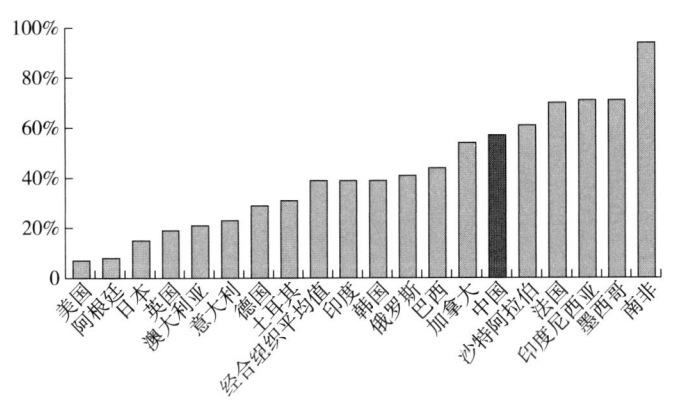

图 6.4　二十国集团各国的国有企业占本国发电能力的比重

注：本图中的国有企业既包括中央或地方政府拥有少数股份的企业，也包括100%国有的企业。

资料来源：OECD（2018）。

> 从国有企业占国家总体发电能力的比重来看，中国高于大多数其他主要经济体。

自"十三五"规划以来，中国政府通过国有企业推进能源创新的主要手段是国家级科研课题和重大科技项目。政府根据五年规划的技术重点来资助国家级科研课题，大部分资金提供给国有企业，而国有企业也为这些课题投入自己的资源。重大科技项目是由部分国有企业在优先领域开展的大规模、多年期研发或示范项目。核裂变发电一直是重大科技项目及其前身"863计划"（1986—2016 年的国家科技计划）的重点，为了测试并验证不同的方法，三家国有企业接受了任务，平行开发不同的技术。

中央和省级政府还指导国有企业在能源创新的其他方面发挥领导作用。例如，要求国有企业制定内部技术路线图和人才发展规划，聘用技术人才并培训员工，并根据五年规划建立研发项目和实验室。"十四五"期间，要求国有企业积极推广应用新的节能技术、低碳技术和环保技术（SASAC，2021）。2021年，特高压输电技术和智能电网部署的全球领军企业国家电网公司，以及一批全球最大的钢铁生产企业等，已经开始制定符合碳中和目标的技术开发规划。

> **专栏6.3　国有企业的核技术开发**
>
> 几十年来，核电始终是中国的能源技术重点之一。自2000年起，中国先后发布了《国家中长期科学和技术发展规划纲要（2006—2020年）》和《核电中长期发展规划（2005—2020年）》，这些文件中提出的重大科技项目更加关注大型先进压水堆的本土设计（State Council，2006）。
>
> 中国有三家国有企业活跃在核电领域。过去，在政府鼓励竞争、开发新型设计供全国推广和出口的思路下，这三家企业中的每一家都采取了不同的技术开发和创新方法（Yi-chong，2010）。中国核工业集团有限公司（中核集团，CNNC）的任务是在其军事技术专长的基础上，自行设计并运营反应堆。中国广核集团有限公司（中广核集团，CGN）经营的电厂采用法国法马通公司（Framatome）授权的技术，任务是在这些电厂的基础上进行调整和学习，推出新的设计。国家电力投资集团（SPIC）的任务与中广核的任务类似，但侧重于美国供应商的技术设计。

近年来，对于如何最好地实现中国的核技术发展宏图，核工业界存在分歧，因此政府在有效整合这三家国有企业的资源和知识方面遇到了一定的困难。2013 年，中国采取了更为综合的方式来加速当时（第三代）技术的发展，中核集团与中广核集团因此走得更近（Hui, 2014）。这两家国有企业的正式合并虽然受到了抵制，但它们成功建立了一家合资国有企业，即华龙国际核电技术有限公司。这家合资企业结合中核 ACP1000、中广核 ACPR1000+ 这两种分别开发出的设计，开发出了华龙一号反应堆设计。

中国的监管机构于 2014 年为华龙一号的设计方案颁发了许可证。让监管方感到满意的是，华龙一号的开发企业拥有相关知识产权，并且其核心部件是在国内设计和制造的。然而，华龙一号并未完全实现标准化，目前两个略有差异的设计版本并存。首座华龙一号核电厂于 2021 年 1 月在福清投运，首座华龙一号海外核电厂于 2021 年 5 月在巴基斯坦投运；此外，还有 8 座华龙一号核电厂正在建设。中核集团表示，将在 2024 年前开始建设华龙一号的改进版华龙二号（Xu, 2021）。2021 年 7 月，中核集团开工建设世界上首个商用模块小堆项目，即基于国内玲龙一号 ACP100 设计的 125 兆瓦机组，并且正在建设全球首个商用钍反应堆原型（2 兆瓦）（Stanway, 2021）。与此同时，国家电力投资集团则借鉴国外西屋电器公司的 AP1000 设计经验，开发出另一款国产第三代设计 CAP1400。

目前还不清楚的是，中国这种结合自主创新与外国概念的方法将如何适用于第四代技术或其他大规模能源技术。以上案例提供了实现国家能源技术目标的成功经验，但同时也在管理不同国

> 有企业（这些企业在政府内部有各自的支持者）的利益冲突方面提供了值得吸取的教训。2021年，中国与欧洲国家的关系因中广核集团运营或建设核电站合作协议事宜而变得紧张，这凸显了在核技术出口领域，极有必要与客户国保持良好的关系。

尽管最近中国民营企业对能源创新的参与度不断提高，特别是在太阳能光伏和风电领域，但国有企业很可能将继续发挥核心作用。国有企业与决策者和研究界有着广泛的联系，它们资金雄厚，有能力资助大规模示范项目，也能从优惠融资中获益（Zhang，2020）。然而，国有企业的作用将因技术而异。在核电、化工、钢铁、水泥、炼油等一些资源密集型领域，国有企业不仅有专业知识，还拥有用于开发和展示新技术的大规模工业实验室（通常与大学合作）。在发电和供电方面，政府可以引导国有企业为新兴的可再生能源、氢能、储电、二氧化碳捕集等技术提供商业试验平台。对于汽车等终端用户商品，国有企业并不总是市场主导，但可以通过国际合资企业优先获得知识（一汽集团和上汽集团这两大国有企业，与中国的主要汽车销售商大众汽车有制造伙伴关系）。此外，国有企业还有大量资源可以投资于初创企业：2019年，国有企业占所有风险投资的15%，与政府主导的风投基金规模相当（MOST，2021d）。例如，2020年，上汽集团牵头并联合其他国家支持的实体，完成了对威马汽车15亿美元（97亿元）的一轮融资。威马汽车是电动车制造商特斯拉在中国的几家竞争对手之一。

高度依赖国有企业进行清洁能源创新的做法在主要经济体中并不常见，也存在风险。国有企业的市场支配地位和基于先前经验或知识的内部技术偏好，可能会成为准入壁垒，限制拥有潜力技术的其他企业或创新者进入市场。如果采取经济激励措施，鼓励国有企业以保护现有资产价值的方式去实现政府目标，可能会强化此类壁垒。此外，虽然中国的国有企业可以根据政府政策优先事项的变化极为迅速地做出调整，但与政策决策者关系密切的大型主导企业的惯性和影响力始终构成风险（Genin，Tan and Song，2020；Tõnurist and Karo，2016；Luo et al.，2016；Zhou，Gao and Zhao，2016）。此外，国有能源企业通常对技术采取渐进式的改进，追求全新创新型技术的可能性较小。

其他国家的政府探索出了多种方法，使大型能源企业能够参与到尖端技术的开发中。在受监管的网络运营商方面，一些国家已经开始效仿荷兰（2015）和英国（2016）的做法，建立了所谓的监管沙盒，允许创新企业试验新产品和服务，而不需要遵守全部的现有法规（ISGAN，2019）。在美国，国家可再生能源实验室（NREL）现有两个项目：IN2 和 GCxN，通过一家私营实体来资助政府实验室的科研人员，寻找掌握高影响力相关技术的企业家，并支持他们的测试、验证和孵化工作。资助方可以快速了解未曾关注的新技术，但没有技术专有权。2014 年，在美国国家可再生能源实验室的帮助下，一个能源初创企业孵化器和加速器网络建成，现由电力公用事业企业运营，这些企业可以平等享有网络中出现的新想法，并可以通过合作来为最接近商业化的想法创造需求（NREL，2015）。

确保国有企业有动力不断提高技术性能，相互之间以及与新兴企业公平竞争，将有助于实现清洁能源目标。在中国的国有企业中，员工的晋升日益与环境和创新绩效挂钩，有些单位正在积极培育企业文化，鼓励创新，例如国家能源投资集团有限责任公司的北京低碳清洁能源研究院（NICE）。

鼓励各省市政府采取行动

近年来，省市一级政府一直是某些能源技术发展的主要参与者。在中国，经济规模超过菲律宾的省份多达 17 个。各省市都有很强的动机来吸引投资并成为新技术制造中心。宁德时代、赛维、尚德、天合光能、英利等大型太阳能光伏和电池制造企业，都在支持其建立制造基地的城市（宁德、新余、无锡、常州和保定）设立了研发中心。中央政府鼓励地方政府开展实验创造市场，并采用不同方法来培育地方龙头企业，例如在电动车领域就是这样。

在 2009—2012 年的"十城千辆"工程的激励下，多座城市为电动车生产和购买提供了支持。该工程选定 10 座试点城市，目标是在每座选定城市部署 1 000 辆新能源汽车，而各城市可以自行决定如何实现这一目标。"十城千辆"工程的试点城市发展成为中国电动车部署先驱（如深圳的比亚迪）的大本营。这些城市采用了不同的激励措施组合，包括购买激励、贷款、退税、用地、许可证、出口信贷、政府直接采购等，还建立了专门的创新集群和示范区，并且刺激相关投资和电池制造改良。截至 2012 年，有 7 座城市达到了目标，另有 15 座城市加入了该工程。在"十城千辆"工程中，补贴常常高达车辆成本的 60%。深圳市当时规定由 16 000 辆巴士组成的庞大公交车队于 2018 年实现电气化；为此，深圳市提供了最高达公交车价格一半的补贴，在 180

座公交车场站安装充电设施,并推动制造企业为客户降低风险(例如提供电池担保和租赁)。

自 2015 年以来,地方政府提供补贴的自主权被逐渐削减,中央政府发布了技术标准更加严格的政策扶持新方案。随着补贴条件日趋严格,国家及省市的扶持方案提高了补贴门槛,以鼓励在车辆续航能力、能耗、电池标准、安全要求等方面提高性能(Muniz,Belzowski and Zhu,2019)。

在电动车领域的经验基础上,中国很可能将继续实行将政策实验权限下放到地方政府的做法,以刺激新生清洁能源技术新市场的发展。这种做法的好处之一是,地方政策决策者更了解当地企业和消费者的需求、偏好和资源,可以制定促进实际就业和环境效益的公共支出方案,得到民意支持。最适合以这种方式开发的技术可能是单一地区可以利用公共采购和基础设施投资来获得竞争优势的技术,而且该地区希望将先进技术销往全国和海外。自 2017 年以来,这种模式在很大程度上推动了氢能研发和示范项目快速增长,特别是在"十城千辆"工程的基础上。

专栏 6.4 地方一级的氢能技术开发

长期以来,氢能技术一直是中国能源创新的重点。该类技术被列入了《国家中长期科学和技术发展规划(2006—2020年)》,并且政府自 2009 年起一直为氢燃料电池电动车提供补贴(Ministry of Finance,2020; State Council,2006)。2006—2010 年,上海和北京资助了燃料电池电动车示范项目,而国有企业上汽则与同济大学共同开发了自有的燃料电池系统。然而,尽管这些早期项目有助于积累氢能出行方面的一些专业知识，但迄今为止，该领域的总体活动仍然有限。

2020年，中国政府修订了对"新能源汽车"的财政支持措施，增加了燃料电池电动车的示范、关键核心技术的研发，以及在"十四五"期间建立完整的燃料电池电动车产业链的配套措施。新版措施还出台了以"十城千辆"电动车工程为蓝图的燃料电池电动车培育方案。该方案鼓励各省在城市中设立示范区，为建立燃料电池产业提供资金，并在京津冀城市群、长江三角洲和粤港澳大湾区等跨省城市集群地带协调开展工作。截至2020年底，共有22个省市发布了105份支持氢能发展的政策文件，而2017年之前几乎为零（OGRI，2020）。迄今为止，广东、江苏和山东在氢能领域最为活跃。一些省出台的战略涵盖整条价值链，包括制氢、储氢、氢加注、氢能车辆，以及燃料电池。

中央政府最近改变了以往鼓励地方政府补贴燃料电池电动车购买的政策，取而代之的是奖励技术创新和部署。奖励将提供给在特定技术领域达到性能目标的生产企业，这些技术领域包括电解膜、电极组件、质子交换膜、碳纸、催化、双极板和压缩机。获得奖励的条件是：该技术必须用于超过500台车辆，每台车辆的行驶里程超过2万千米，并且性能必须由第三方验证。

各地区和城市正在制定的氢能规划的侧重点并不相同。例如，山东省在2020年之前已经具备了一定的氢能技术能力：制造发动机的国有企业潍柴在2018年已持有巴拉德动力20%的股份，而私营企业东岳集团也已开始生产燃料电池膜。如今，山东省的目标是在潍坊建立燃料电池产业集群，在淄博建立相关材料产业集群，在聊城建立燃料电池电动车产业集群，并在济宁建立氢能供应产业集群。该省计划将青岛打造成为"东方氢岛",将济南发展成为"中国氢谷"。而宁夏和山西作为主要产煤地,将专注于开发新的氢能价值流,特别是来自煤炭的价值流。

虽然中央政府正在加强协调并限制省级补贴,以避免景气循环,但在许多情况下,地方政府投入的资金仍然多于中央政府。这些地方政府往往拥有重量级的地方企业,并且与工业界有着密切的联系。在这些因素以及省际竞争的推动下,氢能部门可能将会迅速扩大,创新也将加强以提供更优质廉价的部件和氢能。然而,目前尚不清楚基于技术性能的奖励是否会缩小研究人员的探索范围,导致开发类似的解决方案;也不确定企业抢占出口市场份额是否会造成优先考虑成本,而忽视长期技术领导力和省际知识共享。此外,由于目前政策主要针对的是制造企业,一些省份可能需要通过额外拨发科研资金、发展相关技能来支持尖端技术的研发工作。

氢能和其他清洁能源技术的发展不仅得益于省市政府的支持,也可以依托国家高新区。高新区项目于1988年启动,2010年起大幅扩展。它们由国务院批准设立,受益于基础设施投资、大量技术工人储备,以及财政激励措施(如税收减免)。在现有的169个高新区中,由研究人员、实验室、企业、孵化器、技术转让机构组成的网络都已建成(MOST,2021e)。科学技术部表示,将对高新区政策做出修订,以支持新的碳中和目标,包括出台与低碳能源有关的评价指标(MOST,2021f)。

依靠地方政府领导创新的模式有诸多好处,但也并非没有风险。在电动车发展过程中,即使有各省市政府人力支持,还是有些龙头企业最终破产。另一种极端情况是激励错配：某些地方政府只做最低限度的工作来获得政治认可和投资审批，导致试点项目流于形式，几乎起不到促进创新的作用，反而会分散对真正技术领军企业的扶持力度。此外，事先指定示范和创新集群所在地的做法，可能会阻碍国内其他地区的一部分潜在创新者参与其中，并导致创新资源过度集中在某些地区，例如目前企业研发资金就集中在华东地区（MOST，2021g）。

在协调不同地区的试验平台方面，欧盟采取了与中国不同的方法。2008年，欧盟建立了独特的法人实体"氢能和燃料电池事业联合体"，以加速氢能技术走向市场并发展产业基地。该联合体采用多年预算，2014—2020年预算额度为13亿欧元（16亿美元），其中一半由欧盟委员会出资。在项目招标的管理方面，采取与欧盟委员会、一个产业团体和一家研究机构协调进行的方法。欧盟已经通过这种方式支持了250多个项目，并在欧盟各参与国家和城市之间分享技术经验。

发挥国内市场的规模优势

中国的人口规模和几十年快速经济增长所培育出的庞大市场，对能源创新有诸多好处：

- 在一项技术的早期市场扩张阶段，多个竞争者可以各自吸引大量的资本。
- 一家企业只需要占有很小的市场份额，就足以支持建设世界级规模的工厂。

- 市场上存在差异化空间,包括低价产品和服务的巨大市场空间。
- 庞大的市场规模为建立自己的一套标准和法规创造了条件,一方面可以让本国企业集中精力应对统一要求,另一方面提高了海外竞争对手的准入壁垒。
- 风险可以大幅分散,表现不佳的技术很快会被新一代技术所取代。在年需求量以百万计的市场中,企业可以频繁升级产品,推进创新前沿。

庞大的国内市场对面向企业客户的能源技术(如风力涡轮机和特高压输电)非常有益,对于面向终端使用消费者的技术更是如此。在许多能源相关的消费品领域,中国一直都是生产和创新活力最强的市场之一,包括热泵、节能家电、空调、智能电表、数字连接设备、电动车,以及其他使用锂离子电池的设备。中国的政策能够几乎从零开始创造崭新的巨大市场,并培育一批有能力超越成熟跨国公司、跻身全球最具价值公司行列的企业,电动车就是这方面的一个典型实例。中国非常希望采用类似的方法为氢能和燃料电池电动车创造市场,但这两类技术与电池和电动车有两个关键不同:氢能和燃料电池电动车需要通过多方协调的方法来建设管道和加注基础设施,并且由于燃料电池技术并不成熟,与电池和光伏等技术在中国得到采用时相比,更需要注重根本性的创新研发。

> **专栏 6.5　通过提升需求,大力推动中国的电动车技术发展**
>
> 随着中国个人出行需求蓬勃发展,进口依赖和城市空气污染成为政府关切的问题,因此在政府的大力支持下,中国电

动车行业兴起。2005—2015年，随着人口增长和收入提高，新车销量增加了4倍多。"十一五"规划提出"加快发展拥有自主知识产权的汽车发动机及零部件"（NPC, 2006）。"十城千辆"工程于2009年启动。《节能与新能源汽车产业发展规划（2012—2020年）》指出"以纯电驱动为新能源汽车发展和汽车工业转型的主要战略取向"，并设定了电动车技术发展性能目标（NPC, 2006；NEA, 2012）。在这些政策和措施的推动下，中国于2015年超过欧洲成为全球最大的电动车市场。如今，世界上98%的电动公共汽车都在中国（IEA, 2021c and 2020b）。在当今全球电动车价值链中，中国企业占有重要地位，涵盖的价值链环节包括锂开采和加工、电池和电动车制造、充电，以及回收。这些企业中有许多在2015年之后才成立，或者之前专注于其他领域，而现在则拥有世界一流的电动车相关技术。

中国电动车产业的成功发展离不开中国庞大的国内市场，以及一项广泛共识：支持这一新兴产业具有重要战略意义。然而，单靠建立巨大的国内电动车市场并不能激发创新。在早期，旨在扶持中国企业的若干保护主义措施（如高额的购买补贴与本地采购要求，以及对续航里程有限的小型电动车的政策优待）阻碍了技术进步，掀起了电动车领域的淘金热潮：2015年从事电动车生产的企业达到200余家，平均每家企业每年生产不到3 000辆电动车，因此造成了泡沫，割裂了市场，并引发了多起补贴欺诈事件。中央政府总结了区域试点的经验，随后将激励措施与持续性能改进挂钩，并为各汽车制造企业设定了配额和燃料经济性标准（Muniz, Belzowski and Zhu, 2019）。

过去5年间，中国的汽车企业通过与科研院所合作建立大型研发设施，在电动车领域取得了重大技术进步。2020年，国内市场的电动车销量达到了120万辆，足以支持数百家汽车和电池制造企业的运营，满足不同性能和豪华程度的需求。2010—2015年，位于深圳的电池企业比亚迪获得的政府补贴超过4亿美元（25亿元），用于制造电动车（Heller, 2017），而这家企业在2000年之前完全没有汽车领域的经验。比亚迪现已成为世界上最大的电动车和电池生产企业之一，其全球电动车累计销量仅次于特斯拉。比亚迪的创新型刀片电池具有世界领先的安全性能，并于2021年在欧洲面市。自2015年以来，包括阿里巴巴等数字企业在内的中国投资方为电动车初创企业调动了全球额度最大的风险投资，受益的初创企业有小鹏、蔚来等。

单凭国内消费品市场的规模化和不断增长并不足以激发创新。中国的企业受益于这样一种企业文化：面市速度和市场份额第一，达到最高质量标准第二。在这种企业文化的熏陶下，企业不回避风险，在监管要求明确之前就会将新产品商业化。企业内部的产品经理在建立新生产线方面也具有相当大的自由空间（Yip and McKern, 2017）。与一些大众的印象不同，中国制造业与"无限制"创新或"快速行动，破除常规"的模式有许多相似之处，即遵循"法所不禁皆允"的原则来行动，而不会等到监管机构和社会认可后再做投资。然而，在未来几年内，创新企业可能需要适应不断变化的市场趋势，包括消费者的可支配收入水平和社会迅速老龄化。这些趋势有可能造成对产品质量和环境保护的期望提高，对中国市场的活力构成风险。

在市场规模较小、增长较缓的一些国家，政府利用公共采购来推动投资，以促进新型清洁能源设备示范项目或制造工厂的发展。例如，荷兰采用的是公共建筑工程制度，该制度根据投标者的二氧化碳排放情况来计算投标折扣，给低碳水泥供应企业以财务优势（Hasanbeigi, Becqué and Springer, 2019）。许多国家也像中国一样使用赠款和优惠贷款来促进创新。然而，对有些国家来说，可能需要更高程度的国际合作，才能联合多国共同为新技术创造足够规模的早期市场。在欧盟内部，国家援助规则规定了各国或欧洲投资银行可以向企业提供的财政援助数额，允许较小的企业和有利于环境的创新获得较大比例的共同融资。在北美，加拿大的不列颠哥伦比亚省以及美国的加利福尼亚州、俄勒冈州和华盛顿州成立了"太平洋沿岸合作组织"（Pacific Coast Collaborative），旨在为低碳燃料创造区域市场。该组织有一个值得注意的做法，即区域内统一低碳燃料标准，以便支持生物能源、氢能和碳捕集、利用与封存。

促进国际合作

国际合作是中国寻求实现能源技术全球领导地位的重要手段，也是加速全球能源创新的重要支柱。要想尽可能提高科研质量、推动科研成果走向市场并降低成本，通过正式协议、贸易、非正式人员交流等方式来分享知识是至关重要的。中国庞大的国内市场有助于保障国内制造能力，也有利于与希望在中国投资的海外企业共享知识，特别是在发达经济体经济增速放缓的背景下。例如，2007—2017年，中国乘用车的新车销量达到顶峰时期，市场年均增长15%，而世界其他地区同期的增长率还不足2%；到2017年，中国已占全球市场的1/4以上，而2007年这一比例仅为10%。

通过合资和许可，中国打开了新的技术领域，太阳能光伏就是一个典型案例。最初，这条路线并不是中央政府太阳能光伏战略的设想，而是地方政府的举动：地方政府协助中国企业在获得知识产权许可的前提下建立生产设施，或者利用在国外开发、由中国公民部分拥有的知识产权开展生产（例如尚德电力）。一些企业以此作为扩大规模的切入点，发展成为世界级制造企业，之后着手开展制造创新，并于近期开始在光伏技术方面进行根本性的创新。在核能发电和交通运输车辆技术领域，也有案例表明中国政府和企业会通过与海外公司设立合资企业，迅速学习新技术并促成技术转让。

太阳能光伏以及智能手机等技术的发展历程为电动车和电池技术的发展带来了启发。中国将制造业作为提升创新能力的抓手，建立了强大的本地零部件和子系统供应商网络，吸引了来自世界各地的企业和订单。相关中国企业一般不是产品的原始设计企业，但通过接触最先进的零部件、定期互动、争相满足国际创新者的需求，这些企业发明出创新型方法、功能，甚至是使用本土零部件（特别是数字系统）的新产品。

中国还鼓励企业通过海外投资来利用最先进的能源技术，特别是自"走出去"战略提出以来。中国国有和私营企业在"走出去"的过程中，收购了国外高科技企业，包括Alta Devices（2013年由汉能收购）等专门技术企业，以及沃尔沃汽车（2010年由8年前才加入汽车生产行业的吉利汽车收购）等大型工程企业集团。按照这类收购的通常做法，购买方将被收购子公司的研发活动整合到了自身的业务中，并且这种做法经常得到政府的支持（Osborne，2015）。中国的国有企业也投资于国外基础设施、企业和研发中心，以便更广泛地利用高技能劳动力资源。

中国采取的另一种国际合作方式是与其他国家政府签订双边和多边协议。中国出资支持与其他国家一道开展的联合能源研发活动，解决共同面临的挑战，2016年开始运作的中美清洁能源联合研究中心就是一个例子。通过该中心，中美两国的科研人员在五大技术领域合作开展工作：先进煤炭、建筑节能、清洁能源汽车、中型和重型卡车能效，以及能源与水。该中心的成果之一是可提高建筑能效的喷涂式密封技术（US DOE，2017）。中国建立的其他双边合作伙伴关系包括中英（广东）碳捕集、利用与封存中心，以及中法核研发技术领域合作协议（GD碳捕集、利用与封存，2021；WNN，2018）。① 在双边合作机制以外，中国还是"创新使命"组织的成员，该组织由22个国家和欧盟委员会构成，旨在促进清洁能源研发和示范方面的行动与投资。中国现担任该组织下智能电网、生物燃料以及电力部门项目的共同牵头人。此外，中国还参加了国际能源署38个技术合作项目中的27个，是参与项目数目第四的国家。

---

① 在中国参与的双边协议之外，其他国家之间也建立了正式双边协议，包括美国—印度促进清洁能源伙伴关系（PACE-R）的研究部分（自2010年以来运作一家联合研究中心），以及2017年启动的英国—印度清洁能源中心。另外，日本采取了更有针对性的方法，与澳大利亚、文莱、沙特阿拉伯和挪威合作开发氢能项目。

毋庸置疑，中国有足够的资源来继续支持此类合作的各个项目，并帮助其他新兴经济体提高技术水平。中国的"一带一路"倡议目的是增进与海外市场的实际联系，该倡议是与国际伙伴合作的契机之一，旨在推广中国过去从国际合作中受益的经验，帮助其他国家在未来利用全球最优秀的技术。中国水电工程顾问集团公司参与埃塞俄比亚风电开发的经验，展示了"一带一路"项目如何将当地创新能力建设纳入项目工作中（Chen，2018）。除此以外，也有多边开发银行支持地方创新生态系统的案例，如世界银行对摩洛哥企业家的资助，以及国际金融公司的催化基金和初创企业催化项目（World Bank，2017）。

然而，尽管中国在能源技术方面的国际合作大体上持续扩大，专利活动情况却相反，显示出中国在研发方面的国际合作最近一直呈下降趋势（见图6.5）。自2013年以来，由中国发明人和中国以外发明人共同申请的清洁能源发明专利的绝对数量有所下降。中国在清洁能源领域的主要专利伙伴仍然是美国，但中国的合作国际专利占中国所有清洁能源专利的比例低于美国。通过强有力的知识产权治理、公平的市场准入和非政治化的供应链来建立信任，将会减少清洁能源创新国际合作受阻的风险。

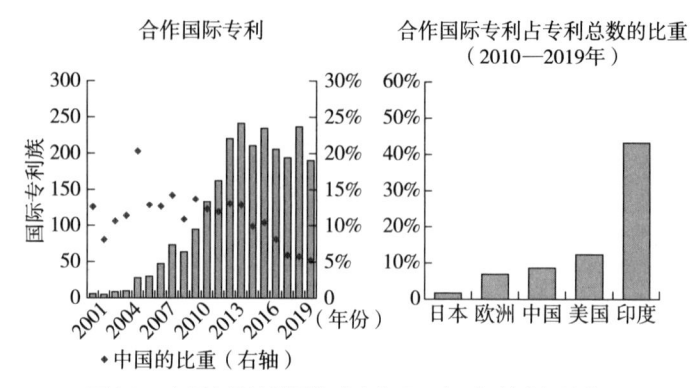

图 6.5 中国在清洁能源技术合作国际专利领域发挥的作用

注：一个国际专利族代表一项发明，其专利申请已向一个区域专利局或全球至少两个司法管辖区提交。

资料来源：IEA 和 EPO（2021）。

过去 20 年间，中国发明人与国际合作伙伴共同申请的清洁能源专利数量不断减少，这表明中国在清洁能源技术合作国际专利领域发挥的作用小于其他一些主要经济体。

专栏 6.6　中国从太阳能光伏技术进口国到创新国的转变

中国自 20 世纪 50 年代起就开始资助太阳能光伏研发，但直到 21 世纪初创新工作才开始腾飞。中国一位研究员在澳大利亚一所大学开发出一款光伏电池，2002 年，这位研究员在中国创立的企业尚德电力开始生产这款电池。在江苏省某市政府的支持下，尚德电力拥有制造成本低、规模宏大、资本廉价等良好条件，而当时正值欧洲对光伏部署的公共支持开始扩大之际，尚德电力在出口市场上显示出优势。

接下来的 10 年里，其他中国企业纷纷借鉴这种模式，吸引了世界领先的企业到中国生产，在相关技术领域和全球价值链中赢得了一席之地（Zhang and Gallagher, 2016）。2008

年，山东太阳能科技公司从德国约翰纳太阳能科技有限公司获得技术许可。2012年，天津中环半导体股份有限公司与美国Sunpower公司成立合资企业，后者后来又与东方电气集团有限公司和另外两家中国公司成立了其他合资企业。有些中国企业收购了外国竞争对手，逐步吸纳其研发活动（Urban, Geall and Wang, 2016），例如，2013年汉能集团收购了美国公司Alta Devices。鉴于中国制造业在全球市场的主导地位，为此类收购活动融资并不困难。此外，一些中国企业还与海外大学建立了合作关系（如2011年天合光能与澳大利亚国立大学合作），并启动了专门的项目来招募具有海外学术和专业经验的高技能劳动力与管理人员，招募重点是在海外工作的华侨（de la Tour, Glachant and Ménière, 2011）。

21世纪10年代，随着与世界其他地区制造商的竞争减少，以及"十二五"规划下支持国内太阳能光伏部署的政策出台，中国内部的竞争有所加剧。各企业争相占据市场份额（通常是不同的市政府支持的企业之间相互竞争），助推了中国飞速发展的制造业创新。如果没有硅加工和电池组装方面的创新，太阳能光伏的成本不可能仅靠规模经济而大幅下降。有人认为，这一领域的进展要归功于中国太阳能企业的组织和交流方式：这些企业围绕着产业集群组建，并以相对开放的方式相互交流知识和专长（Ball et al., 2017）。

中国的政策表明，要保持在太阳能光伏制造和技术开发领域的领先地位。中国的政府实验室和高校已将研究重点转向下一代光伏设计，而企业实验室也逐渐朝着这一方向发展。2016年，天合光能的实验室多晶硅太阳能电池组件的效率达到19.9%，

> 创下世界纪录（后来被打破）(NREL, 2021)。2018年，纤纳光电以17.3%的效率刷新了钙钛矿子模块的纪录；汉能于2013年收购的MiaSolé Hi-Tech保持着17.4%的铜铟镓硒（CIGS）薄膜模块效率纪录，并分别于2019年和2021年创下柔性模块的新纪录（18.6%）以及钙钛矿-铜铟镓硒混合太阳能电池的纪录（27%）。晶科能源和隆基绿能宣布在2021年中期创造了n型和p型单晶电池变体的效率纪录（25%以上）。中国企业已经迅速缩小了与海外竞争对手之间的产品性能差距。虽然如此，过去3年中的大多数光伏效率纪录是由德国、日本、韩国和美国企业创造的。

加速创新的机遇

凭借上述几大特点，中国能源创新体系在迅速采用和改进新技术并将其推向市场方面的能力无人能及。政府政策也起到了核心作用。中国目前使用的政策工具因技术类型和部门而异，包括为大型首创项目提供资金、对国有企业进行战略指导、为选定地区制定部署目标、规范设备性能、禁止某些技术方案，以及开展国际合作。这些政策根据不同技术的具体属性而适用，为培育中国能源和气候目标所需的技术奠定了良好的基础。

能源系统中关键技术的大规模制造是一种相对较新的现象；其中在太阳能光伏、电池、LED等领域，中国一直处于领先地位。在过去不久的20世纪中，大多数能源设备技术依靠大型工程设计解决方案，单元规模在兆瓦到吉瓦级别；而现在这种大规模制造为能源设备领域带来了更广泛的创新活力。我们对低碳能源技术进行了分析：一方面考虑到技术的规模、模块化程度等一般属性，另一方面也考虑到技术进入市场的可能障碍（包括每年新采购的数量、能否使用受监管的基础设施、垄断所有权，以及网络效应）；在此基础上，我们将技术划分为四个典型的类群（见图6.6），各类群的技术对政策方案的反应不同。这样的划分能够帮助我们思考政府应该怎样做，才能最有效地支持中国和世界其他国家能源转型的核心支柱，即碳捕集、利用与封存，氢能，生物能源和电气化四大领域的各项技术。

在承诺目标情景下，具有如下特征的技术（即第一个类群的技术）将在中国实现碳中和的道路上发挥重要作用：单元规模小、更换周期在20年以内、标准化程度高、模块化，以及适合大规模生产。这类技术通常与中国的制造优势高度契合。其中的智能控制、家电、低碳汽车等技术的相关产品差异化程度高（即产品可以根据与技术本身关联不大的特点来进行品牌推广），一般不适合纵向价值链整合和横向所有权垄断（IEA and EPO, 2021），进入市场的门槛也普遍较低。这些技术部署到相关部门后可能起到颠覆性的作用，特别是在政策鼓励企业竞争并借此来激励创新的情况下。

在承诺目标情景下中国部署的低碳技术中，第二个类群包括低碳工业过程、模块化核反应堆、低碳燃料生产，以及碳捕集、利用与封存，它们与传统能源部门的技术更为相似。此类群技术的特征是需要大量的前期投资、采用化学工程设计方法，以及拥有工厂规模经济，每年只有少量项目投入使用。这些技术的相关产品无法发展差异化，往往由纵向或横向整合的垄断企业掌控。

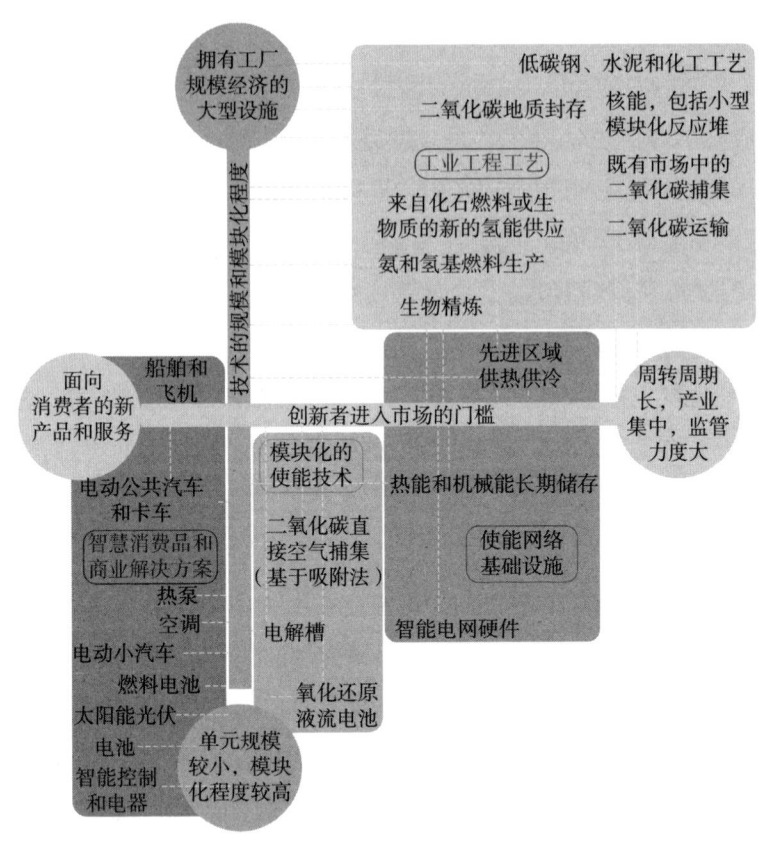

图6.6 在分析低碳能源技术的规模、模块化程度等一般属性以及市场准入障碍的基础上绘制的技术类群图

资料来源：改编自 IEA（2020c）；Malhotra and Schmidt（2020）；Schmidt and Huenteler（2016）。

> 对碳捕集、利用与封存和生物精炼等大规模技术适用的政策激励措施，不同于对网络基础设施或终端用途消费品适用的政策激励措施。

在这类技术领域中，创新往往比较缓慢，而且不能像小型模块化技术（如太阳能光伏、风能和电池）那样从知识和经验的积累中获益。尽管如此，实际情况已经表明中国有能力动员国有企业和其他大型企业调整研发计划，并承担此类群技术的大规模示范工作。在中国和世界其他地区广泛部署此类技术的关键是协调一致的创新努力，包括迅速传播示范项目产生的知识和经验。

在以上两类极端类群的技术之间，还存在第三、第四技术类群。其中第三类群包括使能技术，即为终端用途技术的部署铺平道路的中间或上游供给侧技术。电解槽、长效电池和部分类型的直接空气捕集都属于这一类。它们通常模块化程度较高、生产规模大，并且是为工业客户设计的，所以产品差异化程度较低。此类技术有潜力通过制造业的竞争实现成本迅速下降，但也可能由少数几家大型企业主导。要推动本类群技术的快速改进，可能需要更有力的政策来激励资金投向研发和制造。

第四类群的技术也是针对工业用户的使能技术，但通常不具有模块化特征，而是嵌入物理网络的技术。此类技术包括热能和机械能储存技术（如抽水蓄能）、区域供热供冷设备，以及智能电网硬件。物理网络基础设施往往由受到高度监管的垄断企业负责运营，具有较高的进入壁垒，潜在客户的数量有限。对于加速此类群技术进步至关重要的因素有公共研发，以及用于展示新创意的商业实验平台。

以上四个类群的技术获得资本的难度差异很大。近年来，中国的金融体系已用事实证明，有能力将大量的风险资本分配给市场增长潜力大的早期技术，主要是面向消费者的新产品和服务（如电动车）。对于取代现有工业过程的技术，中央政府已经引导公共资金和国有企业资金流向相关技术的所有方。一般来说，这类技术的开发时间较长、开发成本和市场准入壁垒较高，超出了风险投资人愿意接受的范围。

通过分析，我们一方面可以厘清上述四个技术类群各自的发展需求，从而调动中国能源体系的相应特征来推动其发展；另一方面可以找出各类群所需的资本类型。此类分析能够为政策方法提供一些总体指导，但每个技术领域都有自己的技术和市场特性。如上所述，在为具体技术定制相应的政策激励和创新支持方面，中国拥有大量经验，还可以借鉴丰富的国际相关经验。

并非所有的新兴技术都可以归入我们在这里讨论的四个简要类群。例如，数字技术不但拥有独特的推动创新的能力，而且可以提高生产力、提供商业数据，从而顺利融入新部门。数字技术蓄势待发，将在未来几十年以意想不到的方式改变能源的供给和使用，但只有与上述四个类群的技术以及能效措施相结合，才能显著减少二氧化碳排放。中国特别关注数据中心的能源强度问题，并于2020年出台了国家最低能源性能标准。

低碳能源技术类群，以及可能采用的基于中国创新优势的相应创新政策方法见表6.2。

表6.2 低碳能源技术类群，以及可能采用的基于
中国创新优势的相应创新政策方法

低碳技术类群	加速创新所需的资本	相关的中国能源创新体系特点	2021—2025年可能采用的政策方法
面向消费者的新产品和服务	• 早期实验阶段的赠款和税收减免 • 风险投资和成长股权 • 制造工厂的债务 • 市场测试阶段企业与实验室的合作	• 发挥国内市场规模优势，分散风险并维持竞争 • 省市试点项目相互竞争	• 设定地方一级的部署目标 • 采用与性能挂钩的购买激励措施 • 颁发创业奖 • 允许使用公共实验室和国有企业实验室进行产品测试和验证 • 鼓励企业与高校之间建立合作伙伴关系

续表

低碳技术类群	加速创新所需的资本	相关的中国能源创新体系特点	2021—2025年可能采用的政策方法
模块化的使能技术	• 稳定的公共研发资金 • 风险投资和成长股权 • 制造工厂的债务或赠款 • 市场测试阶段企业与实验室的合作	• 发挥国内市场规模优势，分散风险并维持竞争 • 省市试点项目相互竞争 • 国际合作	• 制定全行业路线图和性能目标 • 建立省市试点和试验平台 • 通过政府采购创造对最终产品的需求 • 颁发创新奖 • 开展基础技术方面的国际研发项目 • 允许使用公共实验室和国有企业实验室进行产品测试和验证
使能网络基础设施	• 稳定的公共研发资金 • 企业风险投资 • 实地试验和商业规模项目资助金	• 调动资金支持国家战略优先事项 • 推动国有企业成为创新主体 • 国际合作	• 制定全行业路线图和性能目标 • 将第三方使用条件纳入对基础设施的公共投资 • 激励企业间开展技术合作 • 开放共享网络试点和试验所得知识 • 设立投资激励，推动基础设施升级，激励措施与性能目标挂钩 • 以互惠方式参与国际技术试验
工业工程工艺	• 长期研发和示范项目公共共同出资和税收减免 • 企业风险投资	• 调动资金支持国家战略优先事项 • 推动国有企业成为创新主体 • 国际合作	• 制定全行业路线图和性能目标 • 协调并区分不同国有企业的技术战略和目标 • 开展国家重大科技项目和开放示范项目 • 通过政府采购创造对最终产品的需求 • 建立认证机制，以促进低碳产品的国际贸易

第七章

能源转型的政策路径

- 与其他承诺净零排放的国家一样，中国政策制定者面临的首要挑战，是制定一个全面的政策框架，引导投资转向清洁能源技术、转变商业模式，加速创新，同时保持能源安全和可负担性。碳中和转型为中国提升技术价值链、创造可持续的新经济增长点提供了机会，并将增强其对全球清洁能源转型的贡献。
- 中国能源系统转型需要政府制定明确的长期战略，并纳入国家、省和地方各级规划。该战略包含关键部门和技术的长期路线图，需要结合近期优先事项，跟踪评价进展情况。中国最近成立了国家碳达峰碳中和工作领导小组，这是朝着正确方向迈出的坚实一步。
- 中国政府需要广泛利用各种政策杠杆，包括利用新的排放交易体系、延续能源市场改革（如燃料定价机制、逐步取消化石燃料补贴等有助于促进发展新的商业模式的做法）。采用强制规范和标准等监管手段，加大对技术研发和示范的支持力度，对于引导投资低碳技术也很重要。
- 政策行动的重点之一是通过提高运营效率、转向低碳燃料、进行碳捕集改造等方式来减少现有排放,并在经济可行和社会可接受的情况下,提前淘汰部分现有资产。政府还需要加速部署处于商业化早期阶段的清洁能源技术。

- 碳中和能源转型需要大量投资于新建和升级网络基础设施。中央和省级政府需要加强规划协调,为基础设施建设提供资金,建立明确的监管框架,确保各地可平等使用基础设施并且负担得起。

- 新兴技术创新是实现碳中和的关键。除了直接投入研发资金,还可以通过竞争性利基市场、基础设施投资和其他拉动市场的监管措施来激励创新。在开发和部署清洁能源技术方面进一步加强国际合作,对于推动中国和其他地区碳中和转型至关重要。

· · ·

建构全面的政策框架

中国力争在 2060 年实现碳中和的承诺,为其社会和经济可持续发展建立了框架,而清洁能源系统转型是这一愿景的核心。鉴于中国在全球能源市场和能源相关技术方面的重要地位,中国选择的道路对世界其他地区的脱碳步伐和成功将产生深远的影响,政府决策是这条道路的关键。与其他承诺净零排放目标的国家一样,中国政策制定者面临的首要挑战,是制定全面的政策框架,引导投资和用能转向清洁能源技术,加速新兴技术创新。本章概述了这套综合性政策框架的主要内容。

如果政府不制定明确的长期战略，并将其纳入国家、省和地方各级能源政策和计划，指导投资决策，中国能源系统转型就难以达到碳中和所需要的规模和速度。该战略需要促进各种技术的研发和部署，将近期的优先事项纳入其中，中期要对照节点指标跟踪分析进展使其具有公信力，争取获得企业和投资者的支持。还需要考虑其他能源政策目标，包括能源安全和可负担性以及普及现代能源服务。

为实现清洁能源转型，需要人们改变行为模式，但能源生产、供应和使用方式的技术变革同样重要。已经商业化的技术理应得到最大限度的利用。但是，正如本书指出的，中国到2060年实现碳中和所需的大量减排技术目前尚未市场化。在本书的路线图中，大多数新兴技术到2030年才能商业化。因此，未来10年是研发、示范和部署这些技术的关键。

当前气候政策的重点是制订计划、战略和措施，将能源体系实现碳中和的愿景变为现实。自2020年9月提出"双碳"目标以来，中央政府已经宣布了多项增补的气候目标和措施，以加快能源转型。这些目标包括能源强度和碳中期目标、非化石能源在一次能源消费中的占比、可再生能源装机规模和控制煤炭消费。目前正在制定2030年前国家、省和部门排放达峰计划以及2025年详细目标，涉及能源消费总量控制、行业能源效率提高、可再生能源部署和终端用能电气化。中央成立了一个领导小组，成员为国家主要部委和机构的负责人。这种举措符合国际能源署关于加速清洁能源转型实现净零排放的建议（IEA，2021a）。

中国制定和落实能源发展目标方面取得经验和成就，鼓舞了人们实现碳中和目标的信心。通过制定五年规划，中国建立了一套完善的程序来确定多年政策重点、跟踪进展和评价修改政策，这些都是成功实施气候政策的重要组成部分。此外，中国在实现宏伟的能源和气候目标方面成就斐然。除了 2020 年能源强度目标受新冠肺炎疫情影响未能完成，最近几期五年规划中降低碳强度和能源强度的目标均超额完成。同样，在过去的五年规划中，非化石燃料在一次能源需求中的比重也超越了目标。在这些进展的基础上，中国政府宣布提高 2030 年国家自主贡献目标，包括单位 GDP 二氧化碳排放量比 2005 年下降 65% 以上（原为 60%~65%），非化石能源占一次能源消费的比重提高到 25% 左右（原为 20% 左右）。中国在大规模基础设施建设方面也有着良好业绩，例如高速铁路网、特高压输电线路和电动汽车充电设施。

政策方法和优先事项

中国官方发布的目标为实现碳中和制定了明确的时间表，因此关键问题从"是否和何时转型"变成了"如何转型"。下一步应该是与技术专家、社会大众和市场分析师通力合作，制定关键行业和技术的路线图，为 2030 年前二氧化碳排放达峰值和 2060 年之前实现碳中和，确立一条清晰的能源转型路径。通过对技术、基础设施需求、创新差距、优先技术领域和净零排放战略等开展评估，并充分考虑到跨行业溢出效应即跨技术领域转移的知识，或通过不同行业应用而获得的知识（IEA，2020a），确定切实可行的中长期技术研发和部署目标。希望本书提出的路线图能够为这项工作提供有益参考。

由于各种清洁能源技术处在不同成熟阶段，因此政策措施需要根据不同技术特点量身定制才能发挥其作用。我们根据技术成熟度的差异确立了中国政策行动的五大核心目标领域，即减少现有能源基础设施的排放、培育清洁能源新技术市场、建设清洁能源基础设施、促进清洁能源技术创新、开展清洁能源技术国际合作。我们将依次讨论这些目标领域（见图7.1）。

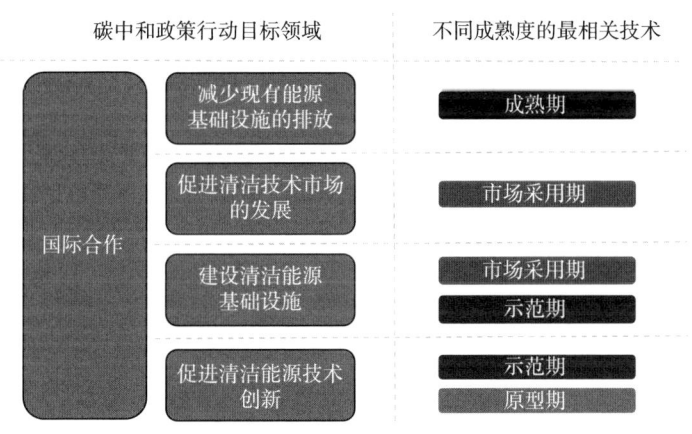

碳中和政策行动目标领域	不同成熟度的最相关技术
减少现有能源基础设施的排放	成熟期
促进清洁技术市场的发展	市场采用期
建设清洁能源基础设施	市场采用期 / 示范期
促进清洁能源技术创新	示范期 / 原型期

（国际合作贯穿左侧所有领域）

图7.1 中国不同成熟度技术的净零排放战略政策优先事项

中国的碳中和能源政策应针对不同成熟度的技术，侧重于五大核心目标领域。

跟踪进展、评估政策影响并相应调整政策和技术优先事项，是制定气候政策总体方法的重要组成部分。这样做有助于确保政策有效，结果良好，使每个人都能看到政策取得的新进展，同时有助于识别难以跟上市场要求的技术领域，需要时可及时调整政策（IEA，2020a）。当然这需要可靠的数据支持。中国在五年规划中设定优先事项的做法很成功，可用于建立互补流程，根据政策目标评估最终结果。

实现碳中和的技术变革,要以中国的气候和能源政策为指导。政府需要加强和充分利用其掌握的广泛政策工具,包括碳定价、逐步取消化石燃料补贴和其他市场改革措施(如低碳发电装机容量的竞争性拍卖)以确保价格信号引导消费支出和社会资本投向低碳技术。其他政策工具还包括运用强制规范和标准等监管工具和框架,增加技术研发和示范活动的公共投入。所有这些政策措施都需要加强,以加快部署清洁高效能源技术,淘汰高碳技术,如未安装碳减排装置的燃煤电站、燃油燃气锅炉和传统内燃机汽车等。

碳定价是政策工具包中助推清洁能源转型的重要手段,可采取碳税或碳排放权交易系统的形式。通过提供清晰稳定的价格信号将温室气体排放的社会成本内化,碳定价可激励以较低成本实现减排,引导技术创新。精心设计的碳定价工具,可在不同时间框架内影响关于用能的广泛决策,例如短期内燃料和技术之间的竞争(比如关于清洁电力调度的规则)和消费者行为、中期内碳密集型资产退役和长期的基础设施投资。碳定价可作为公共收入的来源,用于资助减排行动,减轻成本负担或解决其他社会经济问题(IEA,2020b)。未来几十年,中国新生的碳排放交易体系将在推动碳中和能源转型方面发挥核心作用。

中国碳排放交易体系

中国国家碳排放交易体系(全国碳排放权交易市场)于2021年7月上线交易,是世界上最大的二氧化碳排放交易体系,几乎占全球碳交易体系覆盖量的一半[在世界范围内,排放交易系统覆盖全球约16%的温室气体排放量(世界银行,2021a)]。中国碳交易体系率先在发电行业(包括发电和供暖)实施,涉及2000多家企业约45亿吨排放量,占2020年中国能源体系二氧化碳排放量的近40%。预计该系统将拓展到其他高耗能行业,包括石化、化工、建材、钢铁、有色金属、造纸和国内航空。这些部门合计占中国2020年二氧化碳排放量的35%。

全国碳排放权交易市场的设计借鉴了国内七个地方试点的经验和做法。每个地方根据自己区域的能源格局覆盖不同的行业。地方试点经验表明,即使2020年碳价不高,每吨二氧化碳为1.5~14.5美元(10~100元),碳排放交易系统在鼓励减排和发展碳管理专业知识方面也是成功的。以最大的地方试点项目广东碳交易体系为例,与2013年启动试点时相比,2019年其覆盖企业的排放量减少了12%以上(Xuelan et al.,2021)。目前这些试点项目与国家碳交易体系并行。

全国碳排放权交易市场根据燃煤和燃气电厂(包括热电联产)2019—2020年的产出以及为每种燃料和工厂类型预先设定的排放强度基准(电力为吨二氧化碳/兆瓦时,热力为吨二氧化碳/吉焦)为这些电厂分配排放配额。这种做法激励电厂将其排放强度降低到基准水平以下,同时允许电厂灵活决定如何减排。然而,这种基于产出和强度的方法,并没有如欧盟的碳排放交易体系(EU EST)和其他总量控制与交易市场(cap-and-trade systems)那样设定排放总量上限,因此中国的排放量可能会上升。目前配额是免费分配的,但将来可能会拍卖(生态环境部,2021)。截至2021年8月底,配额交易价格普遍在 45~60 元 / 吨二氧化碳（约 8 美元 / 吨二氧化碳），略高于市场预期，但目前市场流动性较低，交易量有限。相比之下，韩国碳交易价格从 2015 年的约 10 美元上涨至 2020 年的约 35 美元，然后在 2021 年年中跌至略高于 10 美元 / 吨。在美国加州的总量控制与交易市场中，价格普遍在 10~20 美元 / 吨，而欧盟碳交易的价格自 2018 年以来稳步上涨，到 2021 年约为 70 美元 / 吨。

短期内中国碳排放交易的主要影响可能是提高燃煤发电的能效。这样即使中国电力需求持续增长，发电造成的碳排放也不会随之上升。如果降低排放基准，激励更多资金投向提升能效，鼓励高效电厂而不是低效电厂多发电，并激励部署碳捕集、利用与封存设施，将促使发电行业早于 2030 年就实现碳达峰。然而这套体系可能不会导致煤电大量退出，原因是根据当前设定的技术基准和免费分配配额的做法，燃煤燃气电厂的实际排放成本仍然很小（IEA，2021b）。碳市场能在多大程度上引导注重效益的减排措施和清洁能源技术投资，助推中国 2030 年前碳达峰、2060 年前实现碳中和，将取决于市场对碳价信号的信心以及该系统设计的调整。

国际经验表明，政策的长期稳定可预见性，对于鼓励活跃的碳交易和指导注重效益的投资决策都很重要。市场参与者需要了解信息，明确知道政策保持不变，且可将价格预期纳入商业计划考量，这对于持有长期资产的资本密集型行业尤其重要，如能源供应和制造业。韩国碳交易系统在第一个承诺期（2015—2017 年）结束时交易活动低迷，政策不确定性是其关键因素。为此，韩国制订了 10 年总体规划和 5 年分配计划，明确了排放限额和分配方法，同时在履约期前至少 6 个月就向市场参与者公布技术细节。欧盟碳排放交易体系已明确定位为欧盟气候政策的基石。该系统提供长期减排路径、排放限额和年度线性减排因子等信息，并提前发布每个履约周期的详细信息（IEA，2020b）。

价格或供应调整机制（包括配额底价和顶价）、拍卖底价或流通配额调整机制（例如欧盟的市场稳定储备机制）等，都可以增加碳价确定性和系统应对经济危机等突发事件的抗御能力，有助于人们坚定对碳交易市场的信心。此类机制已成为许多排放交易系统的标准组成部分（世界银行，2021b）。中国已明确表示要将全国碳排放权交易市场作为经济高效实现脱碳目标的关键政策工具。使配额总量调整轨迹与排放总量峰值和长期政策目标保持协调一致，将为企业制订发展计划提供极大的确定性。

为支持其在气候减排方面发挥更大的作用，中国需要调整碳交易体系的运作方式，包括引入配额拍卖制，设定绝对排放限额，加强碳市场与金融市场之间的联系。逐步引入配额拍卖，有助于增强流动性和价格发现，并进一步激励燃料转换和其他脱碳措施。拍卖还可以为低碳技术投资和解决社会问题（如能源可负担能力和就业）等筹集资金。例如，加利福尼亚州气候投资倡议完全由该州排放限额与交易计划的拍卖收入资助。2013—2020年，该倡议在公共交通项目、电动汽车激励措施和建筑部门效率等方面共投资 83 亿美元，其中一半由弱势社区和低收入家庭受益。设定碳交易体系排放上限且排放上限逐年递减，将提供明确的政策信号，让体系涵盖的各部门的排放符合长期气候目标。这样做既简化了政策设计，又有助于鼓励受不同排放基准约束的产品和行业之间采取最具成本效益的减排措施。逐步向金融机构等更多参与者开放交易，可提高市场流动性并增强碳交易的金融功能。可利用地方试点来探索新的政策设计，试点成功后再应用于全国碳排放交易市场。未来应调整碳交易系统与整体气候政策框架的演变相协调，包括电力监管改革以及影响碳交易覆盖领域的能源和技术组合的其他政策，例如燃煤电厂能耗标准或新建燃煤电厂投资约束条件、可再生能源配额制（RPS）、绿色证书和能源创新政策。调整的目的是建立有效的价格信号，减少非价格壁垒，并鼓励对现行碳价下短期内不具竞争力的关键新兴技术进行投资。

减少现有资产排放

减少能源体系现有资产的排放是中国的重中之重。如果这些资产继续正常运行至其经济寿命期，仅这些资产的预计排放量就将占承诺目标情景下排放总量的大部分。目前在建的基础设施将进一步增加这些"锁定"排放。为使中国能源体系排放总量在2030年前达峰并在2060年实现净零，就需要遏制这些设施的排放。鉴于时间周期短，基于化石燃料的发电厂、水泥厂和钢铁厂及其他高排放资产存量大，需要立即针对这些设施采取措施。减少排放主要有四种方法：提高运营效率、改变燃料和生产原料、安装碳捕集设备、提前退役。每种方法都应有针对性政策。

在承诺目标情景中，典型寿命假设下中国能源体系各部门现有基础设施的二氧化碳排放量见图 7.2。

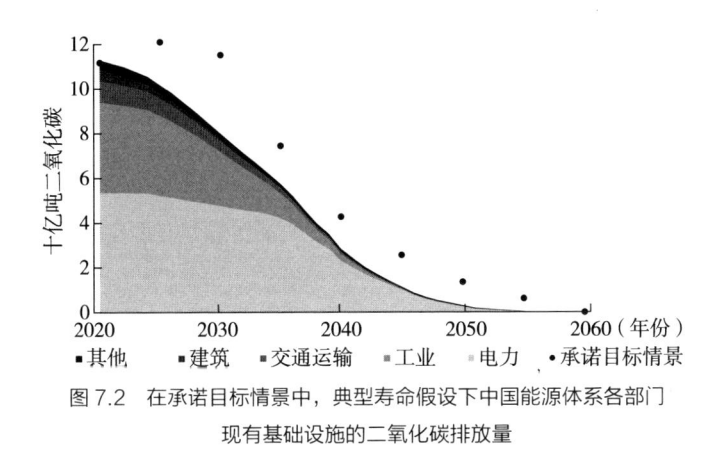

图 7.2 在承诺目标情景中，典型寿命假设下中国能源体系各部门现有基础设施的二氧化碳排放量

要使中国的能源排放总量在 2030 年之前达峰，并在 2060 年之前降至净零，必须对现有能源资产（特别是发电和重工业）的排放加以遏制。

专栏 7.1 减少中国重工业部门的锁定排放

中国生产了全球近 60% 的钢铁和水泥，以及 30% 用于制造塑料和氮肥的基础化学品。构成这些产能的工业装置不仅庞大而且年轻。中国 85%~90% 的钢铁和水泥厂建成不到 20 年，一半以上的水泥厂厂龄为 10 年或更短。

这既是挑战，也是机遇。主要挑战是假设工厂的一般寿命为 25 年，如果不改变现有的运营模式，或者不提前退役大量产能，那么这些重工业装置可能累计排放约 400 亿吨二氧化碳。如果这些设备到期后继续用高排放产能接替，这会再增加 25 年的高排放量，那么累计排放量会上升到近 1 200 亿吨二氧化碳。

而机遇在于，当需要更新设备时创新技术已就位。此时需要临时更换、升级或报废大部分固定资产，例如高炉的大修（换炉衬）。中国现有重工业资产更新换代的时间与近零排放新技术预期可用时间点非常吻合，即大部分设备的平均年龄为10~15年，而几项近零排放技术距离商业化也有10~15年时间。

如果开发，大规模部署创新技术与淘汰现有产能的步调一致，就可以避免新一轮的高排放产能接替更新。如此一来，在这些部门可避免排放750多亿吨二氧化碳，相当于5 000亿吨碳预算的15%。这项碳预算是由政府间气候变化专门委员会（IPCC，2021）按照50%的机会将全球平均温度升高限制在1.5℃以内估算出的减排量。除了减少锁定排放，还可以通过建立工业中心（industrial hubs）部署近零排放技术，为技术开发和产能替代开辟广阔的新市场。

建立工业中心可以高效地共享那些对于近零排放工业生产至关重要的基础设施，包括氢气生产、输配和储存，以及可再生能源发电。建立工业中心有助于聚焦基础设施开发的初始规划和协调阶段，为相关参与者创造协同效应。工业中心不可能一蹴而就。如果工业中心及其需采用的近零排放技术不能及时就绪，中国就可能错失避免锁定新一轮高排放产能的机会，从而需要在未来提前退役更多的产能。

在当前的操作条件下，2020—2070年中国重工业资产在典型寿命和更新周期下的潜在排放量见图7.3。

图 7.3　在当前的操作条件下，2020—2070 年中国重工业资产在典型寿命和更新周期下的潜在排放量

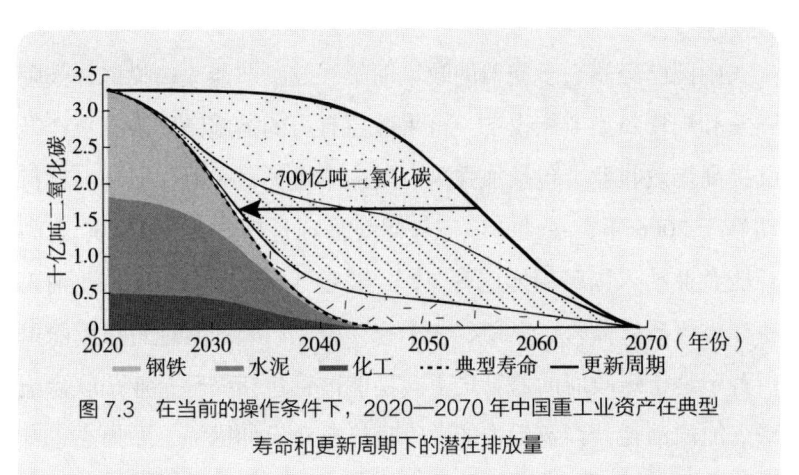

注：钢铁、水泥和化工资产的典型寿命在中国约为 25 年，而在全球范围内为 30~40 年。本图中探讨的更新周期是指考虑到现有产能当下的年龄，并假设这些工厂在目前的运行期结束后再运行 25 年。

提高现有设备运行效率

近年来，中国在关闭低效产能和鼓励升级技术设备提高能效方面做出了努力，但在提高化石燃料能效方面仍有巨大潜力，尤其是在电力、水泥和钢铁行业。能效提高意味着使用相同燃料提供能源服务，但用量更少，从而降低排放。某些情况下提高能效需要巨额投资，比如工业厂房的热回收和锅炉升级。而另外一些节能措施，如改进运营和维护方法，可能只需很少资金或不需要投资，少量或根本不会增加运营成本。在承诺目标情景中，通过挖掘整个能源系统效率潜力，到 2030 年可累计减排 60 亿吨的二氧化碳（约占总减排量的 25%）。将燃煤电厂效率提高到当前最佳技术水平，可减少排放 7.7 亿吨的二氧化碳，相当于这些资产当前排放量的 15%。

中国已经建立了完善的政策框架，鼓励节能改造投资，鼓励开发和销售新型节能设备。可采取更有力的措施激励现有资产继续提高能效收益，包括加强重点用能单位"百千万"行动。该行动始于 2006 年，在"十三五"期间得到扩展。它将前 100 名高耗能企业纳入国家用能监管范围，将前 1 000 家高耗能企业纳入所在省级政府监管，"百家""千家"企业以外的其他重点用能单位置于地市级政府的监管之下。用能监管包括鼓励企业采取措施减少能源消耗，以及促进能源管理体系建设的措施。要提高现有设备的运行效率，还可借助可交易的能源绩效标准，即允许企业通过交易积分来满足政策规定的具体能耗要求。

改变能源和材料投入

在许多情况下，某项能源服务可以采用相同的设备、不同的能源载体来实现。运输用替代燃料，例如可持续生物燃料和合成碳氢化合物燃料，通常不需要对现有设备进行改造，即使需要改造，通常也比较简单且便宜。在各种工业过程和发电厂中混合燃烧可再生的生物质和废物，掺入低排放燃料而不用改造现有设备（例如在铁的直接还原生产、高炉和天然气网络中，将氢气掺入天然气），可能是对现有资产减排具有经济吸引力的选择。工业过程输入材料的变化，也有助于减少现有资产的能源消耗，从而减少排放。实例包括在钢铁和铝生产中增加废料使用量，以及在水泥生产中降低熟料与水泥的比率。

中国可以出台政策鼓励转用低碳燃料和低碳生产工艺，特别是在燃煤电厂、钢铁和水泥厂尽量减少煤炭使用。全国碳排放权交易市场可以发挥重要作用，但前提是碳价足够高，足以激励燃料转换和其他操作实践的改变。对于二次工业材料，特别是钢、铝和塑料，政府可以协调改进回收利用网络，并规定废品回收、测试和质量标准。这种做法可建立在"十四五"规划中关于循环经济之目标的基础上，规划中提出将农业秸秆、大宗固体废物和建筑垃圾的利用率分别提高到86%、60%和60%，还设定了使用废纸（6 000万吨）、废钢（3.20亿吨）和再生有色金属（2 000万吨）的吨位目标。政府还可以修改排放和设计法规，优化生命周期内的排放性能表现，还需要采取其他措施，改善钢铁回收和分拣系统，包括改进质量控制、减少内部废料产生的做法，并鼓励发展基于价值而非材料供应数量的新型商业模式。

开展低碳技术改造

为燃煤电厂、水泥厂和某些类型的钢铁和初级化工厂加装碳捕集设备，可能是完全消除这些工厂碳排放的唯一可行选择。是否可以加装碳捕集、利用与封存设施取决于几个因素，包括工厂的年龄和效率、是否为捕集设备留有足够的空间、是否有可资利用的二氧化碳运输和储存基础设施、是否有替代性的减排放技术和方法、其成熟度和成本如何。如果在建设阶段就为以后安装碳捕集设备做好准备（即碳捕集、利用与封存就绪），那么改造起来就更容易，成本也更低。

要想加装利用碳捕集、利用与封存，政策支持必不可少。对于处于商业化早期阶段的电力和工业技术，可能需要直接资助首个应用项目。政府还可以支持二氧化碳运输和封存基础设施投资，包括协调和规划涉及不同参与者（如土地所有者、排放者和封存开发商）并需要跨省进行的投资。

对建筑物进行改造减少其碳足迹的潜力也相当大。零碳就绪建筑能效高，要么可以直接使用可再生能源，要么可以使用电力或区域供热等当下或日后可完全脱碳的外部能源。零碳就绪建筑改造是推动建筑部门实现净零排放的一种稳健手段。如果不把握机遇，通过零碳就绪改造来提高建筑能效，那么与建筑部门用能电气化相关的电力需求将上升，能源系统的脱碳难度和成本也将大大增加。

建立零碳建筑能效规范和标准并引入财政激励措施，可以激励对建筑改造的投资。事实证明，与一系列轻度改造相比，深度改造更具成本效益，它可立即节省更多能源并改善采暖舒适度。确定可升级的改造方案，综合体现各利益相关方（建筑物业主、住户以及政府管理部门）的环境和经济目标的诉求，可避免对新建筑物不必要的投资。可采取的措施包括：建立认证系统以支持建筑改造市场发展，评估不同措施之间的相互作用，找出供应链上的各个投资障碍。通过有针对性的宣传活动扩大公众对其益处的认识，也有助于推动建筑改造工作。

实施设备退役

随着未来几年中国经济结构的调整，经济增长对能源密集型产业的依赖日益减少，现有大量燃煤发电、钢铁和水泥生产注定提前退役。通过充分发掘利用上述各项措施的潜力，可以最大限度地避免这种情况发生。基于经济、社会和能源安全方面的考虑，将决定关闭哪些工厂以及何时关闭。中国已经在努力减少过剩产能，尤其是煤电和钢铁产能，以提高行业竞争力并减少空气污染。无论如何，随着经济不断发展，会有更多的废钢可用，初级炼钢转向二级炼钢将降低钢铁产能需求，更有理由关闭一些工厂。

实行日落条款，并强制要求工厂必须"改造就绪"或至少"具有改造能力"，可降低现有资产日后进行深度减排的难度。按照"十四五"规划严格限制高耗能和高排放产能扩张、健全去产能机制的要求，应加大政策力度，限制新增产能，淘汰现有低效产能和任何非法产能。综合采用这些措施，可以提升高效工厂的产能利用率，以及幸存下来的工厂的利润率。

发展清洁技术市场

中国与世界其他地区一样，需要政府干预以推动清洁能源技术在早期应用阶段的发展。其关键是通过激励部署这些新技术，缩小与现有技术的成本和性能差距。政府干预的主要目标是针对清洁能源价值链上各部分采用适当政策和措施，最大限度地发挥私人资本的贡献。具有巨大溢出效应，可实现快速学习的小型、模块化，以及可实现大规模制造的技术设计，应是政策关注的重点。太阳能光伏和锂离子电池是技术改进（包括制造技术）促成快速商业化的典范。如今，电解槽和燃料电池均具有类似的潜力。

对处于市场应用阶段的清洁能源技术，创建和培育相关市场可以采用以下两类政策工具：

- 市场拉动工具。通过增加对特种产品或服务的需求来实现政策目标，实例包括能效标识、公共采购和销售税返还。刺激对清洁技术、产品和服务的需求，可以促进其市场应用。大范围市场应用又可以促进规模经济和在实践中学习，有助于提高技术性能、降低技术成本，形成良性循环。根据价值链的复杂性和对客户的价值等因素，不同的技术和部门需要采取不同的激励措施。
- 持续研发支持。针对每个优先领域，支持不断发展变化的、囊括不同成熟期竞争性设计的组合，可以增加成功的机会。选择支持具有快速创新潜力的技术也有助于提高成功率。历史经验表明，持续的研发支持对于激励开发新的设计和组件、降低成本和提高性能至关重要，即使在商业化阶段之后也是如此。多样性和竞争有助于推动技术进步，并可能取得预期之外的成果（IEA，2020c）。

工业部门

工业近零排放新技术在商业规模部署初期，可能远远比现有的传统技术昂贵，并且这种状况可能会持续多年。这意味着一旦新技术在市场上出现，就需要建立稳定的需求，以便在开发早期阶段（试点和示范）和第一批商业项目中给予投资者更多的确定性。为继续开发这些技术、降低成本铺平道路。

工业技术的早期市场拉动型工具，包括公共或私人采购，即政府或汽车制造商、建筑公司等中间材料的工业用户愿意支付高价购买低排放钢、水泥、塑料和化肥等。前期资本投入以及运营支持，例如税收优惠或补助，也可以帮助低碳工业项目实现经济上可行。此类措施可以作为碳交易的补充，并根据具体的发展目标和技术途径进行调整。

分类明确的低排放产品标准认证,对各材料生产企业和购买者都有益。此举可改善企业可持续发展形象,提供机会向国内消费者推广"绿色"产品,有望让这些产品销往对产品的环境足迹有所规定的世界其他市场。碳边境调整机制(即进口商必须按照进口辖区碳价规则生产该货物需要支付的碳价为进口货物购买碳证)可以保护中国生产商免受来自环保标准较宽松国家的不公平竞争。当然,需要精心设计这个制度,使其符合国际法特别是世界贸易组织的要求。碳差价合约(CCFD)是另一种可资借鉴的机制,即中央和省级政府不直接购买工业材料,而是招标购买一定数量的低排放材料,并补贴其与常规高排放模式之间的生产成本(包括运行成本)差价,类似于可再生能源上网电价。这种政策相当于一种有保障的碳价,是碳交易机制的补充。

一旦首次成功部署了某项低排放工业技术,政府就可以按照内容监管,支持后续工厂的投资。这些监管可以用可交易配额或证书制度的形式,设定近零排放生产水泥、钢铁、铝、塑料和化肥的最低份额,并且随时间推移逐渐提高这一比例。政府还可以协助工业投资者,利用可持续债务和转型金融市场为低碳技术筹集资金。中国在 2020 年更新了绿色债券标准,将碳捕集、利用与封存纳入其中,这有助于为商业项目开发筹集资金。首批获得此类资金的项目可以为未来优化项目融资结构提供经验。

交通运输部门

中国有能力加倍投资于世界领先的公共交通以及数字技术领

域，例如使公路旅行和货运计划更简便、廉价、节能、低碳的应用程序。交通运输部与国家发展改革委发布了《绿色出行创建行动方案》，要求中央、省和市各级政府决策者优先投资绿色交通基础设施（交通运输部和国家发展改革委，2020），推广中国在发展电动公共汽车、其他私家车替代品及结合多种交通模式的出行应用程序方面的成功经验。它为不同规模的城市设定了公共非机动交通方式和其他可持续交通方式的最低比例，规定了跟踪进度和评估目标落实情况的流程，指出了综合城市和交通规划（特别是在绿地开发中）的潜力，概述了2022年对方案实施效果进行评估后交通运输部下一步的政策导向。

2016年，中国在二十国集团框架下主动提出了化石燃料补贴审查和改革计划，标志着中国在创造市场和监管环境、促进低碳替代交通燃料和车辆技术发展方面迈出了重要的一步。该计划认识到迅速取消对石油消费和国家原油生产和炼油的隐性和显性补贴，对实现中国更广泛的经济、自然资源、环境和气候目标至关重要。该计划承认应根据资源稀缺性和社会影响（包括空气污染和气候变化）对运输燃料征税，同时要兼顾公平，例如针对弱势或受严重影响的人群减免征税或重新分配税收收入。这份计划还表示应将汽油和柴油税提高到与其环境和健康影响相称的货币成本水平。此种做法以及对航运和航空燃料的类似做法，不仅能刺激电动车等替代技术和高铁等替代交通运输方式的应用，而且会因此降低对进口原油日益增长的依赖。

在车辆排放标准和燃油质量标准等方面，中国取得了长足的进步，也为今后工作奠定了良好基础。2021年7月，中国采用了欧Ⅵ排放标准，向国际最佳水平看齐。中国可以进一步制定比欧美更严格的标准，同时也应考虑加强检查和保养测试要求，进一步强化能力建设，推进标准的强制执行和核查。

中国可以为降低运输燃料碳强度设定明确的时间表。美国加利福尼亚州等以及加拿大已经实施低碳燃料标准。通过五年规划在国家层面设定碳强度目标，并随着时间推移逐步提高严格程度来遏制排放，中国在这方面有丰富的经验，但可能需要针对各部门制定低碳燃料目标，尤其是航运和航空部门。中国政府已把国内航空作为能源密集型部门纳入下一步的国家碳交易系统，这对减少该领域二氧化碳排放将发挥关键作用。

中国政府可以考虑效仿许多发达国家的做法，设定停止销售内燃机汽车的明确目标日期。在承诺目标情景中，中国到2045年前后不再销售新的内燃机汽车。鉴于在电动汽车部署和降低电池成本等方面取得的快速进步，中国有可能更早淘汰内燃机汽车。这样就能顺利地实现2060年碳中和转型，或由于其他部门所采取的措施而提前实现转型。中国汽车工程学会提出的新能源汽车的发展目标得到了国务院的认可，这为市场提供了确定性，引导私人投资于新动力系统、供应链和轻型车辆加能的基础设施。这对于需要长期规划的电池用金属供应特别重要。通过设置内燃机汽车淘汰日期，中国将进一步促进电动汽车的发展。在借鉴中国新能源汽车政策框架设计经验（如"双积分"政策和绩效补贴）和美国加利福尼亚州先进清洁卡车法规（为零排放卡车设置强制性销售目标）的基础上，中国还可以考虑把新能源汽车的有关规定拓展到电动和燃料电池卡车上。

新的燃料电池汽车示范应用"城市群"政策旨在激励与氢能的生产、供应、运输及其在燃料电池汽车中的应用相关的研发和示范。这项政策借鉴了 2009 年为促进电动汽车发展而启动的"十城千辆"计划的成功经验与失败教训,根据交通运输用氢的特点进行了调整,特别是近期商用和重型车辆市场前景良好。由于这项政策设定了氢的碳强度上限,制订了力度很大的低碳氢奖励积分计划,有必要加速发展低碳氢能供应链。

建筑部门

近期如果政府希望制定最有效的措施来鼓励在建筑里部署新清洁能源技术,就需要将重点放在整个价值链的脱碳上,不仅要考虑建筑物,考虑能源和基础设施网络,还要广泛地考虑建筑行业和城市规划的作用。此类措施还可能带来更多的好处,尤其是在减少燃料贫困和改善城市空气质量方面:逐步取消化石燃料补贴,将有助于推动采用清洁能源技术。政府可以考虑的其他措施还包括出台建筑节能规范和标准,以及促进使用低碳气体和建筑改造的法规和激励措施。

零碳就绪建筑在 2030 年前可能成为世界各地新建和改造建筑常态,要实现这一点,就需要尽快出台零碳就绪建筑能效规范。出台财政激励措施以解决激励错配障碍(由于业主不支付出租房屋的能源费用,他们无意提高其能效),尽量减少建筑工程造成的干扰,将有助于提升零碳就绪建筑的可负担性及其对业主和租户的吸引力。建筑能效证书、绿色租赁协议、绿色债券融资、"即省即付"(pay-as-you-save)模式等方法都可以发挥一定作用。此外,政府可以在接下来的 10 年推动公共建筑实现零碳就绪。

在未来 10 年内，还可以强化建筑内所有主要电器和设备的最低能源标准，充分利用提高能效带来的益处，逐步淘汰低效产品。采用这种手段时需要考虑当地制造企业是否具备满足更严格标准的能力。

建设清洁能源基础设施

实现碳中和转型需要大量投资于新能源基础设施建设以及对现有网络进行升级，包括智能电网、替代燃料配送和二氧化碳的运输和储存。这些投资的大部分将用于电网的现代化升级和扩建，以便接入日益增加的间歇性可再生能源发电，同时满足不断增长的电力需求。电动汽车市场方兴未艾，需要更多充电设施（包括快充设施），以及服务于电动卡车的高速公路架空电缆或服务于卡车、巴士和小汽车的地面供电导轨。目前资金成本较低，为投资清洁能源基础设施项目提供了机会窗口。

> **专栏 7.2　中国电力市场改革**
>
> 中国继续改革电力部门，重点是发挥市场力量的作用，降低运营成本，使价格更好地反映成本，提升环保绩效。更加透明的市场结构和法规是提高电网灵活性、消纳间歇性可再生能源和方便需求方参与行动的重要基础，对实现国家的碳中和目标至关重要。
>
> 2015 年中国启动了新一轮改革，将市场竞争机制引入中长期能源合同、现货市场和辅助服务市场以及电力零售商。改革的覆盖范围和实施进展各不相同，许多仍处于试点阶段。2020 年电力市场化交易比重为 33%，交易年增长率为 2.8%。大约 4/5

是中长期合同交易，除西藏以外的所有省、区、市都参与了电力交易（中国电力企业联合会，2021）。

普遍建立现货市场（日前和实时）和跨省电力贸易，是提高电力系统运行效率、支持碳中和转型战略的两个主要内容。在承诺目标情景中，2035年风能和太阳能光伏发电占总发电量的33%，通过现货交易的完全经济调度，将间歇性可再生能源弃电率控制在16%，节约成本24%，减少二氧化碳排放31%。如果继续延用目前的调度办法，2035年风能和太阳能光伏发电弃电率将高达30%。省际电网互联和扩大电力交易，可进一步把运营成本和碳排放分别降低37%和45%。通过挖掘现有发电、电网和需求侧响应的潜力，特别是不断增长的电动汽车短期存储能力，2035年风能和太阳能光伏发电弃电率将下降到3%，而其发电份额将达到38%。

上述改革正在顺利进行，现货市场试点已经在广东、内蒙古、山西、甘肃、浙江、四川、山东和福建八地展开，覆盖全国30%的人口。预计另外六地在2021年开始试点（能源监测，2021）。所有这些试点项目都符合国家能源局在国家层面设定的整体条件，但每个地方自行确定本地的具体方案。此外，2017年建立了区域间中长期合同和跨区剩余可再生能源发电现货市场，并计划进一步扩大区域间市场。要想创建一个完整的国家或省际电力市场，要求统筹协调各地市场设计，确保所有发电厂都遵守同一市场定价和调度规则。

零售市场和电价改革有待全面落实。在许多地方，虽然可以成立新的电力零售企业，但这些企业能够提供的服务仍然有限。需要制定更明确的上网电价规则，包括分布式能源参与批发或配

> 电系统交易，鼓励发展分布式太阳能、电池及需求响应。为理顺电网输配价格，中国正在酝酿电网运营商监管改革，将对可再生能源的竞争力产生重大影响。在目前试行的电网监管新模式下，激励对象从传统资产所有权转向对创新替代品的投资，并为完成结果目标和创新目标的投资者提供补偿。这些改革提高了能源效率，推动了对分布式能源、微电网和数字技术的投资，有助于提高系统安全性和稳定性。

在难减排的部门改用替代燃料，包括先进的生物燃料、氢、氨和氢基合成燃料，需要对现有供给基础设施进行改造，并建设新的生产和分销设施。这些燃料的国际贸易需要建设新的船舶和码头，还需要建设专门的加能站。2021年2月，中国发布了最新的基础设施规划《国家综合立体交通网规划纲要》，重点发展"融合、创新、智能、优质、高效"的出行系统，实现交通运输、信息和能源部门的广泛融合（中共中央、国务院，2021）。将这个计划扩展到为海港和机场提供低碳燃料，将增强中国在这些领域的创新引领能力。

大规模部署碳捕集、利用与封存需要建设基础设施，以永久封存二氧化碳，或将其作为燃料或化学品的生产原料。这种基础设施需要跨省和地区进行规划匹配排放源与封存地点。促进规模经济，在产业集群建设基础设施，允许共享运输和存储基础设施，这些都有助于加速采用碳捕集、利用与封存。在考虑到区域性因素的前提下，制定国家战略来指导建设和运营二氧化碳运输基础设施，可以为未来投资奠定基础。这类投资可以按照国家七部委《关于构建绿色金融体系的指导意见》（包括各类清洁能源投资），通过公私合作伙伴关系（PPP）进行。管道输送服务运营商模式可能是最佳方法。

区域集中供热网也需要大量投资，主要包括设施改造以利用效率更高的低温热源，并将低碳能源纳入供热能源结构中。间歇性能源供应需要更大的储能容量（如某些应用的余热），以确保连续供热，或帮助电力系统满足负荷高峰。充分利用工业设施、数据中心以及热电厂和核电厂的脱碳余热，需要在国家、省和市级层面统筹长远规划。例如，据估计中国北方地区的核电站在发电的同时，可为约8%的建筑面积（约50亿平方米）供暖（Jiang and Hu，2021）。工业废热回收，又可以为40亿平方米的空间供暖并提供热水（Lin et al.，2021）。核热电联产可替代发电厂和家用锅炉用煤，提高了能源效率。这种解决方案可以在靠近现有和规划中的核设施和工业设施的许多沿海城市部署，但技术进步是降低长距离输热损耗的关键。有八个省份需要长距离输热，最远200多千米，这是目前输热的最大经济距离。

鉴于能源网络规模庞大，且涉及大量投资，中央政府和省级政府最适合牵头协调规划过程，为基础设施建设提供资金，建立明确的监管框架，确保各地区无论条件如何，都能平等地享用价格合理的基础设施。一旦清洁能源基础设施建成，就可以成为一个创新平台，催生新创意来充分利用设施，尤其是在第三方利用权得到保证的情况下。然而，如果项目发起人既要承担基础设施建设风险，又要承担开发价值链其他部分的风险，那么对新基础设施的需求，可能会阻碍清洁能源的普及。开发新基础设施耗时长，开发大型基础设施项目经常遇到困难，意味着战略规划和早期开发规划对于确保规模经济和最大化利用至关重要。政策制定者应主要考虑以下几点。

- 激励网络所有者和运营商调整并改进现有基础设施，加强清洁能源技术与现有网络、管道和通信系统的融合，推动低碳技术的部署和使用。碳中和目标可能会激励这一领域的私人投资，而政府可投入财政资金作为补充。现有的基础设施也可以用来测试清洁能源新技术，加快其发展。受监管的网络运营商通常有义务尽可能降低风险，削弱了它们将新技术融入现有基础设施的能力，但鼓励探索实验的新监管模式正在出现。
- 提供部分或全部初始投资，降低新项目的投资风险。基础设施项目具有高度资本密集型和规模大的特性。在承诺目标情景中，2020—2060 年基础设施建设累计投资将超过 6 万亿美元（约 40 万亿元），其中 80% 以上与电力有关。仅前 10 年就需要总计 1.1 万亿美元（7.6 万亿元）。
- 采用系统方法规划基础设施。例如，把西部和东北地区氢气输送到主要中心城市的基础设施项目与碳捕集、利用与封存建设项目同步规划，以实现协同效应。
- 寻找将来重新利用现有基础设施的机会，包括氢气、其他低碳燃料和二氧化碳输送管道。

在承诺目标情景下，中国部分能源基础设施 2020—2060 年的累计投资情况见图 7.4。

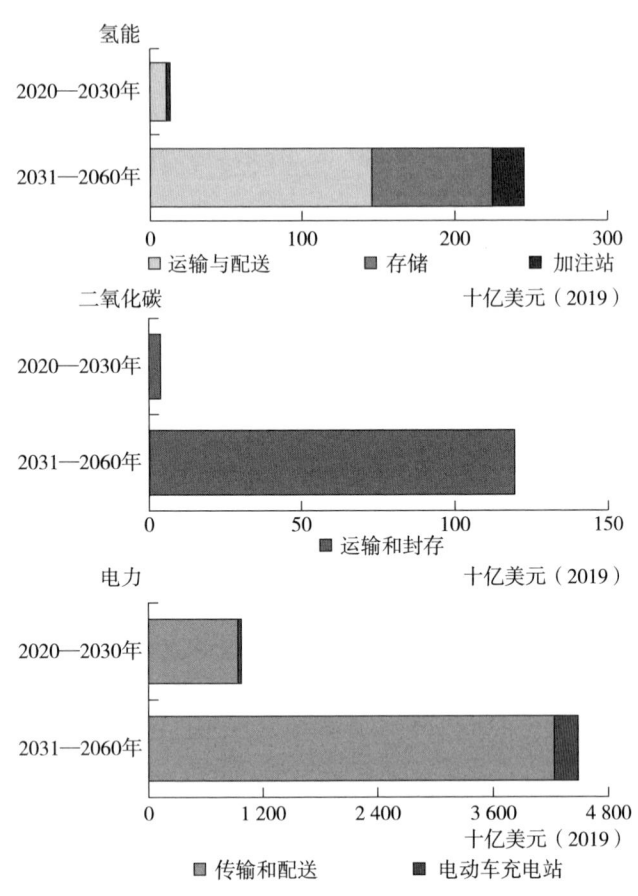

图 7.4 在承诺目标情景下,中国部分能源基础设施 2020—2060 年的累计投资情况

注:投资金额是未折价金额。氢能运输和配送包括氢能进出口接收站、液化接收站和管道系统的投资。

在所需能源基础设施的累计资本支出中,电力相关基础设施占大部分。

促进清洁能源技术创新

创新对于中国实现碳中和目标至关重要。实践证明，中国善于改进国外开发的技术，并将其提高到一个新水平。但是，在能源转型的一些关键领域，世界其他地方都没有现成的解决方案可以引进、部署和改进，中国创新现在需要关注新兴技术。

一个成功的创新系统不仅会关注研发，还通过竞争性的利基市场、基础设施投资和其他监管措施激励创新者和颠覆者，这些需要广泛的部际和省际协调。目前正在制定五年规划框架下的行动计划和研发预算。其中引入了一些新的政策工具，以及按照目标对研发项目绩效开展制度化评估。这些计划和工具应该充分发挥中国创新体系的一些特点。

鉴于碳中和技术挑战的紧迫性，如果在部门、技术、地区和国家间转移创意和技术成果存在瓶颈或盲点，全球将无法承受这一代价。各国政府的一项任务是，力争利用不同技术领域之间的协同作用，促使知识快速流向可以发挥作用的地方。中国政府成功支持建立了太阳能光伏研发制造产业集群，集群内信息和人员流动相对自由。同样的方法可用于其他技术，例如，让电解技术（如膜材料）的进展能够同时启发电池、燃料电池、化学反应器或氢电解槽的开发人员。由此产生的溢出效应通常被视为技术创新背后的隐藏力量，推动技术发展的意外飞跃。

碳捕集、利用与封存

碳捕集、利用与封存技术是创新政策关注的一个重要领域。

碳捕集、利用与封存商业化需要应用多种不同技术，且每项技术都需大规模运行。在与碳捕集、利用与封存有关的各个关键行业里，包括石油和天然气、化工、钢铁生产和发电，中国都有不止一家大型国有企业。碳捕集、利用与封存非常适合纳入国家科技重大专项这一主要创新工具。中央政府可以帮助协调行业诉求各异的多个实体开展示范项目。政府还可以利用这些项目来测试各种方法，为大规模推广积累经验。这些优势是多数其他国家所没有的。但仅靠示范项目并不足以加快碳捕集、利用与封存的创新步伐，政府还需要采取以下措施。

- 进一步探寻潜在的二氧化碳封存资源，并将详细结果广泛提供给项目开发商和研究人员。
- 在示范项目基础上着手整合市场潜力以快速扩大市场规模；将各部门的企业聚集起来，探讨共同挑战和支持投资的政策机制。
- 建立碳捕集、利用与封存创新中心用于设计和快速验证新技术和工艺，尤其是二氧化碳捕集技术，同时鼓励研究人员竞争研发资金，并开放设施供多方使用。

关于直接空气捕集和其他二氧化碳清除技术，制定相关技术路线图有助于建立起在中国部署这些技术的预期，发现技术出口机会，并确定首批重大项目的最佳地点和合作伙伴。为了鼓励创新，可以向大学和研究机构提供稳定的资金，支持其开展基础科学研究，还可以为设计竞赛中表现最好者提供高规格年度大奖（可为国际大奖）。

低碳氢

完善氢气供应、输送和使用的技术组合，是确保投资流向氢能的核心。像碳捕集、利用与封存一样，氢能的发展跨越多个部门，并可能与能源系统的许多部分交叉，而氢能的一些创新需求，如大规模示范、与工业过程的商业化融合，也和碳捕集、利用与封存一致。应鼓励中国化工和钢铁行业的大型国企发挥重要作用，引领氢研究行业创新、为氢能研究界提供动力，并引导有关力量应对未来的研发挑战。炼钢、制氨和甲醇等商业规模的工业项目，有助于在氢能需求较大的工业中心扩大低碳氢能生产，促进开发和示范重载运输用氢技术和商业模式。这种做法借鉴了过去基于集群快速部署轻型商用车的模式。为了激励氢技术创新，中国政府还应考虑以下行动。

- 建立工业过程对低碳氢能的需求，从而将最具竞争力的解决方案"拉"入市场，例如为炼油、钢铁和制氨设置强制性的低碳氢能使用配额。
- 在国际和多边倡议和项目中发挥主导作用，确保技术进步和经验教训能够为所有国家共享。
- 更加重视基础研究中那些可提高性能、降低制造成本（包括减少对关键材料的依赖）的领域，如电解槽、燃料电池和储氢等。
- 支持国际上为氢能生产、运输和配送制定统一标准和碳核算方法的努力，包括研究项目和技术测试。

重工业

在重工业领域，还有很大空间来鼓励氢能，碳捕集、利用与封存，以及电气化这三种主要减排技术方案相互竞争、开展实验。各省、国有企业和民营企业在这些技术方面各有优势。可以制订一个全国统筹的计划，把很大一部分责任下放给各省和国有企业，让其尽快资助试验不同方案并分享成果。这种做法可以与国际经验及合作相互配合，为制定国家标准和法规提供依据。对于此类研发工作最终可能产生的一部分收入（税收、技术许可、设备出口等），也许能够找到一些机制将其与所有参与方共享。除了支持研发项目，中国政府还可以采取以下行动。

- 鼓励制造商及其供应商制定远大的技术目标，并鼓励创新文化。
- 支持潜在突破性技术的基础研究，如铁矿石电解和水泥窑电气化等目前处于原型期的技术。
- 为创新者建立创新孵化器，保护知识产权，并将他们引荐给工业客户和投资者。如果开发出的新技术不适合现有公司，还可以帮助其成立新公司。
- 参与有关重工业脱碳的国际项目和联合体，尤其是在工业产能迅速扩张的国家，并广泛分享由此产生的知识。

终端用能效率

在中国，智能负荷管理、数字节能验证、热泵和标准化改造解决方案等新型节能技术具有巨大的市场。政府在节能领域加速创新的主要作用，可能是确保企业家获得资金和商业技能，建立企业能自由竞争和繁荣发展的市场监管环境，以及为研发提供资金。省市级电动汽车和氢能试点区的协调工作可以提供非常宝贵的经验。

加强清洁能源国际合作

为促进中国和世界其他地区碳中和转型，需要在清洁能源技术开发和部署方面加强国际合作。分享将新技术推向市场的经验，加速交易清洁能源技术并创造规模经济，这些都可缩短创新周期，使全球所有国家从中受益。在全球范围内实现净零排放，需要各国政府之间开展前所未有的国际合作。对每个国家来说，这是一场与时间的赛跑，而不是彼此之间的较量。每个国家都需要跨越终点线，才能在全球范围内实现净零排放。由此可见，实现全球净零目标不仅需要各国参与相关工作，还需要各国以有效、互利的方式开展合作。离开了国际合作，中国将很难达到2060年碳中和目标，而其他国家也将很难达到各自目标。

以往的经验表明，国际合作与协作对降低许多关键能源技术的成本至关重要。除了加速知识转让、促进规模经济，国际合作还有助于供需平衡，使一个地区对新清洁能源技术和燃料的需求与其他地区的供应匹配起来。除此之外，还可能在国内创造就业岗位、提升工业能力，以及加强供应链抗御风险的能力。

制定技术标准和进行创新与推广是政府间国际合作的两个重要领域。

- 技术标准：制定国际标准可以加速能源技术的开发和部署。跨国经营的行业需要标准化，以确保互操作性，尽可能降低成本。过去，由于国家间政策难以协调，缺乏国际认同的标准，阻碍了重工业等部门的创新和清洁能源技术部署。
- 创新与推广：目前，清洁能源技术研发和专利申请集中在美国、欧洲、日本、韩国和中国，2014—2018年约90%的清洁能源专利来自这些国家，仅中国就占到近10%。如果能迅速将清洁能源技术的经验与知识推广到没有参与其初期开发的国家中，并为不同国家的首个示范项目提供资金，将推动全球净零排放进程。利用国际计划资助示范项目，特别是在技术规模庞大且复杂的部门，将加速创新进程。

中国巨大的钢铁、水泥和化工企业，不仅要向外国同行学习，而且可以为外国同行做出贡献。国家和企业之间的工业技术转让，是国际合作的具体实例。过往经验表明，中国十分擅长此类合作。在低排放工业技术和基础设施开发领域，也存在类似的机遇。中国有着庞大的工业部门，可以成为一个关键的专业知识中心。中国在全国各地设立特区开发和部署某些技术（包括电动汽车和氢气生产）促进了知识交流。利用国际合作可以最大限度实现知识和应用外溢的益处。国际知识交流网络，包括公私伙伴关系和跨部门联盟，可以避免重复劳动并找出尚未解决的问题。

中国政府应继续鼓励清洁能源创新国际合作。中国的国际合作项目已取得了巨大成功，例如参与欧盟"地平线2020"研究和创新计划，建立中英碳捕集、利用与封存中心，以及将中国技术出口到国外的碳捕集、利用与封存项目（澳大利亚的 CTSCo 项目）。在技术发展早期阶段建立国际伙伴关系可能特别有益。现有多边合作平台为深化合作奠定了良好基础，国际能源署聚变领域技术合作计划（TCP）支持 38 个技术领域的独立国际专家组的工作，是世界上最重要的能源合作计划。2020 年，中国新加入了 3 个 TCP，累计加入 27 个，包括可再生能源和氢能相关的 8 个项目（总共 9 个）。中国参加 TCP 的数量位居第四，仅次于美国（36）、日本（30）、韩国（29）和加拿大（27），排在欧盟（24）之前。另外两个重要多边平台是由世界上最大的国家、公司和国际专家组成的清洁能源部长级会议机制（CEM）以及旨在促进清洁能源研发和示范行动和投资的全球倡议"创新使命"（MI）。

致　谢

本书的原报告由国际能源署可持续发展、技术与展望司能源技术政策处编写。本研究由 Timur Gül（能源技术政策处处长）设计和指导。分析和制作由 Araceli Fernández Pales（技术创新单元负责人）和 Peter Levi 负责协调。

做出主要贡献的人员包括 Thibaut Abergel（建筑、二氧化碳排放分解）、Praveen Bains（生物能源、地理空间分析）、Simon Bennett（创新政策）、Niels Berghout（碳捕集、利用与封存）、Jose Miguel Bermudez Menendez（氢能）、Cyril Cassisa（气候和能源政策）、Xiushan Chen（气候和能源政策）、Elizabeth Connelly（交通运输）、Chiara Delmastro（建筑、投资）、Alexandre Gouy（工业）、Insa Handschuch（气候政策）、Zoe Hungerford（电力系统灵活性）、Jean-Baptiste Le Marois（创新政策）、Hana Mandová（工业）、Rebecca McKimm（中国政策）、Rachael Moore（碳捕集、利用与封存）、Leonardo Paoli（交通运输、电池）、Faidon Papadimoulis（数据管理）、Uwe Remme（能源供应）、Alan Searl

（中国政策）、Jacopo Tattini（交通运输）、Jacob Teter（交通运输）、Tiffany Vass（工业、材料效率），以及 Daniel Wetzel（电力、就业）。

做出其他贡献的人员包括 Adam Baylin-Stern、Ekta Bibra、Daniel Crow、Tomas De Oliveira Bredariol、Zhu Erpu、Carlos Fernández Álvarez、Timothy Goodson、Craig Hart、Taku Hasegawa、Paul Hughes、Luo Huilin、Huang Jingyun、Zhu Linxiao、Li Lishuo、Samantha McCulloch、Jeremy Moorhouse、Pawel Olejarnik、Francesco Pavan、Apostolos Petropoulos、Amalia Pizarro、Ryszard Pospiech、Jacques Warichet、Chengwu Xu、Gong Yuanyuan，以及 Yang Ziyi。Caroline Abettan、Reka Koczka、Diana Louis、Per-Anders Widell 和 Zhang Yang 提供了必要支持。

这项工作在很大程度上得益于以下中国专家的合作和投入：燕达（清华大学）、林今（清华大学）、胡姗（清华大学）、滕飞（清华大学）、王灿（清华大学）、张健（清华大学）、张强（清华大学）、姜克隽（中国能源研究会）、周大地（中国能源研究会）、柴麒敏（国家应对气候变化战略研究和国际合作中心）、党彦宝（宁夏宝丰能源集团股份有限公司）、蒋莉萍（国网能源研究院）、李永亮（中国石油和化学工业联合会）、秦潇（水电水利规划设计总院）、王克（中国人民大学）、王志轩（中国电力企业联合会）、熊小平（国务院发展研究中心）、张九天（北京师范大学）、张龙强（冶金工业信息标准研究院）、张贤（科学技术部中国21世纪议程管理中心）、张莹（中国社会科学院），以及杨雷（北京大学）。

国际能源署的高级管理人员和其他同事提供了宝贵的评论和

反馈，特别是 Mechthild Wörsdörfer、Laura Cozzi、Tim Gould、Brian Motherway、An Fengquan、Stéphanie Bouckaert、Peter Fraser、Tom Howes、An Fengquan、Christophe McGlade、Sara Moarif，以及 Brent Wanner。此外，感谢国际能源署传播和数字办公室为编写提供帮助，包括 Jon Custer、Astrid Dumond、Tanya Dyhin、Merve Erdem、Grace Gordon、Christopher Gully、Jad Mouawad、Jethro Mullen、Isabelle Nonain-Semelin、Rob Stone、Julie Puech、Clara Vallois、Therese Walsh 和 Wonjik Yang。

我们感谢能源基金会为这项工作提供的资金支持和技术投入，特别是邹骥、傅莎、杜譞和杨卓翔。

本研究还得益于国际能源署清洁能源转型计划的资助方提供的资金支持，特别是法国开发署。其中有关碳中和创新的章节还受益于由欧盟委员会和欧盟"地平线 2020"研究创新计划下第 952363 号资助协议的资金支持。

Trevor Morgan 负责编辑，Debra Justus 和 Erin Crum 担任文字编辑。

分析和结论借鉴了国际能源署几次活动和专家咨询会议期间获得的战略指导、洞见和数据，于 2021 年 4 月举行了"中国碳中和机遇与挑战"高级别研讨会。

国际能源署以外的许多专家审阅了该书的原报告，并提供了极具价值的意见和建议。这些专家包括：

Aloncle Hervé	法国开发署
Ausfelder Florian	德国化学工程与生物技术协会（德西玛）
Cattier François	法国电力

陈新华	北京国际能源专家俱乐部
张达	清华大学
关大博	清华大学
张芳	清华大学
冯威	劳伦斯伯克利国家实验室
Gasc Jeremy	法国开发署
Hove Anders	德国国际合作机构
Ishwaran Mallika	壳牌
徐金苗	亚洲开发银行
Jones Ayaka	美国能源部
Kan Flora	ICF
Ku Anthony	NICE 美国研究公司
鲁虹佑	劳伦斯伯克利国家实验室
Melaina Marc	美国能源部
Myllyvirta Lauri	能源与清洁空气研究中心
魏宁	中国科学院岩土力学研究所
Philibert Cédric	顾问（国际能源署前任工作人员）
仲平	中国科学技术部中国21世纪议程管理中心
Price Lynn	劳伦斯伯克利国家实验室
安琪	中国能源研究会
Saheb Yamina	国际气候变化专门委员会
Sandholt Kaare	中国国家可再生能源中心
常世彦	清华大学
Sol Aurélie	法国开发署
Thomas Wim	顾问（壳牌前任工作人员）

隋同波	中国中材国际工程股份有限公司
Tu Kevin	哥伦比亚大学
van Hulst Noé	国际氢能经济和燃料电池伙伴计划
Voïta Thibaud	NDC 伙伴关系
Zhong Frank	世界钢铁协会北京代表处
周南	劳伦斯伯克利国家实验室
吕子峰	阿贡国家实验室

对本研究做出贡献的个人和组织不对研究中的任何观点或判断负责。本书中表达的观点未必是国际能源署成员方或任何特定资助方或合作方的观点。所有错误和疏漏由国际能源署负责。

参考资料

第一章

China Energy Council (CEC) (2021), Analysis and Forecast of China Power Demand-Supply Situation 2020—2021, https://english.cec.org.cn/detail/index.html?3-1128.

Cui, R., Hultman, N., Cui, D., et al.(2021), A plant-by-plant strategy for high-ambition coal power phaseout in China. Nat Commun 12, 1468. https://doi.org/10.1038/s41467-021-21786-0.

Cui, R., N. Hultman, K. Jiang, et al. (2020), A High Ambition Coal Phaseout in China: Feasible Strategies through a Comprehensive Plant-by-Plant Assessment. Center for Global Sustainability: College Park, Maryland. https://cgs.umd.edu/sites/default/files/2020-01/1.13.2020_AHighAmbitionCoalPhaseoutInChina_EN_fullreport%20.pdf, accessed June, 2021.

Food and Agriculture Organisation of the United Nations (FAO) (2021), FAOSTAT Data, http://www.fao.org/faostat/en/#data, accessed August 2021.

Friedlingstein, P., et al.(2020), Global Carbon Budget 2020, Earth System Science Data, 12, 3269–3340, https://doi.org/10.5194/essd-12-3269-2020.

Gallagher, K.S., et al.(2019), Assessing the policy gaps for achieving China's climate targets in the Paris Agreement, Nature Communications 10, Article number1256, https://doi.org/10.1038/s41467-019-09159-0.

He, J., et al.(2021), Comprehensive report on China's Long-Term Low-Carbon Development Strategies and Pathways, Chinese Journal of Population, Resources and Environment, https://doi.org/10.1016/j.cjpre.2021.04.004.

IEA (International Energy Agency) (2021a), Global EV Outlook 2021, https://www.iea.org/reports/global-ev-outlook-2021.

IEA (2021b), Global Energy Review 2021, https://www.iea.org/reports/global-energy-review-2021.

IEA (2021c), Financing clean energy transitions in emerging and developing economies, https://www.iea.org/reports/financing-clean-energy-transitions-in-emerging-and-developing-economies.

IEA (2020a), Coal 2020, https://www.iea.org/reports/coal-2020.

IEA (2020b), Energy Technology Perspectives 2020, https://www.iea.org/reports/energy-technology-perspectives-2020.

IEA (2020c), China's Emissions Trading Scheme, Designing efficient allowance allocation, https://www.iea.org/reports/chinas-emissions-trading-scheme.

IEA (2019), The Future of Cooling in China: Delivering on Action Plans for Sustainable Air conditioning, https://www.iea.org/reports/the-future-of-cooling-in-china.

IMF (International Monetary Fund) (2021a), World Economic Outlook

Update, July 2021, https://www.imf.org/en/Publications/WEO/Issues/2021/07/27/world-economic-outlook-update-july-2021.

IMF (2021b), World Economic Outlook, April 2021:Managing Divergent Recoveries, https://www.imf.org/en/Publications/WEO/Issues/2021/03/23/world-economic-outlook-april-2021.

IMF (2020a), June 2020:A Crisis Like No Other, An Uncertain Recovery, https://www.imf.org/-/media/Files/Publications/WEO/2020/Update/June/English/WEOENG202006.ashx.

IMF (2020b), World Economic Outlook Database, April 2020 Edition, Washington DC.

IPCC (Intergovernmental Panel on Climate Change) (2018), Global warming of 1.5℃. An IPCC Special Report on the impacts of global warming of 1.5℃ above pre-industrial levels and related global greenhouse gas emission pathways, in the context of strengthening the global response to the threat of climate change, https://www.ipcc.ch/sr15/download/.

Liu, J., et al.(2021), Carbon and air pollutant emissions from China's cement industry 1990—2015: Trends, evolution of technologies, and drivers, Atmospheric Chemistry and Physics, V. 21, pp.1627–1647, https://doi.org/10.5194/acp-21-1627-2021.

MEE (Ministry of Ecology and Environment) (2021), Report on the State of the Ecology and Environment in China 2020, http://www.mee.gov.cn/hjzl/sthjzk/zghjzkgb/202105/P020210526572756184785.pdf.

NBS (National Bureau of Statistics) (2021), Statistical Communiqué on the 2020 National Economic and Social Development, http://www.stats.gov.cn/tjsj/zxfb/202102/t20210227_1814154.html.

NCSC (National Center for Climate Change Strategy and International Cooperation) (2021), 全文 | 解振华详解制定"1+N"政策体系作

为实现"双碳"目标的时间表、路线图 [Full text | Xie Zhenhua explained the formulation of a 1+N policy system as a timetable and roadmap for achieving the carbon peak and carbon neutrality goals], http://www.ncsc.org.cn/xwdt/gnxw/202107/t20210727_851433.shtml, accessed July 2021.

OECD (Organisation for Economic Co-operation and Development) (2018), China's Progress Towards Green Growth: An International Perspective, https://www.oecd-ilibrary.org/environment/china-s-progress-towards-green-growth_76401a8c-en.

Oxford Economics (2020), Oxford Economics Global Economic Model, (database), https://www.oxfordeconomics.com/global‐economic‐model, August 2020 update, Oxford.

Platts (2021), World Electric Power Plant Database (purchase), https://www.spglobal.com/platts/en/commodities/electric-power, (accessed June 2021).

Reuters (2021), China's new coal power plant capacity in 2020 more than 3 times rest of world's – study, https://www.reuters.com/business/energy/chinas-new-coal-power-plant-capacity-2020-more-than-3-times-rest-worlds-study-2021-02-03/.

Saunois, M., et al.(2020), The Global Methane Budget 2000—2017 (2020), Earth System Science Data, 12, 1561–1623, https://doi.org/10.5194/essd-12-1561-2020.

SCIO (State Council Information Office) (2021), SCIO briefing on China's renewable energy development, http://english.scio.gov.cn/pressroom/2021-04/02/content_77372602.htm.

State Council (2021), 14th Five-Year Plan (2021—2025) for National Economic and Social Development and the Long-Range Objectives, http://www.gov.cn/xinwen/2021-03/13/content_5592681.htm.

State Council (2015), Made in China 2025, http://www.gov.cn/zhengce/content/2015-05/19/content_9784.htm.

Tong, D., et al.(2019), Committed emissions from existing energy infrastructure jeopardize 1.5℃ climate target, Nature, V. 572, pp. 373–377, https://doi.org/10.1038/s41586-019-1364-3.

UNDESA (United Nations Department of Economic and Social Affairs) (2019), 2019 Revision of World Population Prospects, https://population.un.org/wpp/.

UNFCCC (United Nations Framework Convention on Climate Change) (2021), Greenhouse Gas Data, https://unfccc.int/process-and-meetings/transparency-and-reporting/greenhouse-gas-data/ghg-data-unfccc/ghg-data-from-unfccc, accessed August 2021.

Wang, X., et al.(2019), A unit-based emission inventory of SO_2, NO_x and PM for the Chinese iron and steel industry from 2010 to 2015, Science of The Total Environment, V. 676, pp.18-30, https://doi.org/10.1016/j.scitotenv.2019.04.241.

World Bank (2021), World Bank Open Data, free and open access to global development data, https://data.worldbank.org/country/china.

Xi, J. (2017), Xi Jinping's report at 19th National Congress of the Communist Party of China, http://www.xinhuanet.com/english/special/2017-11/03/c_136725942.htm.

Xinhua News (2021), 钢铁行业碳达峰及降碳行动方案成型 – 新华网 [The steel industry's carbon peak and carbon reduction action plan takes shape], http://www.xinhuanet.com/fortune/2021-03-30/c_1127270603.htm, accessed May 2021.

第二章

Cheng, J., et al.(2021), Pathways of China's PM2.5 air quality 2015—2060 in the context of carbon neutrality, *National Science Review*, https://doi.org/10.1093/nsr/nwab078.

Energy Foundation China (2020), China's New Growth Pathway: From the 14th Five-Year Plan to Carbon Neutrality, www.efchina.org/Attachments/Report/report-lceg-20201210.

IPCC (Intergovernmental Panel on Climate Change) (2021), Climate Change 2021:The Physical Science Basis – Contribution of Working Group I to the Sixth Assessment Report of the Intergovernmental Panel on Climate Change [Masson-Delmotte, V., et al. (eds.)], in press, Cambridge University Press, www.ipcc.ch/report/ar6/wg1/downloads/report/IPCC_AR6_WGI_Full_Report.pdf.

Khanna, N., N. Zhou and L. Price, (2021), Pathways Toward Carbon Neutrality: A Review of Recent Studies on Mid-Century Emissions Transition Scenarios for China. Berkeley, CA: California-China Climate Institute. https://ccci.berkeley.edu/sites/default/files/GTZChina-July52021-FINAL.pdf.

Yue, H., et al.(2020), Stronger policy required to substantially reduce deaths from PM2.5 pollution in China. Nature Communications 11, 1462, 2020; https://doi.org/10.1038/s41467-020-15319-4.

第三章

AFC TCP (Advanced Fuel Cells Technology Collaboration Partnership) (2021), AFC TCP 2021 Survey on the Number of Fuel Cell Electric Vehicles, Hydrogen Refuelling Stations and Targets, provided to the IEA (International Energy Agency) by AFC TCP.

Baowu (2018), 钢铁绿色低碳与 CCUS 的宝钢实践 [Green, low-carbon steel and CCUS practice at Baogang], November 2018, https://www.nsd.pku.edu.cn/CCUS/docs/20200104145930479290.pdf.

BERC (Buildings Energy Research Centre) (2021a), China Building Energy Use 2021, China Building Industry Press, Beijing.

BERC (2021b), Annual Report on China Building Energy Efficiency, China Architecture & Building Press, Beijing, http://book.cabplink.com/bookdetail.jsp?id=66111&nodeid=1439.

BloomberNEF (2021), Baofeng's Hydrogen Electrolysis Project Stes New Records, 10 May 2021.

CEC (China Electricity Council) (2021), 中国电力行业年度发展报告 2021 [China power sector annual development report 2021], https://cec.org.cn/detail/index.html?3-298428.

CEC (2020), 中国电力行业年度发展报告 2020 [China power sector annual development report 2020], https://cec.org.cn/detail/index.html?3-284175.

CNPGN (2021), 富氢碳循环高炉工业试验工程进入冲刺阶段 [Industrial test for Hydrogen-rich Carbon Cycle Blast Furnace enters final stage], https://www.cnpgn.com/news/show.php?itemid=22915.

DEEHP (Department of Ecology and Environment of Hebei province) (2021), 关于公布河北省第一批二氧化碳捕集利用封存试点项目的通知 [Announcement of the first batch of pilot projects for carbon dioxide capture, utilization and storage in Hebei province], http://hbepb.hebei.gov.cn/hbhjt/zwgk/fdzdgknr/tongzhigonggao/101620801515999.html.

EESIA (Energy and Environment Service Industry Alliance) (2019), 山东石横特钢集团有限公司转炉煤气制甲酸项目 [Shandong Shiheng

Special Steel Group Co., Ltd. formic acid production from Linz-Donawitz converter gas (LDG) project], http://www.eesia.cn/product/details/id/605.html.

Energy Saving of Nonferrous Metallurgy (2012), 中国钢铁行业首次实现高效利用低燃值高炉煤气 [China's steel industry achieves efficient utilisation of low energy content blast furnace gas for the first time], DOI:CNKI:SUN:YJJN.0.2012-03-027.

Huanbao (2021), 注意！海螺、中材已经动手了！3 000 多家水泥厂机会来了！ [Conch and Sinoma have already started! The opportunity for more than 3 000 cement plants is here!], https://huanbao.bjx.com.cn/news/20210315/1141639.shtml.

Huang, J., Z. Tiang and J. Fan (2019), A comprehensive analysis on development and transition of the solar thermal market in China with more than 70% market share worldwide, *Energy*, vol. 174, pp. 611-624, https://doi.org/10.1016/j.energy.2019.02.165.

IATA (International Air Transport Association) (2020), Air passenger monthly analysis, December 2020, www.iata.org/en/iata-repository/publications/economic-reports/air-passenger-monthly-analysis---december-2020/.

ICAO (International Civil Aviation Organization) (2019), Annual Report 2019, www.icao.int/annual-report-2019/Pages/the-world-of-air-transport-in-2019-statistical-results.aspx.

IEA (International Energy Agency) (2021a), China 14 Five-Year Plan on Renewable Energy Development: IEA perspective and suggestions. Chapter 1.

IEA (2021b), Global Hydrogen Review, https://www.iea.org/reports/global-al-hydrogen-review-2021.

IEA (2021c), Net Zero by 2050, IEA, Paris, www.iea.org/reports/net-zero-by-2050.

IEA (2021d), Global EV Outlook 2021, https://www.iea.org/reports/global-ev-outlook-2021IEA.

IEA Mobility Model (August 2021 version), https://www.iea.org/areas-of-work/programmes-and-partnerships/the-iea-mobility-model.

IEA (2020a), Outlook for biogas and biomethane: Prospects for organic growth, IEA, Paris https://www.iea.org/reports/outlook-for-biogas-and-biomethane-prospects-for-organic-growth.

IEA (2020b), ETP Clean Energy Technology Guide, IEA, Paris, https://www.iea.org/articles/etp-clean-energy-technology-guide.

IEA (2020c), Is cooling the future of heating? IEA, Paris, www.iea.org/commentaries/is-cooling-the-future-of-heating.

IEA (2019a), The Future of Rail, IEA, Paris www.iea.org/reports/the-future-of-rail.

IEA (2019b), The Future of Cooling in China, IEA, Paris, www.iea.org/reports/the-future-of-cooling-in-china.

IEA (2018), Technology Roadmap-Low-Carbon Transition in the Cement Industry, IEA, Paris, https://www.iea.org/reports/technology-roadmap-low-carbon-transition-in-the-cement-industry.

IEA (2017), The Future of Trucks, IEA, Paris www.iea.org/reports/the-future-of-trucks.

IN-EN (International Energy Information Network-Energy News) (2021a), 全球首例氢冶金示范工程正式启动建设！[The world's first hydrogen metallurgy demonstration project officially started construction!], https://www.in-en.com/article/html/energy-2304270.shtml.

IN-EN (2021b), 谁更高？2020年山东、江苏、广东等31省份火力发电

比例数值分享 [Who is higher? Sharing of the proportion of thermal power generation in 31 provinces including Shandong, Jiangsu and Guangdong in 2020], https://power.in-en.com/html/power-2384773.shtml.

IN-EN (2019), 潞宝集团将建万吨级焦炉煤气提纯制氢示范工程 [Shanxi Lubao Coking Group will build a demonstration project for 10 000-ton hydrogen production from coke oven gas purification], https://newenergy.in-en.com/html/newenergy-2364544.shtml.

IN-EN (2012), 包钢建设焦炉煤气制甲醇项目 [Baotou Steel's coke oven gas to methanol project], https://gas.in-en.com/html/gas-1549280.shtml.

LanzaTech (2018), World's First Commercial Waste Gas to Ethanol Plant Starts Up, 8 June 2018, https://www.lanzatech.com/2018/06/08/worlds-first-commercial-waste-gas-ethanol-plant-starts/.

Li, Y., et al.(2021), Key technologies of building power supply and distribution system towards carbon neutral development, *Distribution & Utilization*, vol. 38/01, pp. 32–38.

Liu, J., et al.(2021), Carbon and air pollutant emissions from China's cement industry 1990—2015:Trends, evolution of technologies and drivers, *Atmospheric Chemistry and Physics*, vol. 21, pp. 1627–1647.

Metallurgical Information Network (2020), 国内首座2 000立方米级大高炉规模化喷吹氢气项目在晋南钢铁实施 [Jinnan Steel Group implement China's first 2 000-cubic metre blast furnace hydrogen injection project], https://www.sohu.com/a/426570676_396209 (accessed 13 September 2021).

Mysteel Global (2021), Hebei retains China's top steelmaking province in 2020, www.mysteel.net/article/5021660-0503/Hebei-retains-Chinastop-steelmaking-province-in-2020.html.

National Energy Administration (NEA) (2020), Summary of Reply to Recommendation No. 6074 of the Third Session of the Thirteenth National People's Congress (website): http://zfxxgk.nea.gov.cn/2020-09/17/c_139975338.htm.

National Bureau of Statistics of China (2021), http://www.stats.gov.cn/english/.

Nengyuanjie (2021), As of the end of December 2020, China has built a total of 118 hydrogen refuelling stations, 7 January, www.nengyuanjie.net/article/44744.html.

Nowak, T. (2021), Industrial Heat Pumps, *DryFiciency*, http://dry-f.eu/Industrial-Heat-Pumps, last accessed 13 September 2021.

PetroChina (2016), CCUS, March 2016, http://chinaCCUS.org/attachs/2016-4-7_1-0-19-206-0.0109572061388554.pdf.

Pike, L. (2019), How green is China's high-speed rail？ *China Dialogue*, 5 April, https://chinadialogue.net/en/energy/11174-how-green-is-china-s-high-speed-rail/, accessed 21 June 2021.

QIBEBT (Qingdao Institute of Bioenergy and Bioprocess Technology) (2020),"碳中和"成功实现的关键：氢能在工业领域的应用式 [The key to successful "carbon neutrality": the applications of hydrogen in industry], http://www.qibebt.cas.cn/xwzx/kydt/202012/t20201230_5848600.html.

Refining and Chemical Industry Trends (2020), 全球最大！中海油5 000 吨/年二氧化碳加氢制甲醇工业示范取得成功 [CNOOC's 5 000 tons/year hydrogenation of carbon dioxide to methanol industrial demonstration project succeeded and is now the World's largest], 30 September 2020, https://www.sohu.com/a/421816142_100273878

(accessed 13 September 2021).

Stanway, D. (2019), Concrete steps? For China cement giants, monster carbon footprint smothers climate goals, *Reuters*, 12 September 2019, https://www.reuters.com/article/us-climate-change-china-cement-idUSKCN1VX0QQ.

State Council (2020), Notice on printing and issuing the development plan for the new energy vehicle industry (20212035), www.gov.cn/zhengce/content/2020-11/02/content_5556716.htm.

Tong, D., et al.(2019), Committed emissions from existing energy infrastructure jeopardize 1.5℃ climate target, *Nature*, vol. 572, pp. 373–377.

United States Bureau of Transport Statistics (2021), online database www.bts.gov/content/us-passenger-miles.

Wan, Z., D. Sperling and Y. Wang (2015), China's electric car frustrations, *Transportation Research Part D:Transport and Environment*, vol. 34, pp. 116–121, https://doi.org/10.1016/j.trd.2014.10.014.

Wang, X., et al.(2019), A unit-based emission inventory of SO_2, NO_x and PM for the Chinese iron and steel industry from 2010 to 2015, *Science of the Total Environment*, vol. 676, pp. 18–30.

Wang, Y., et al.(2017), China's electric car surge, *Energy Policy*, vol. 102, pp. 486–490, https://doi.org/10.1016/j.enpol.2016.12.034.

Wang, Y., J. Teter and D. Sperling (2011), China's soaring vehicle population: Even greater than forecasted?, *Energy Policy*, vol. 39/6, pp. 3296–3306, https://doi.org/10.1016/j.enpol.2011.03.020.

Xu, X. and T. Peng (2020), Economic Structural Change and Freight Transport Demand in China, KAPSARC, doi:10.30573/KS--2020-DP26.

Zhang, R., et al.(2017), Sinopec Zhongyuan Oil Field Company Refinery

CCS-EOR Project, *Energy Procedia*, vol. 114, pp. 5869–5873, https://www.sciencedirect.com/science/article/pii/S1876610217319252.

Zhao, Q. (2020), 张惠代表：推动钢铁产业绿色发展 [NPC deputy Zhang Hui: Promoting the green development of the steel industry], *Guangming Daily*, 27 May 2020, https://news.gmw.cn/2020-05/27/content_33862795.htm.

Zhong, S. (2020), 氢能在中国钢铁工业蓄势待发 [Hydrogen energy is gaining momentum in China's steel industry], *Worldsteel Association*, https://www.worldsteel.org/zh/media-centre/blog/2020/hydrogen-technology-momentum-Chinese-steel-industry.html.

Zhu, et al.(2014), 甲醇制芳烃技术研究进展 [Research advances in methanol to aromatics technology], *Modern Chemical Industry*, https://www.researchgate.net/publication/288374121_Advances_in_methanol_to_aromatics_technology.

第四章

ACCA21 (2019), Roadmap for Carbon Capture, Utilization and Storage Technology in China, provided to the IEA by Energy Foundation China.

AFC TCP (Advanced Fuel Cells Technology Collaboration Partnership) (2021), AFC TCP 2021 Survey on the Number of Fuel Cell Electric Vehicles, Hydrogen Refuelling Stations and Targets, provided to the IEA by AFC TCP.

Benchmark mineral intelligence (2021), Lithium ion battery mega factory assessment, June 2021, https://www.benchmarkminerals.com/.

Berman, L. (2017), China Natural Gas Pipelines (2013), Harvard Dataverse, V1, https://doi.org/10.7910/DVN/J5U79Z, accessed 18 May 2021.

BNEF (2021), Baofeng's hydrogen electrolysis project sets new records, https://www.bnef.com/insights/26313.

Cai, B., et al., (2020) China Status of CO_2 Capture, Utilization and Storage (CCUS) 2019.Center for Climate Change and Environmental Policy, Chinese Academy of Environmental Planning, DOI:10.13140/RG.2.2.19465.88168.

Chunting, L. (2021), Guangdong Leads China in Embracing Green Hydrogen With Most Refueling Stations, Report Says, 8 January, https://www.yicaiglobal.com/news/guangdong-leads-china-in-embracing-green-hydrogen-with-most-refueling-stations-report-says#:~:text=The%20country%20now%20has%20118,Carbon%20Energy%2C%20told%20Yicai%20Global, accessed 14 September 2021.

China EV100 (2020), China Hydrogen Industry Development Report 2020, http://www.ev100plus.com/content/details1041_4302.html?v=0.7970640183607711.

ChinaIOL (2021), hppt://data.chinaiol.com/ecdata/index, accessed 15 June 2021.

Energy Iceberg (2021), China's Hydrogen Market in 14th Five-Year Plan: Provincial Strategy Breakdown, https://energyiceberg.com/hydrogen-14th-fyp-provincial-strategy/.

Energy Iceberg (2020), Ten Chinese Green Hydrogen Companies Poised to Lead, https://energyiceberg.com/ten-chinese-green-hydrogen-companies/#CNNC_Nuclear_Giants_Power-to-Gas.

Government of China (2016), Eight departments jointly issued the "Guiding Opinions on Promoting Electricity Substitution" (website): http://www.gov.cn/xinwen/2016-05/25/content_5076579.htm.

Government of China (2017), Clean heating plan in winter in northern area

(2017—2021): http://www.gov.cn/xinwen/2017-12/20/5248855/files/7ed7d7cda8984ae39a4e9620a4660c7f.pdf.

Guo J., et al.(2015), Geological Survey of China Volume 2, No 4 April 2015 pp.36-26.

Hersbach, H., et al.(2018):ERA5 hourly data on single levels from 1979 to present. Copernicus Climate Change Service (C3S) Climate Data Store (CDS), accessed on 15 June 2021, 10.24381/cds.adbb2d47, https://cds.climate.copernicus.eu/cdsapp#!/dataset/reanalysis-era5-single-levels?tab=overview.

Intergovernmental panel on climate change (IPCC) 2006.WASTE–IPCC Good Practice Guidance and Uncertainty Management in National Greenhouse Gas Inventories.

IEA (International Energy Agency) (2021a), Global EV Outlook 2021, https://www.iea.org/reports/global-ev-outlook-2021.

IEA (2021b), The Role of Critical Minerals in Clean Energy Transitions, IEA, Paris https://www.iea.org/reports/the-role-of-critical-minerals-in-clean-energy-transitions.

IEA (2021c), IEA Hydrogen Projects Database, https://www.iea.org/reports/hydrogen-projects-database (forthcoming).

IEA (2021d), China 14th Five-Year Plan on Renewable Energy Development perspective and suggestions. Chapter 1.

IEA (2021e), Global Hydrogen Review, https://www.iea.org/reports/global-hydrogen-review-2021.

IEA (2020a), ETP Clean Energy Technology Guide, IEA, Paris https://www.iea.org/articles/etp-clean-energy-technology-guide.

IEA (2020b), Is cooling the future of heating?, https://www.iea.org/commentaries/is-cooling-the-future-of-heating.

IEA (2020c), Renewables 2020, IEA, Paris, https://www.iea.org/reports/renewables-2020 https://www.iea.org/reports/renewables-2020.

IEA (2019), The Future of Cooling in China, https://www.iea.org/reports/the-future-of-cooling-in-china.

IEA (2015), Storing CO_2 through Enhanced Oil Recovery, https://www.iea.org/reports/storing-CO_2-through-enhanced-oil-recovery.

Jiang, K., et al.(2020), China's carbon capture, utilization and storage (CCUS) policy: A critical review. Renewable and Sustainable Energy Reviews, 119, pp.109601.

Lanza Tech, 2018.World's First Commercial Waste Gas to Ethanol Plant Starts Up, https://www.lanzatech.com/2018/06/08/worlds-first-commercial-waste-gas-ethanol-plant-starts/, accessed 7 June 2021.

Lawrence Berkeley National Laboratory (LBNL) (2020).Improving the energy efficiency of room air conditioners in China:Costs and benefits. Applied Energy, Volume 258, 114023, https://doi.org/10.1016/j.apenergy.2019.114023.

Kang, et al.(2020), Bioenergy in China: Evaluation of domestic biomass resources and the associated greenhouse gas mitigation potentials. Renewable and Sustainable Energy Reviews, V. 127, pp. 109842.

Kearns, J., et al.(2017), Developing a consistent database for regional geologic CO_2 storage capacity worldwide, Energy Procedia, V.114, pp. 4697–4709.

Ministry of Agriculture (2007).Development plan for agricultural biomass energy industry (2007—2015), http://www.gov.cn/gzdt/2007-07/05/content_674114.htm.

MOST (Ministry of Science and Technology) (2021), Hydrogen Energy Technology Key Special Project 2021 Project Application Guidelines, https://service.most.gov.cn/sbzn/20210511/4287.html.

NDRC (National Development and Reform Commission) (2021), Ten Highlights of the National 14th Five-Year Plan (website), https://www.ndrc.gov.cn/xxgk/jd/wsdwhfz/202104/t20210406_1271759.html.

NDRC (2020), Notice on Issuing the "Implementation Plan for Improving the Construction and Operation of Biomass Power Generation Projects" (website), http://www.nea.gov.cn/2020-09/16/c_139372803.htm.

NDRC (2017), Implementation plan on expanding biofuel ethanol production and promoting the use of ethanol gasoline for vehicles (2017) (website), http://www.gov.cn/xinwen/2017-09/13/content_5224735.htm .

NEA (National Energy Administration) (2020), Summary of Reply to Recommendation No. 6074 of the Third Session of the Thirteenth National People's Congress (website): http://zfxxgk.nea.gov.cn/2020-09/17/c_139975338.htm.

Nie, et al. (2018), Spatial distribution of usable biomass feedstock and technical bioenergy potential in China. GCB Bioenergy, 12, pp. 54–70.

Pilorgé, H., et al.(2021), Global mapping of CDR opportunities, CDR Primer, https://cdrprimer.org.

Randall, C. (2020), China to push forward with electrification targets, Electrive.com, 3 November, https://www.electrive.com/2020/11/03/china-pushes-forward-with-their-electrification-targets-for-2025/, accessed 17 June 2021.

Renewables.ninja (2021), PV dataset, https://www.renewables.ninja/downloadsState Council Information Office of the People's Republic of

China (2020), The potential of electric energy substitution during the "14th Five-Year Plan" period is expected to exceed 600 billion kWh (website): http://www.scio.gov.cn/ztk/dtzt/42313/44537/44544/Document/1695090/1695090.htm.

State Grid (2021), State Grid Corporation of China released its "carbon peak and carbon neutral" action plan, 1 March, http://www.sgcc.com.cn/html/sgcc_main/col2017021449/2021-03/01/20210301152244682318653_1.shtml.

Siemens (2020), Siemens Energy launches its first megawatt green hydrogen production project in China, https://press.siemens.com/global/en/pressrelease/siemens-energy-launches-its-first-megawatt-green-hydrogen-production-project-china.

Sinopec (2021), Sinopec accelerates hydrogen energy development to build world-leading clean energy chemical company, http://www.sinopecgroup.com/group/en/Sinopecnews/20210312/news_20210312_391474893325.shtml.

Wei, N., et al.(2013), A preliminary sub-basin scale evaluation framework of site suitability for onshore aquifer-based CO_2 storage in China. International Journal of Greenhouse Gas Control, V.12, pp.231-246.

Wei, N., et al.(2016), Budget-type techno-economic model for onshore CO_2 pipeline transportation in China. International Journal of Greenhouse Gas Control, V.51, pp.176-192.

Xian, Z. (2021), CCUS Development in China, (presentation at CEM CCUS Initiative, 26 April 2021).

第五章

Benchmark Mineral Intelligence (2021), Lithium ion battery megafactories assessment, www.benchmarkminerals.com/megafactories/.

ChinaIOL (2021), Datacentre of Beijing Zhixindao Sci-Tech Corp., Ltd., http://data.chinaiol.com/ecdata/index.

China Legislation Standard (2019), Assessment Standard for Green Buildings (GB/T 50378–2019), www.cnstandards.net/index.php/gb-t-50378-2019-assessment-standard-for-green-building/.

CPIA (Chinese Photovoltaic Industry Association)CPIA (2021), China PV Industry Development Roadmap 2020.

Development Asia (2016), Revitalizing a City by Reviving a Stream, https://development.asia/case-study/revitalizing-city-reviving-stream, accessed 9 August 2021.

He, J., et al.(2021), Comprehensive report on China's Long-Term Low-Carbon Development Strategies and Pathways, Chinese Journal of Population, Resources and Environment, https://doi.org/10.1016/j.cjpre.2021.04.004.

IEA PVPS (Photovoltaic Power Systems Programme) (2020), National Survey Report of PV Power Applications in China, https://iea-pvps.org/wp-content/uploads/2020/09/NSR_China_2019.pdf.

IPCC (Intergovernmental Panel on Climate Change) (2018), Summary for policymakers, in: Global Warming of 1.5℃, Masson-Delmotte, V., P., et al. (eds.), www.ipcc.ch/site/assets/uploads/sites/2/2019/05/SR15_SPM_version_report_LR.pdf.

第六章

ACCA21 (Administrative Centre for China's Agenda 21) (2021), The 21st Century Center held a carbon neutral technology roadmap research meeting [translated], http://www.acca21.org.cn/trs/000100040016/15980.

html, accessed 31 May 2021.

ACCA21 (2020), The 21st Century Center organized an expert seminar on Technological Path to China's Carbon Neutrality Target by 2060 [translated], http://www.acca21.org.cn/trs/000100040014/15875.html.

Ball, et al.(2017), The new solar system. China's evolving solar industry and its implications for competitive solar power in the United States and the world, Stanford, https://www-cdn.law.stanford.edu/wp-content/uploads/2017/03/2017-03-20-Stanford-China-Report.pdf, accessed 22 June 2021.

Chang, S., et al.(2016), Clean coal technologies in China: Current status and future perspectives, Engineering, Vol.2, No. 4, pp. 447-459, https://doi.org/10.1016/J.ENG.2016.04.015.

Chen, Y. (2018), Comparing north-south technology transfer and south-south technology transfer: The technology transfer impact of Ethiopian wind farms, Energy Policy, Vol 116, pp. 1-9, https://doi.org/10.1016/j.enpol.2017.12.051.

Chipman Koty, A. (2020), What is the China Standards 2035 Plan and how will it impact emerging industries?, https://www.china-briefing.com/news/what-is-china-standards-2035-plan-how-will-it-impact-emerging-technologies-what-is-link-made-in-china-2025-goals/, accessed 23 June 2021.

Cleantech Group (2021), i3 database, https://i3connect.com/ accessed June 2021.

de la Tour, A, M. Glachant and Y. Meniere (2011), Innovation and international technology transfer: The case of the Chinese photovoltaic industry, Energy Policy, Vol. 39, No. 2, pp. 761–770, https://doi.org/10.1016/j.enpol.2010.10.050.

Genin, A.L., J. Tan and J. Song (2020), State governance and technological innovation in emerging economies: State-owned enterprise restructuration and institutional logic dissonance in China's high-speed train sector, https://doi.org/10.1057/s41267-020-00342-w.

GD CCUS (UK-China (Guangdong) CCUS Centre) (2021), About the centre, http://www.gd CCUS.org/en/about.jsp, accessed 22 June 2021.

Hasanbeigi, A, R. Becqué and C. Springer (2019), Curbing carbon from consumption: The role of green public procurement, Global Efficiency Intelligence, https://www.climateworks.org/wp-content/uploads/2019/09/Green-Public-Procurement-Final-28Aug2019.pdf, accessed 28 June 2021.

Heller, M. (2017), Chinese Government Support for New Energy Vehicles as a Trade Battleground, https://www.nbr.org/publication/chinese-government-support-for-new-energy-vehicles-as-a-trade-battleground/, accessed 29 June 2021.

Hui, Z. (2014), Deciphering the third-generation nuclear power technology route: a compromise plan after the infighting between China National Nuclear and China General Nuclear Power [translated], http://finance.sina.com.cn/chanjing/sdbd/20140409/155518747742.shtml, accessed 29 June 2021.

IEA (International Energy Agency) (2021a), The Role of Critical Minerals in Clean Energy Transitions, https://www.iea.org/reports/the-role-of-critical-minerals-in-clean-energy-transitions.

IEA (2021b), Energy Technology RD&D Budgets: Overview, https://www.iea.org/reports/energy-technology-rdd-budgets-overview.

IEA (2021c), Global EV Outlook 2021, Trends and developments in electric vehicle markets, https://www.iea.org/reports/global-ev-outlook-2021/

trends-and-developments-in-electric-vehicle-markets.

IEA (2020a), Tracking Clean Energy Innovation: A framework for using indicators to inform policy, https://www.iea.org/reports/tracking-clean-energy-innovation.

IEA (2020b), Global EV Outlook 2020, https://www.iea.org/reports/global-ev-outlook-2020.

IEA (2020c), Energy Technology Perspectives: Special report on clean energy innovation, https://www.iea.org/reports/clean-energy-innovation.

IEA (2016), Energy Policies of IEA Countries: Japan, 2016 Review, https://www.iea.org/reports/energy-policies-of-iea-countries-japan-2016-review.

IEA and EPO (European Patent Office) (2021), Patents and the Energy Transition, https://www.iea.org/reports/patents-and-the-energy-transition.

ISGAN (International Smart Grid Action Network) (2019).Innovative regulatory approaches with focus on experimental sandboxes, https://www.iea-isgan.org/wp-content/uploads/2019/05/ISGAN_Casebook-on-Regulatory-Sandbox-A2-1.pdf.

Jia, H. (2008), China suspends coal-to-oil projects, Chemistry World, https://www.chemistryworld.com/news/china-suspends-coal-to-oil-projects/3000966.article, accessed 22 June 2021.

Li, K. (2021), Premier Li Keqiang of the State Council at the fourth session of the Thirteenth National People's Congress (5 March 2021) [translated], http://www.gov.cn/premier/2021-03/12/content_5592671.htm, accessed 23 June 2021.

Li, D. and K. Chen (2021), The country's first carbon neutral technology innovation centre was established in Sichuan [translated], Science and Technology Daily, http://www.stdaily.com/index/kejixinwen/2021-04/11/content_1110870.shtml, accessed 23 June 2021.

Luo, L., et al.(2016), Export, subsidy and innovation: China's state-owned enterprises versus privately-owned enterprises, https://doi.org/10.1080/20954816.2016.1180766.

Malhotra, A. and T.S. Schmidt (2020), Accelerating Low-Carbon Innovation, https://doi.org/10.1016/j.joule.2020.09.004.

Minchener, A. (2011), Coal-to-oil, gas and chemicals in China, IEA Clean Coal Centre CCC/181, https://www.sustainable-carbon.org/report/coal-to-oil-gas-and-chemicals-in-china-ccc-181/.

Ministry of Finance (2020), Notice of the National Energy Administration of the Development and Reform Commission of the Ministry of Industry and Information Technology, Ministry of Industry and Information Technology, on the Development of Fuel Cell Vehicle Demonstration Applications [translated], http://www.gov.cn/zhengce/2020-09/21/content_5545223.htm, accessed 23 June 2021.

MOST (Ministry of Science and Technology) (2021a), Ministry of Science and Technology Department of Social Development and Science and Technology organized the second meeting on the research and formulation of the Science and Technology Support Carbon Peak Carbon Neutral Action Plan [translated], http://www.most.gov.cn/kjbgz/202104/t20210407_173885.html, http://www.most.gov.cn/kjbgz/202103/t20210329_173575.html, http://www.most.gov.cn/kjbgz/202103/t20210310_173254.html, accessed 23 June 2021.

MOST (2021b), Notice of the Ministry of Science and Technology on holding the National Disruptive Technology Innovation Competition [translated], http://www.most.gov.cn/xxgk/xinxifenlei/fdzdgknr/qtwj/qtwj2021/202107/t20210714_175842.html, accessed 23 July 2021.

MOST (2021c), Changzhou National high-tech Zone launches enterprise innovation points system to guide innovation elements to the enterprise [translated], http://www.most.gov.cn/kjbgz/202105/t20210513_174583.html, accessed 23 June 2021.

MOST (2021d), Statistical analysis of China's venture capital in 2019 [translated], http://www.most.gov.cn/xxgk/xinxifenlei/fdzdgknr/kjtjbg/kjtj2021/202107/P020210701389251530427.pdf, accessed 23 July 2021.

MOST (2021e), Statistical Analysis on the Innovation and Development of National High-tech Zones in 2019 [translated], http://www.most.gov.cn/xxgk/xinxifenlei/fdzdgknr/kjtjbg/kjtj2021/202106/P020210630532438708381.pdf.

MOST (2021f), The new version of the comprehensive evaluation index system for national high-tech zones is released [translated], http://www.most.gov.cn/xxgk/xinxifenlei/fdzdgknr/fgzc/zc-jd/202106/t20210604_175062.html, accessed 23 July 2021.

MOST (2021g), Statistical analysis of R&D activities of industrial enterprises above designated size in China in 2019 [translated], http://www.most.gov.cn/xxgk/xinxifenlei/fdzdgknr/kjtjbg/kjtj2021/202106/P020210611729817042545.pdf.

Muniz, S.T.G., B.M. Belzowski and J. Zhu (2019), The trajectory of China's new energy vehicles policy, http://www.inderscience.com/offer.php?id=100913.

NDRC (National Development and Reform Commission) (2016), The 13th Five-Year Plan for Economic and Social Development of the People's

Republic of China (2016—2020), https://en.ndrc.gov.cn/newsrelease_8232/201612/P020191101481868235378.pdf.

NDRC and NEA (National Energy Administration) (2016a), The 13th Five-Year Plan for Energy Development, https://www.greengrowthknowledge.org/sites/default/files/downloads/policy-database/China%29%2013th%20Five-year%20Energy%20Development%20Plan.pdf.

NDRC and NEA (2016b), Energy Technology Revolution and Innovation Action Plan (2016—2030), https://www.iea.org/policies/6272-china-energy-technology-innovation-action-plan-2016-2030.

NBS (National Bureau of Statistics) (2020a), China Statistical Yearbook 2020, http://www.stats.gov.cn/tjsj/ndsj/2020/indexeh.htm (2020) and http://www.stats.gov.cn/tjsj/ndsj/ (1999—2020).

NBS (2020b), China Statistical Yearbook on Science and Technology 2020, http://www.stats.gov.cn/tjsj/tjcbw/202103/t20210329_1815746.html (also see annual reports from previous years).

NEA (National Energy Administration) (2016), The 13th Five-Year Plan for Energy Technology Innovation (2016—2020), https://www.iea.org/policies/6267-china-13th-energy-technology-innovation-five-year-plan-2016—2020.

NEA (2012), The State Council issued the energy-saving and new energy automobile industry development plan (2012—2020) [translated], http://www.nea.gov.cn/2012-07/10/c_131705726.htm.

NPC (China's National People's Congress) (2006), Guidelines of the 11th Five-Year Plan for National Economic and Social Development, https://policy.asiapacificenergy.org/sites/default/files/11th%20Five-Year%20Plan%20%282006-2010%29%20for%20National%20Economic%20and%20Social%20Development%20%28EN%29.pdf, accessed 29 June 2021.

NREL (National Renewable Energy Laboratory) (2021), Champion photovoltaic module efficiency chart, https://www.nrel.gov/pv/module-efficiency.html, accessed 22 June 2021.

NREL (2015), New incubator network to help clean-energy entrepreneurs (news release), https://www.nrel.gov/news/press/2015/16455.html, accessed 28 June 2021.

OECD (Organisation for Economic Co-operation and Development) (2020), Innovation in environment-related technologies (database), https://stats.oecd.org/Index.aspx?DataSetCode=PAT_DEV#, accessed December 2020.

OECD (2018), State-owned enterprises and the low-carbon transition, https://dx.doi.org/10.1787/06ff826b-en.

OGRI (Orange Group Research Institute) (2020), 22 provinces and cities issued 105 policy documents, revealing what information about China's hydrogen fuel cell industry? [translated], https://www.163.com/dy/article/FV4F8IIG0519EFR3.html, accessed 29 June 2021.

Osborne, M. (2015), Hanergy TF building 10MW R&D and pilot line for Alta Devices GaAs solar cells, https://www.pv-tech.org/hanergy_tf_building_10mw_rd_and_pilot_line_for_alta_devices_gaas_solar_cell/, accessed 23 July 2021.

Schmidt, T.S. and J. Huenteler (2016), Anticipating industry localization effects of clean technology deployment policies in developing countries, https://doi.org/10.1016/j.gloenvcha.2016.02.005.

Shenhua Group (2020), [translated] China Shenhua Annual Report 2020, http://www.shenhuachina.com/zgshww/dqbg/tzzgxList.shtml (also see annual reports from previous years).

Stanway, D. (2021), China launches first commercial onshore small reactor project, https://www.reuters.com/world/china/china-launches-first-commercial-onshore-small-reactor-project-2021-07-13/.

SASAC (State-owned Assets Supervision and Administration Commission of the State Council) (2021), About the central business energy conservation and ecological environmental protection supervision and management notice (draft) for public comment [translated], http://www.sasac.gov.cn/n2588030/n2588934/c16575255/content.html.

State Council (2021), "Bounty system" to boost tech innovations, http://english.www.gov.cn/news/topnews/202105/26/content_WS60ada27c-c6d0df57f98da31f.html, accessed 26 May 2021.

State Council (2020), China's Energy Development in the New Era [translated] (White paper), http://www.gov.cn/zhengce/2020-12/21/content_5571916.htm.

State Council (2016a), The Central Committee of the Communist Party of China and the State Council issued the National Innovation-driven Development Strategy Outline [translated], http://www.gov.cn/zhengce/2016-05/19/content_5074812.htm.

State Council (2016b), State Council Notice on the Publication of the National 13th Five-Year Plan for S&T Innovation [translated], http://www.gov.cn/zhengce/content/2016-08/08/content_5098072.htm and https://cset.georgetown.edu/publication/state-council-notice-on-the-publication-of-the-national-13th-five-year-plan-for-st-innovation/.

State Council (2006), Outline of the National Medium and Long-term Science and Technology Development Plan (2006—2020) [translated], http://www.gov.cn/gongbao/content/2006/content_240244.htm.

Tönurist, P. and E. Karo (2016), State-owned enterprises as instruments of innovation policy, https://doi.org/10.1111/apce.12126.

US DOE (US Department of Energy) (2017), U.S.-China Energy Collaboration, https://www.energy.gov/ia/initiatives/us-china-clean-energy-research-center-cerc.

Urban, F, S. Geall and Y. Wang (2016), Solar PV and solar water heaters in China: Different pathways to low carbon energy, Renewable and Sustainable Energy Reviews, Vol 64, pp. 531–542, https://doi.org/10.1016/j.rser.2016.06.023.

Wiatros-Motyka, M. (2016), An overview of HELE technology deployment in the coal power plant fleets of China, EU, Japan and USA, IEA Clean Coal Centre CCC/273, https://www.sustainable-carbon.org/report/an-overview-of-hele-technology-deployment-in-the-coal-power-plant-fleets-of-china-eu-japan-and-usa-ccc-273/.

Wang (2021), Accelerate the construction of an innovative country to fully support the new development pattern [translated], http://www.scio.gov.cn/xwfbh/xwbfbh/wqfbh/44687/44975/wz44977/Document/1699260/1699260.htm, accessed 23 June 2021.

Wei, X., J. Wang and Y. Ding (2019), Progress and development trend of coal clean and high-efficiency conversion technology, Bulletin of the Chinese Academy of Sciences, Vol 34 No. 4, pp. 409–416, http://www.bulletin.cas.cn/publish_article/2019/4/20190406.htm.

World Bank (2017), Project appraisal document on a proposed loan in the amount of US$50 million to the Kingdom of Morocco for financing innovative start-ups and small and medium enterprises project, https://documents1.worldbank.org/curated/en/805641489370466662/pdf/Morocco-Financing-Innovative-Startups-PAD1362-02222017.pdf, accessed 28 June 2021.

WNN (World Nuclear News) (2018), France and China to enhance nuclear energy co-operation, https://www.world-nuclear-news.org/Articles/France-and-China-to-enhance-nuclear-energy-coopera, accessed 22 June 2021.

Xi, J. (2021a), Xi Jinping: Strive to become the world's major science centre and innovation highland [translated], http://www.gov.cn/xinwen/2021-03/15/content_5593022.htm, accessed 23 June 2021.

Xi, J. (2021b), Xi Jinping: Speeches at the 20th Academician Conference of the Chinese Academy of Sciences, the 15th Academician Conference of the Chinese Academy of Engineering, and the 10th National Congress of the Chinese Association for Science and Technology [translated], http://www.xinhuanet.com/politics/leaders/2021-05/28/c_1127505377.htm, accessed 23 June 2021.

Xinhua News (2021a), The 14th Five-Year Plan for National Economic and Social Development of the People's Republic of China and the Outline of Long-Term Goals for 2035 [translated], http://www.xinhuanet.com/2021-03/13/c_1127205564.htm, accessed 23 June 2021.

Xinhua News (2021b), National Key R&D Program specially sets up the project of Revealing the List and Putting the Lead [translated], http://www.xinhuanet.com/politics/2021-05/11/c_1127429950.htm, accessed 30 May 2021.

Xu, M. (2021), China to start building Hualong Two nuclear reactor in 2024, https://www.nasdaq.com/articles/china-to-start-building-hualong-two-nuclear-reactor-in-2024-2021-04-14.

Xu, J., Z. Liu, Y. and W. Li (2020), Progress in coal chemical technologies of China, Reviews in Chemical Engineering, Vol 36, No. 1, pp. 21–66, https://doi.org/10.1515/revce-2017-0026.

Xu, Y. (2020), Environmental policy and air pollution in China: Governance and strategy. Routlege, Abingdon, https://doi.org/10.4324/9780429452154.

Yezi, J. (2021), The national key research and development plan announced 51 special projects with funds of 2.67 billion for opening the list and taking command projects [translated], https://www.yicai.com/news/101115968.html.

Yi-chong, X. (2010), The Politics of Nuclear Energy in China, Chapter 6:Technology Adoption or Technology Innovation, https://link.springer.com/chapter/10.1057/9780230290532_6.

Yip, G. and B. McKern (2017), China's Next Strategic Advantage: From imitation to innovation, MIT Press, Cambridge, https://mitpress.mit.edu/books/chinas-next-strategic-advantage.

Zhang, F. (2020), Leaders and followers in finance mobilization for renewable energy in Germany and China, https://doi.org/10.1016/j.eist.2020.08.005.

Zhang, F. and K.S. Gallagher (2016), Innovation and technology transfer through global value chains: Evidence from China's PV industry, https://doi.org/10.1016/j.enpol.2016.04.014.

Zhao, L. and K.S. Gallagher (2007), Research, development, demonstration, and early deployment policies for advanced-coal technology in China, https://doi.org/10.1016/j.enpol.2007.08.017.

Zhihao, Z. (2021a), New bounty system offers incentives for innovation, https://www.chinadaily.com.cn/a/202103/10/WS60481deca31024ad-0baae1d8.html.

Zhihao, Z. (2021b), Bounty system to boost tech innovations, http://www.chinadaily.com.cn/a/202105/26/WS60ada091a31024ad0bac171b.

html.

Zhou, K.Z., G.Y. Gao and H. Zhao (2016), State ownership and firm innovation in China: An integrated view of institutional and efficiency logics, https://journals.sagepub.com/doi/10.1177/0001839216674457.

第七章

Central Committee of the Communist Party of China and The State Council (2021), Outline of the National Comprehensive Three-Dimensional Transportation Network Planning, https://mp.weixin.qq.com/s/OX7uQ6KrrCkuNlTonh9OWw?scene=1&clicktime=1614491908&enterid=1614491908&from=groupmessage&isappinstalled=0.

China Electricity Council (2021), Analysis and Forecast of China Power Demand-Supply Situation 2020—2021, https://english.cec.org.cn/detail/index.html?3-1128, accessed July 2021.

Energy Monitor (2021), China: Energy market reforms offer no quick fix for renewables, https://energymonitor.ai/policy/market-design/china-energy-market-reforms-offer-no-quick-fix-for-renewables, accessed July 2021.

IEA (International Energy Agency) (2021a), Net Zero by 2050: A Roadmap for the Global Energy Sector, https://www.iea.org/reports/net-zero-by-2050.

IEA (2021b), The Role of China's ETS in Power Sector Decarbonisation, https://www.iea.org/reports/the-role-of-chinas-ets-in-power-sector-decarbonisation.

IEA (2020a), Energy Technology Perspectives, https://www.iea.org/reports/energy-technology-perspectives-2020.

IEA (2020b), Implementing Effective Emissions Trading Systems, https://

www.iea.org/reports/implementing-effective-emissions-trading-systems.

IEA (2020c), Energy technology perspectives: Special report on clean energy innovation, https://www.iea.org/reports/clean-energyinnovat-ion.

IEA (2017), District Energy Systems in China, https://iea.blob.core.windows.net/assets/590cc681-349a-4a55-9d3f-609eff6cde0b/DistrictEnergySystemsinChina.pdf.

IPCC (Intergovernmental Panel on Climate Change) (2021), Climate Change 2021: The Physical Science Basis. Contribution of Working Group I to the Sixth Assessment Report of the Intergovernmental Panel on Climate Change, Masson-Delmotte, V., et al. (eds.), Cambridge University Press.

Jian, Y. and S. Hu (2021), Paths to carbon neutrality in China's building sector, Heating Ventilating & Air Conditioning, Vol. 51, pp. 1–13, https://kns.cnki.net/kcms/detail/detail.aspx?dbcode=CJFD&dbname=CJFDLAST2021&filename=NTKT202105001&uniplatform=NZKPT&v=y%25mmd2FuRqjaG8P1LosJ5eUF1LqrjS81shlS0%25mmd2BC%25mmd2BqiM7DPtQMzDnBx2es%25mmd2FU9wjtjaXVQU.

Lin, F., et al.(2021), Low carbon district heating in China in 2025- a district heating mode with low grade waste heat as heat source, Energy, Vol 230, https://doi.org/10.1016/j.energy.2021.120765.

MEE (Ministry of Ecology and Environment) (2021), 碳排放权交易管理办法（试行）[Interim Rules for Carbon Emissions Trading Management], http://www.mee.gov.cn/xxgk2018/xxgk/xxgk02/202101/t20210105_816131.html, accessed 10 January 2021.

MoT and NDRC (Ministry of Transport and National Development and Reform Commission) (2020),《绿色出行创建行动方案》的通知 [Notice of Green Travel Creation Action Plan], http://www.gov.cn/zhengce/zhengceku/2020-07/26/content_5530095.htm, accessed 29 July 2021.

World Bank (2021a), Carbon Pricing Dashboard, https://carbonpricingdashboard.worldbank.org/, accessed 30 August 2021.

World Bank (2021b), State and Trends of Carbon Pricing 2021, https://openknowledge.worldbank.org/handle/10986/35620 License:CC BY 3.0 IGO.

Z. Xuelan, L. Weichi and G. Xingyue (2021), The Guangdong carbon emissions trading scheme: Progress, challenges and trends, Discussion Paper, Harvard Project on Climate Agreements, https://www.belfercenter.org/publication/guangdong-carbon-emissions-trading-scheme-progress-challenges-and-trends.